U0154444

# 社會領域教材教法

楊思偉 總策劃

薛雅惠、賴苑玲 主編

劉家岑、錢富美、李宏仁、陳新轉
任慶儀、陳麗華、陳達萱、林政逸
鄭秀姿、林香廷、賴苑玲、張淑敏
薛雅惠、林佳灵、許世融、王嘉新
呂佳勳、韓順進、徐郁樺、李麗日
李楠崇、李裕民、周百信　合著

五南圖書出版公司 印行

## 國立臺中教育大學是臺灣的師資培育重鎮

臺中教育大學自 1899 年創校以來，一直培育著建設臺灣的菁英師資，在當前師資培育多元化的環境中，不僅穩定地培育師資亦積極地提升教師素質，這是一份對師資培育歷史的負責，亦是本校對臺灣教育發展的使命，承繼這份師資培育的光榮使命，臺中教育大學正積極發展為重點教育大學。

教育大學在高等教育的發展過程中有其獨特性，係因教育大學非僅教育學術的追求，更重視如何培育出優質教師，所以特重教學專業與地方教育輔導，如果僅做好教育研究工作，而沒有培育出優質教師的教育大學，就不是成功的師資培育機構。培育一位優質教師，需要普通課程、任教學科的專門課程、教育專業課程、實習課程等顯著課程，還需要培育師資所需的環境教育、相關制度所構成的潛在課程。潛在課程在潛移默化的過程中，涵養一位優質教師的言行，做到韓愈所謂的「以一身立教，而為師於百千萬年間，其身亡而教存」的師表風範；此外，普通課程協助培育通博涵養，專門課程建立施教課程之專業，教育專業課程則是孕育相關教育知能。

一位優質教師不僅要有教育專業，了解整體教育情境與學生需要，也要有任教科目的專門知能，對學生授業與解惑。不過任教學科的專門知能，不僅要有任教「學科的內容知識」，還要有「『教』學科內容的知能」，所以數學教師，不是只要有「數學」專門知識即可，還需要有「教數學」的專門知識。因此，一位優質教師，要具有學科內容教學知識（pedagogical content knowledge, PCK），融合學科內容和教法的知

識，依據學生性向、能力與興趣，將學科內容知識（content knowledge, CK）傳授給學生。基此，本校自97年起依據中小學九年一貫課程學習領域之規劃，國語文教學、閩南語教學、英語教學、數學教學、社會教學、自然與生活科技教學、綜合活動學習、藝術與人文學習教學（分成美術與音樂兩組）、健康與體育教學等10個教學研究團隊，深入研討各學科之學科內容教學知識，而教育專業研究、幼稚教育專業研究、特殊教育專業研究等3個團隊則是積極研討國小師資、幼教師資與特教師資所需的專業知能。

　　本校各學習領域的教學研究團隊與教育專業知能研究團隊，針對國小師資培育所需的教材教法課程，進行一年的全盤性研討，將陸續出版英語教材教法、本土語文教材教法、數學教材教法、自然與生活科技教材教法、社會領域教材教法、健康與體育教材教法、綜合活動教材教法、音樂教材教法、視覺藝術教材教法、寫字教材教法、幼稚園教材教法、身心障礙教材教法、藝術概論、全球華語教材等，這是本校第一期的師資培育課程系列書籍，未來各研究小組將更加深入各學習領域之相關知能，提供師資培育教學所需，發揮本校對於師資培育之中堅穩力、典範傳承的光榮使命與特色。

**楊思偉**
國立臺中教育大學校長

# 主編序

　　社會學習領域的本質在於透過時間、空間與社會相關事物的學習，培養人際相互溝通、了解環境、適應社會的能力。社會學習領域的目的在於培養學童具有獨立思考與解決問題的能力，能經由協商、溝通，解決自我的問題、人與人之間的問題、人與環境的問題，適應多元變遷的社會。因此，社會領域的學習並不是零碎知識的記憶與機械性的複誦，而是為將來適應多元化的社會與全球化變遷的公民學習。

　　本書比較英、美、日本等先進國家社會學習領域之課程特色，並與臺灣作比較，分析臺灣社會學習領域的課程特色，突顯臺灣九年一貫社會學習領域的特色，強調統整與以學生為本位的課程，探討社會學習領域教學活動之設計與方法，藉由歷史、公民、資訊融入、多元文化等議題，延伸社會學習領域教學法之可行性，同時也融入創新教學法，透過時事討論，設計解決周遭問題的教學活動。

　　本書乃由國內社會學習領域專家學者與國小社會學習領域教師共同撰寫，結合理論與實務之應用，集臺灣社會學習領域研究之大成，期盼本書的出版，對於國內社會學習領域的研究能有拋磚引玉的作用，引領社會學習領域研究之風潮，使社會學習領域教學更受到重視，進而為國家培養全球化公民，建立和諧祥和社會，提升臺灣之國際競爭力。

　　最後，感謝本校校長、師培中心相關業務人員的行政與經費支援，感謝所有用心投入撰寫本書的作者們，也感謝在出版過程中辛苦付出，協助聯繫、稿件排版與校對的周百信執行編輯，在此更特別感謝五南圖書出版公司的協助，使本書得以順利出版。

國立臺中教育大學社會科教育學系教授

**薛雅惠** 謹識

# 目 錄

# 第 1 章

# 社會領域的
# 意義與目標

劉家岑
彰化縣員林鎮靜修國民小學教師
錢富美
國立臺中教育大學社會科教育學系講師

## 本章綱要

# 壹 前言

　　人不能離群索居，而教育的重要目的之一是促使個體發展潛能、實現自我、適應環境且進而改善環境的社會化過程。因此不只包括學科的知識層面，還包含了學生的生活經驗和社會實踐知識的社會領域，在教育過程中可謂扮演了重要角色。然而，社會領域究竟是什麼？其意義為何？學生學習此一領域的目標在哪？不論是教材編輯者或者是進行實際教學的教師，都應該對此有所了解，才能夠編選適切的教材內容、真正落實社會領域的教學，並且確保學生能達到真正的有效學習。因此本章將逐一探討有關社會領域的沿革、意義、傳統、性質與特色，以更加了解社會領域的內涵。

# 貳 社會領域的沿革

　　要了解社會領域的意義，首先，應先了解社會領域在我國教育史中的演進過程。「社會科」的科目名稱首見於民國 12 年，當時教育部所公布的「新學制課程標準綱要」中，國小需學習公民、歷史與地理；初級中學課程則有「社會科」。到了民國 37 年，國小中低年級的歷史、地理與自然科併稱為「常識」，高年級才稱為「社會科」。民國 57 年，國小低年級改設生活與倫理及常識兩科，中高年級的「社會科」教材內容則包含公民、歷史、地理；民國 67 年又取消常識科，改為一至六年級皆通稱為「社會科」。時至民國 82 年，修訂後的國小課程標準仍稱為「社會科」，但其所涵蓋的範圍擴增至包含有歷史、地理、政治、經濟、社會、心理等學科內容，並將人類文化學併入在社會學當中（教育部，1993）。

　　到了民國 92 年，教育部頒訂的九年一貫課程綱要中指出，為培養國民應具備之基本能力，國民教育階段之課程應以個體發展、社會文化及自然環境等三個面向，提供語文、健康與體育、社會、藝術與人文、

數學、自然與生活科技及綜合活動等七大學習領域。因此，也進一步將一至九年級均更名為「社會學習領域」，其中一至二年級課程，將社會學習領域、自然與生活科技、藝術與人文合併為生活課程，此次的社會學習領域內涵則增加了自然科學、哲學、道德，以及宗教與藝術等內容。但須注意的是，學習領域為學生學習之主要內容，而非單純只是學科名稱。除必修課程外，各學習領域，得依學生性向、社區需求及學校發展特色，彈性提供選修課程。學習領域之實施，也應掌握統整之精神，並視學習內容之性質，實施協同教學（教育部，2003）。

由上述歷次社會科課程標準的修訂可以發現，社會科的科目名稱和學科範圍是從分科走向合科，所涉及的學科範圍日益增多，呈現所謂科際整合的趨勢。另外，也給了教師及學校愈來愈多的彈性空間可以選擇適合自己學生的學習內容，更加貼近因材施教的精神。

至於，九年一貫課程為何要以社會學習領域代替社會科呢？陳國彥（2001）認為此目的之意圖在於以學術領域來代替科目。社會領域是統整自我、人與人、人與環境間互動而產生的知識領域，其中人的環境又包含了自然的物理環境、人造的物質環境、人造的社會環境以及自我與超自然的精神環境，所以社會領域就是整合這些面向間互動關係的一個統整性領域。而秦葆琦（2000）則認為社會科與社會領域之間的關係，在於過去學科數目多而繁雜，使學生的學習易流於瑣碎且負擔沉重，因此，改以領域取代過去的科目。黃炳煌（2002）認為九年一貫課程是首次嘗試追求統整，不同教科書編輯、不同教師會有不同程度的統整，為求避免在實行上的困難，所以採用社會領域一詞，代表社會科不是學術上一個科目，而是學習的範疇，並作為教學時間分配的單位。

綜合以上學者的看法，社會領域和社會科的差異在於以「領域」取代「科」，前者更加強調了教師教學以及學生學習時「統整」、「融合」的角色。如同美國社會科協會（NCSS）在美國社會科課程標準中提到：「社會科就如同交響樂團，某年級或某學科課程是它要演奏的樂曲，有時候一門學科如歷史是主奏，領導其他學科樂器輔奏；又有時候多學科就如同多種樂器合奏，來達成作曲者的意境與主題。而演奏水準的高低，要依賴以下人員的配合：如同作曲者的社會科課程設計者、如同各

項樂器的各個學科、如同舞臺布景的課程專家、教師、學校設備及教學資源，以及如同指揮和演奏者技巧的學生、教師與課程設計者的能力。」（轉引自陳麗華、王鳳敏譯，1996）成功且完整的社會科是需要融入其他不同學科，使其更加茁壯、多元與豐富的，也才能真正達成社會科所要達成的目的，所以稱為社會領域將比社會科更能表現出其統整的特色。

 社會領域的意義

　　社會領域是一門有關人的科學，沒有任何一門領域的課程會比社會領域課程和人類的關係更密切了（Chapin & Messick, 1996）。如同九年一貫社會領域的課程綱要中也揭示了，社會領域是統整人與自我、人與他人及人與環境間互動關係所產生的知識領域，也重視人的生存環境的重要性（教育部，2003）。但是，環境與時間都是不停改變與流動的，所以隨著整個世界情勢與時代背景的變動，每個國家經濟、政治與文化的影響，以及不同年代的意識型態改變，社會領域的內涵與定義也有所差異。因此，以下將探討社會領域的傳統、性質與特色，以幫助吾人了解社會領域的意義。

## 一、社會領域的傳統

　　長久以來，學者對社會領域的內涵都有莫衷一是的分歧觀點，有重視適應社會環境者與公民教育者，亦有解決問題取向或是社會科學學科知識取向者。茲說明如下：

歐用生（1989）認為社會科可由以下幾個觀點來看：

1. 公民教育的社會科：社會科的主要目的在傳遞公民資質，訓練兒童成為好公民。此觀點比較保守，旨在維持既有利益，文化遺產可經傳遞給下一代而獲得保存。

2. 個人發展的社會科：社會科的目的在協助兒童將其各方面潛能發揮到最高點。目標是在發展身心健康且具有生產性的社會成員，

教學方法是兒童中心，非學科中心的。

3. 反省思考的社會科：此觀點認為社會科的目的在協助兒童發展，並使用反省思考的能力。社會科最重要的是要教導兒童如何思考，學生學會思考過程，就能進一步應付複雜的環境，實際處理問題。

4. 社會科學的社會科：社會科教育主要是在使兒童獲得社會科學的知識，包含了歷史、地理、心理學、社會學、政治學、經濟學和文化人類學等。兒童要學習此領域的主要概念，且主動的尋求社會科學的問題和答案。

5. 理性決定和社會行動的社會科：社會科教育要教導學生如何做理性的決定，並且依據這些決定採取行動。兒童要依據自己的價值體系，面對個人和社會的問題，成為一個懂得反省和有責任的人，並謀求改善自己和社會的生活。

呂愛珍（1993）則將不同學者所定義出的社會科分為以下四類：

1. 社會科是培養兒童適應社會環境的科目：兒童處在多變且複雜的環境中，隨時可能面臨各種困擾，為適應現今生活且為未來準備，社會科應提供相關的學習材料。

2. 社會科是培養兒童建立人群關係的科目：社會由人合居而成，社會亦不得脫離個人而進步。因此人要了解人與人間的關係及建立關係的方法。社會科的學習，提供了有關人群關係方面的認知，使個體有效的建立良好人際關係。

3. 社會科是培養兒童繼承文化遺產的科目：每個國家都有其獨特的歷史、地理及文物制度等，這些特色的表現能給後代子孫良好啟示，並產生認同感及對國家民族的責任感。

4. 社會科是培養兒童思考能力的科目：社會科的設置是為了指導學生有探究的學習能力，思考社會存在的問題，並有效的參與團體活動。

Brophy 和 Alleman（1996）認為可從以下五個層面解讀社會領域的重責大任：

1. 傳遞文化遺產：歷史是人類傳承長期累積的智慧結晶，藉由傳統知識與價值的傳遞，可以提供學生將來做決定的架構。
2. 傳授社會科學知能：希望學生藉由社會領域的學習，能精熟社會科學的概念與通則。
3. 培養反省思考能力：在學習過程中學生要學會做決定和解決問題，培養反省思考能力。
4. 啟發社會批判能力：藉由社會領域提供學生機會去體驗、批判和修正過去的傳統、存在於社會中的習慣等問題。
5. 發展個人：藉由一連串公民訓練課程，察覺自己能力並發展積極自我。

陳麗華（2002）則參照 Barr、Berch 與 Shermis（1977）的分析，區分社會學習領域為四個傳統：

1. 公民資格傳遞模式：透過教科書背誦、講述、問答等教學技術，灌輸正確的價值觀，以作為做決定的參考架構。
2. 社會科學模式：學生必須發現和應用每一門社會科學其蒐集和驗證知識的特殊方法，精熟社會科學的各種概念、過程和問題，以作為做決定的基礎。
3. 反省探究模式：做決定的知能是透過反省探究的過程來形塑與訓練，在此過程中所用的知識，是源自於公民做決定和解決問題所需的知識。
4. 反省實踐模式：透過不斷的反省實踐，啟發學生的歷史意識、批判意識，培養民主溝通的能力與態度，最終能採取負責任的社會行動。

　　綜合上述，可以歸納出社會科除了注重基本的學科知識傳授，使兒童對經濟體制、政治情勢、國家歷史與地理有所了解，傳承固有文化之外，也重視透過社會科的傳授，對社會產生影響，強調學生透過反省探究和實踐，逐漸有能力解決社會問題並且能成為有益於社會的良好公民。最後，在個人方面亦注重個人潛力的發揮與身心健康的發展，以及參與團體生活學會與他人有良好的互動關係，並且進一步解決自己日常生活中可能面臨的問題。

## 二、社會領域的性質

誠如上述所言,社會領域有其基本的傳統,然而學者對社會領域的看法與內容亦會隨著時代的洪流、不同教育觀點而有所修正。民國 92 年,教育部頒訂了九年一貫社會學習領域課程,希望透過後現代思維,打破傳統的課程設計概念,尊重學生個體發展,進而培養符合社會需求的公民。

就其性質而言,九年一貫的社會領域是統整自我、人與人、人與環境間互動所產生的知識領域(教育部,2003)。廣義來說,人的環境包括:

1. 自然的物理環境(如山、川、平原等),此屬人生的生存(survival)層面,與自然科學、地理學有關。

2. 人造的物質環境(如漁獵、游牧和農耕所使用的工具,商業用的貨幣,工業用的機器設備,交通用的車子、輪船等),此環境屬於人生的生計(living)層面;從縱的方面來看,它與歷史學有關,從橫的方向來看則和經濟學有關。

3. 人造的社會環境(如家庭、學校、社區、國家等組織及政治、法律、教育等制度),此環境屬於人生的生活(life)層面,主要與政治學、法律學及社會學等學科有關。

4. 自我(反省與表達)與超自然的精神環境(如哲學、宗教、道德、藝術等),此環境屬於人生的生命(existence)層面,涉及每個人存在的意義與價值,與哲學、道德、宗教、藝術等處理精神層面的學科有關。

人的生存、生計、生活與生命等四大層面,是彼此相互關聯的,而社會學習領域正是整合這幾個層面間的互動關係,並涵蓋了歷史文化、地理環境、社會制度、道德規範、政治發展、經濟活動、人際互動、公民責任、鄉土教育、生活應用、愛護環境與實踐等多元化的學習內容之統整性學習領域。

綜而言之,九年一貫的社會領域的性質是,在知識層面方面除了傳統的地理、歷史、經濟、社會學、政治與心理等六大社會學科,更涵蓋了其他與人的環境相關的學科,如自然科學、法律、哲學、宗教、藝術

等。另外，兼顧了個人的生存、生計、生活與生命四大層面，不只是讓學生學會如何了解所處環境、適應社會，更期望他們能達成發展潛能、自我實現，並且進一步有能力改善環境。

## 三、社會領域的特色

在了解了社會領域的沿革、傳統與性質之後，我們可以發現現行的社會領域課程不論是在其背景精神或是實際內容上，都是隨著時代的演進、觀念的改變與創新而逐漸演進、蛻變。接著要分析的便是現行的社會學習領域究竟有何特色，以期讓大家更為了解社會領域的內涵與意義。

張翠倫（2003）提出九年一貫社會學習領域的特色，可從以下四方面來看：

1. 學習目標方面：除了重視個人發展、公民資質與世界觀的培養，及注重社會科學的內涵及強調培養學生批判思考、價值判斷等能力之外，為了因應社會變遷還增加了生涯規劃與終身學習、運用科技和資訊等方面的能力，具有時代性。
2. 學習內容方面：順應社會多樣化的需求，社會學習領域擴大了學習範圍。以九大主題軸為學習內容，另融入家政、生涯、資訊、環境、兩性、人權教育等新興議題。
3. 課程設計方面：採課程的「再概念化」，強調課程的動態循環與開放；反學科本位課程，主張學科的統整與跨越；重視多元文化且同時增加了後現代課程的特色。
4. 課程組織方面：不再侷限傳統歷史、地理、公民等基本學科，而是擴及整合社會科學中的各個層面，朝向跨領域科際整合的模式發展。

另外，也有學者認為社會學習領域在內容與精神上，顯現出破除傳統教學弊病與帶動領導教學新趨勢的決心，其特色如下（李惠雯，2007；翁安明，2003）：

1. 強調知識領域統整與協助學生社會化的基本理念：真實的世界是整體的，因此建立起不同知識領域的聯絡，社會學科與自然、人文等統整成完整的知識體系，將對學生適應未來社會生活有正面的助益。

2. 以學生為本位及培育公民能力的目標：九年一貫社會領域的目標擺脫以往概念灌輸的方式，改以學生為本位的社會生活能力目標，培養學生在認知、情意、技能方面的能力。

3. 跨越領域的主題軸課程：人與空間、人與時間、演化與不變、意義與價值、自我人際與群己、權力規則與人權、生產分配與消費、科學技術與社會、全球關聯等九個主題軸，每個主題軸都可能包含若干不同學科領域，然後由淺入深、重複累進出現。如此作法可使學生看到最完整的畫面，自然能將所學知識應用在實際生活中。

4. 訂定能力指標，發展課程與教學評鑑功能：由於九大主題軸較為抽象，於是進一步發展出較具體的能力指標，以作為學校或教師設計彈性課程與教科書編寫、審查及發展能力測驗的依據，藉此確保教育的品質。

綜上所述，九年一貫社會學習領域的特色可以整合如下：

1. 強調統整與合科：過去國中社會採歷史、地理、公民與道德等三科的方式呈現，較強調社會科的學科知識，重視知識的系統性。而社會領域則強調知識的統整及能力本位，期望學生的學習具有「意義化」（signification），並達到學習的「內化」（internalization）、「類化」（generalization）與「簡化」（simplification）的功能。

2. 以九大主題軸為架構：不採用敘述性或概念性的課程，而是將生活中的概念分成九個主題軸。此九大主題軸顯示出社會領域的學習內容，不僅涵蓋傳統的地理、歷史、經濟、社會學、政治與心理等學科，也加入現代的科學技術和全球關聯等議題，不僅擴大了學習範圍，也使學生的學習更加全面、完整。

3. 以學生為本位：九年一貫社會領域強調的是統整自我、人與人、人與環境間的互動，強調的是以人為主體的價值觀。所以社會領域的教學是以學生為學習的主體，將學生視為主動探索者和知識建構者，並希望學生能將知識轉化為能力，進而開發學生的潛能，使其能有良好的適應能力，並且進一步有改善環境的行動。

# 肆 社會領域的目標與演變

目標是行動的遵行指標，有了確定的目標，才能在思考下準確的朝向預計方向前進，邁向理想、進而實現。因此，任何教育課程在制定時，首要工作是先確定教育目標。待有了明確的教育目標後，才能進一步安排及選擇適切的課程與教材。而教育目標的制定，則應根據現實情況產生、注意不失彈性以及要兼顧表現活動之自由（呂愛珍，1993）。在了解了社會領域的意義後，以下進一步探討社會領域目標的論述與我國社會領域課程目標的演變過程。

## 一、社會領域目標的論述

社會科的基本目的在於培育有參與社會的行動能力之良好公民、發展兒童潛力與思考力、建立人與人及其他事物之間相互的關係，以及適應未來變動的社會。因此，社會科教育活動依據上述原則，也有了相對應的社會領域教育目標。Evans 和 Brueckner（1990）曾提出，社會科的一般性目標有四項：

1. 學習基本的地圖及地球儀的閱讀能力，包含了位置、自然區域的確認及理解，以及使用線索、符號與圖例、分類等，並且將這些技能實際運用於真實生活情境。
2. 運用圖書館和研究報告的技巧蒐集資料，參與社會科所模擬的任務與群體計畫。
3. 獲得基本知識，包含對歷史、自己的與別人的文化遺產的欣賞與

認識，並知道社會的不同功能與兒童在社會中扮演的角色。

4. 知覺全球化的關係與情況，並能分析其中所造成的影響與互相依賴。

黃炳煌（1991）則提出，理想的社會科目標，其實質內容必須能合乎下列的規準：

1. 兼顧認知、技能和情意三個目標領域，並注意提升至高層次的目標以及過程目標的達成。

2. 在充滿變數和未知的多元社會中，要培養兒童具有應變及解決衝突的能力，且增進民主素養、鼓勵社會參與。

3. 社會科的基礎是社會科學，社會科學的研究重點是人。所以社會科教育目標應以「人」為主體，除重視兒童社會角色的形成，也要兼顧兒童個性發展的需要。

另外，陳國彥（2001）則在探究不同學者所提出的社會科目標後，進一步提出社會領域的教育目標應有下列的特徵：

1. 獲得社會科學與人文科學等方面的基本知識，以及與其他領域知識的關聯，發展出較高層次的知識，如通則、應用與理解。

2. 獲得學術研究與解決問題的技能。

3. 發展出民主社會、多元文化與全球相互依賴所需的態度與價值觀。

4. 提供機會給學生發展出在群體行動的能力，並建立起未來為社會貢獻的意願、評價社會的知覺與改善社會的能力。

美國社會科協會（NCSS）也提出社會科的目標有三（轉引自陳麗華、王鳳敏譯，1996）：

1. 在認知層面，要成為好的批判思考者、媒體識讀者、反省性文章撰寫者及社會現象批判者。

2. 在技能方面，要加強學生資訊獲得、組織、詮釋和應用，並且學會問題解決的評估、以同理心和人互動。

3. 在價值層面，要堅守基本人權，周延探討社會議題的不同立場並採取適當的公民行動。

綜上所述，社會科教育的目標除了傳授包含歷史、地理、公民等社會科學課程，使學生具備有基本的相關知識、概念與技能，如讀圖、資料蒐集、圖書館應用、撰寫研究報告；更注重情意方面的目標，如培養學生尊重多元、參與社會、關懷他人的態度；並進一步擁有適應社會、解決問題的能力。

## 二、我國社會領域課程目標的演變

課程的目標對於課程的選擇與安排具有相當的指標性，以下探討我國不同教育階段中，社會科課程目標的演變與差異，了解歷次課程改革所強調的不同面向，以期能更進一步透徹了解現行課程綱要中，期望透過教學達成的社會領域目的，以及學生應具備的能力。

我國教育部於民國 64 年頒布的社會科課程目標包含以下四點：

1. 指導兒童從學校、家庭、社區等實際的社會生活中，體驗群己關係，以養成適應社會的基本態度與能力，實踐我國固有的倫理道德，發揚固有的民族精神。

2. 指導兒童從歷史的演進，明瞭中華文化的淵源與現代生活的關係，以培養愛民族、愛國家的情懷，發揮團結奮鬥、合作進取的精神。

3. 指導兒童從鄉土地理及我國的自然環境中，明瞭環境與民生的關係，以養成熱愛鄉土、改善環境的知能，激發建設地方、建設國家的意願。

4. 指導兒童從倫理、民主、科學的實踐過程中，了解近代文化的發展，激發莊敬自強、革新創新的精神。

由上述目標可以發現，這時期的社會科教育強調的是國家思想與民族精神，注重培養公民的倫理道德、發揚我國固有文化；並且透過對自己國家歷史與地理的了解，讓學生具備愛國、愛鄉、為民族的團結奮鬥情操。注重的是群性而較缺乏個人的主體性。

但隨著國家政治、經濟、文化和社會風氣的改變，教育方面也有了適當的變革以順應社會的潮流與趨勢，因此在民國 82 年的社會科新課

程目標也有了以下不同的面向：

1. 培養兒童適切的自我概念，建立和諧的群己關係，養成良好的生活習慣，以發展健全的人格。
2. 輔導兒童了解其生活環境及本國歷史、地理和文化，以培養其愛鄉土、愛社會、愛國家的情操。
3. 輔導兒童了解世界大勢，擴充其視野及胸襟，以培養平等、互惠、合作的世界觀。
4. 輔導兒童批判思考、價值判斷及解決問題的能力，以奠定適應民主社會生活的基礎，並發展積極的人生觀。

在新課程的目標中多了以人為主體，亦即以學生為中心的理念，開始重視兒童的自我發展與概念，強調個人解決問題、做決定、批判思考等獨立生活能力。並且從對自己國家擴充到對世界情勢的了解與認識，培養學生具有世界觀及尊重多元的包容心。

到了民國92年所頒訂的九年一貫課程綱要，在總綱中便闡明要培養具備「人本情懷」、「統整能力」、「民主素養」、「鄉土及國際意識」及「終身學習」之國民。所以九年一貫課程中社會學習領域的課程目標，除了重視社會科學基本知識概念的獲得，更希望培養學生具有批判思考、價值判斷、解決問題、探究與創造的能力，以及對本土、國家產生認同，並具備社會參與、關懷世界的態度。另外，隨著科技日新月異，資訊及網路的快速發達，人類對科技的依賴與需求日益增加，資訊處理能力也成為社會領域課程目標的一部分。社會學習領域規劃的十個課程目標如下：

1. 了解本土與他區的環境與人文特徵、差異性及面對的問題。
2. 了解人與社會文化、生態環境之多元交互關係，以及環境保育和資源開發的重要性。
3. 充實社會科學之基本知識。
4. 培養對本土與國家的認同、關懷以及世界觀。
5. 培養民主素養、法治觀念以及負責的態度。
6. 培養了解自我與自我實現之能力，發展積極、自信與開放的態度。

7. 發展批判思考、價值判斷及解決問題的能力。

8. 培養社會參與，做理性決定以及實踐的能力。

9. 培養表達、溝通以及合作的能力。

10. 培養探究之興趣以及研究、創造和處理資訊之能力。

綜觀之，社會領域的目標從原先的培養兒童成為符合社會要求與期待的「社會人」，強調愛民族、愛國家，一味灌輸愛國愛家、重視傳統文化的觀念；轉變為逐漸重視兒童主體在民主社會生活的適應，且也要求建立思考、價值判斷及解決問題的能力。最後，在九年一貫課程實施後又擺脫了以往概念灌輸的傾向，注重學生生活能力及與環境的共榮共存。可以發現其過程是，由重視團體生活規範，轉為強調兒童個人發展；由重視文化傳承，轉為強調批判思考與解決問題的能力；由重視認識所處環境，轉為強調人與環境的互相影響與共存。

另外，由九年一貫社會學習領域的課程目標與前文所提社會科目標的論述作一比較。可以發現，雖然在讀圖、分類等社會科學學科技能於生活中的實際應用，以及蒐集資料、圖書館運用等目標，現行的社會領域課程目標未額外加以強調。但在認識與認同本土的文化遺產、全球化的了解、公民態度與價值觀的建立、社會科學基本知識的學習、兒童自我發展與反省思考能力的培養、人際互動、研究能力等方面，都符合社會發展的趨勢，顯示社會領域課程目標的發展能反映出時代潮流的趨勢。

伍 結語

以我國社會領域的歷史沿革來看，其發展是由分科走向合科、由瑣碎零散的科目走向注重不同面向間互動關係的統整性課程，充分反映了社會領域的意義，以及其教材內容與目標會順應時代潮流而改變。社會領域重視社會科學知識與概念的學習，藉由聽、說、讀、寫、算與研究的技能，培養學生批判思考、價值判斷及解決問題等能力，進而達到社會參與及社會行動的目標，如此藉由社會領域教學以傳遞公民資質，培

育出適應良好的公民，營造其對社會公共事務的關懷與參與。

　　由此可知，社會領域的內涵是廣泛而周全的，包含了知識、技能、價值與社會參與等層面，更注重個人與周遭環境的互動能力，並且能夠進一步增進社會整體的發展及進步。其以「人」為主體逐步拓展學習的範圍，包含時間、空間與人物、事件等，從個人的生活周遭環境出發，逐漸擴散探究到整體生活世界。透過社會領域的學習，我們期望學生有能力更加適應當前多變、多元的社會，成為能與環境共存共榮的世界公民。

# 參考文獻

## 中文部分

呂愛珍（1993）。**國民小學社會科課程與教材**。臺北：五南圖書出版公司。

李惠雯（2007）。**教師進行鄉土戶外教學現況之研究──以苗栗縣中年級社會領域教師為例**。國立新竹教育大學人資處社會學習領域碩士班論文，未出版，新竹市。

秦葆琦（2000）。國民小學社會學習領域之教學設計探討。**研習資訊**，*17*（4），12-24。

翁安明（2003）。**國民小學社會領域教師課程決定之研究──以澎湖地區為例**。臺南師範學院課程與教學碩士學位班論文，未出版，臺南市。

張翠倫（2003）。**國小學生社會領域學習策略與學業成就關係之研究**。屏東師範學院國民教育研究所碩士論文，未出版，屏東市。

教育部（1993）。**國民小學新課程標準**。臺北：教育部。

教育部（2003）。**國民教育階段九年一貫課程綱要**。臺北：教育部。

陳國彥（2001）。**九年一貫社會領域課程研究**。高雄：復文。

陳麗華（2002）。教學特性與策略。載於黃炳煌（主編），**社會學習領域課程設計與教學策略**（頁193-256）。臺北：師大書苑。

陳麗華、王鳳敏譯（1996）。National Council for Social Studies（1994）原著。**美國社會科課程標準**（*Curriculum Standards for Social Studies: Expectations of Excellence*）。臺北：教育部。

黃炳煌（1991）。社會科教育目標與功能之研究。**教育資料集刊**，*16*，1-17。

黃炳煌（2002）。**社會學習領域課程設計與教學策略**。臺北：師大書苑。

歐用生（1989）。**國民小學社會科教學研究**。臺北：師大書苑。

## 英文部分

Brophy, J. & Alleman, J.（1996）. *Powerful social studies for elementary students*. USA: Harcourt Brace & Company.

Chapin, J. R. & Messick, R. G.（1996）. *Elementary social studies: A practical guide*. New York: Longman Publishers.

Evans, J. M. & Brueckner, M. M.（1990）. *Elementary social studies: Teaching for today and tomorrow*. Boston: Allyn & Bacon.

# 第 2 章

# 美國、日本、英國社會領域課程分析

李宏仁
臺中縣潭子鄉新興國民小學教師

錢富美
國立臺中教育大學社會科教育學系教師

## 本章綱要

## 前言

　　本章旨在對分別位於美、亞、歐洲之美國、日本、英國三國的小學社會科課程做一介紹與剖析，包括課程目標、課程內容、課程特色，期使讀者能對各國社會科課程有快速的認識與概念，並能引發讀者對我國小學社會學習領域課程提供適切性的參考建議。

　　由於每個國家的歷史脈絡不盡相同，社會科課程各有其發展原因及條件，其中大多因應國家課程變革而修訂，或配合國際情勢發展，為求能迎合時代快速的進步，培養學生新時代的基本能力，因而修訂法案與課程標準。美國、日本與英國之小學社會科課程，也因教育團體或機構訴求改革的聲浪，進行了新一波的課程改革，分述如下：

## 美國 K-12 年級社會課程

　　傳統上，美國教育行政屬地方分權制，聯邦憲法將教育權保留給各州州政府，各州之中小學教育又大都由地方學區負責（楊深坑、李奉儒，2009）。因此美國中小學社會課程發展單位甚多，在聯邦有聯邦的課程發展機構，如 NCSS（National Council for the Social Studies），在州有州的課程發展組織，如 SSEC（Social Science Education Consortium），在地區也有地區的課程發展機構。這些機構有公立、有私立，也有公私立並存者，其中 NCSS 可說是對目前臺灣社會科課程改革影響深遠的機構之一。此機構成立於 1921 年，主張社會科知能應涵蓋社會科學領域，包括歷史、地理、經濟、政治、社會、心理、人類及法律等方面的知能，並且主張採合科取向來處理社會科的內涵（陳國彥，2001）。

　　1994 年由柯林頓總統所發布的《目標 2000：教育美國法案》（*Goals 2000: Educate America Act*）。此項法案除明文規定全國教育目標之外，並鼓勵各州依據專業團體與組織所發布的全國示範性課程訂定各州的課程標準，以作為激勵和評量學生的學習成就之工具（許舒涵，2008；盧雪梅，2004）。

根據美國社會科課程標準（陳麗華、王鳳敏，1996）實施摘要中提及，教育美國法案要發展的課程標準，涵蓋藝術、公民與政府、經濟、英文、外國語文、地理、歷史、數學、體育、自然、職業教育等學科。然而所發展的課程標準涵蓋以上各學科，獨缺社會科。社會科教師在社會科協會（NCSS）的支持下，成功地將社會科放進全國的議程中，並成立一個特別委員會來發展其課程標準。

　　此委員會是由前社會科協會（NCSS）會長，喬治亞大學的蘇納德（Don Schneider）教授擔任主席，組成人員有中小學教師、大學教授及州政府和地方政府的社會科督學。委員會於 1993 至 1994 年間發展出課程標準，並接受了討論會的評議修改草案，最後審定修訂版。社會科協會理事會於 1994 年 4 月正式通過此課程標準，當年秋季印製出書，開始向全國的社會科教師介紹此課程標準，並舉辦一連串全國性、各州及地方性的研習會（潘逸真，2004）。

　　除了社會科協會（NCSS）審定通過的美國社會科課程標準之外，還有 1994 年由加州大學洛杉磯分校訂定 5-12 年級適用的美國歷史科國家課程標準：探討美國經驗；1994 年由美國地理學會（American Geographical Society）、美國地理學者協會（Association of American Geographers）、國家地理教育委員會（National Council for Geographic Education）、國家地理委員會（National Geographic Society）共同規劃 K-12 的生活化地理：美國國家地理科課程標準；1994 年由美國公民教育中心（Center for Civic Education）訂定 K-12 年級的美國公民與政府科課程標準（李薰楓、黃朝恩，1997）。

　　以下說明 NCSS「社會科課程標準」之課程目標、內容與特色：

## 一、課程目標

　　美國 NCSS 社會科課程標準以十大主題軸作為課程標準的分類依據，並在每個主題軸之下，再分別列出初級、中級與高級三個教育階段之預期表現。其中，初級階段涵蓋幼稚園到四年級，中級階段涵蓋五到八年級，高年級則涵蓋九到十二年級（潘逸真，2004）。

劉美慧（1996）評析 NCSS 於 1994 年通過的社會科課程標準，其課程目標多元化是此課程標準的特色之一，此課程標準在每一主題之下皆詳列各年級階段應達到的行為目標。整體而言，此課程目標包括知識目標、民主價值目標、思考技能目標及公民參與目標。在知識目標方面，強調從學生的生活經驗學習社會科基本學科的內容；在民主價值目標方面，強調自由、正義、公平、負責、多元及隱私等價值與信念。思考技能目標則包括下列三種重要技能：(1) 獲得、組織、解釋、傳達資料的能力；(2) 運用資料探究問題、建構知識及做結論的能力；(3) 評鑑各種可能的行動方案及做決定的能力。在公民參與目標方面，注重理論與實際的結合，鼓勵學生參與學校及社區活動，培養民主社會所需做決定與參與公共事務的能力。

以下進一步說明美國 NCSS 社會科課程標準的目標（陳麗華、王鳳敏譯，1996；潘逸真，2004）：

（一）社會科課程總目標

1992 年美國社會科協會（NCSS）執行委員會定義「社會科的基本目的，是要幫助年輕人在互相依賴、文化多元和民主的社會中，發展做周全而合理決定的能力，以增進公共福祉。」

（二）社會科課程子目標

1. 社會科課程的主要目的是要增進公民能力。
2. 從幼稚園到十二年級的社會科課程，在學科內和學科間都重視知識、技能和態度的統整。
3. 社會科課程在協助學生從各種學科中取材，以建構知識和態度基礎，作為看待社會實體的特殊方法。
4. 社會科課程反映出知識的變動性，培養學生以全新且高度統整的方法，解決人類重要議題。

（三）社會科課程預期表現

課程標準在每一主題之下皆詳列各階段應達到的預期表現（與我國

九年一貫課程相似，但後者分類較細），其下再按初級、中級、高級等三個教育階段，各列舉若干預期表現，且大致上是依概括性、複雜性和抽象性逐漸加深加廣，預期表現著重教學的內涵、重點和方向，這種以預期表現來取代行為目標「具體」、「可觀察」、「可測量」的敘寫方法，給予更多樣的教學設計空間。如此一來，目標模式不再是唯一的選擇，任何新的嘗試，如過程模式、建構式教學、情境模式等都被鼓勵（潘逸真，2004）。

以下臚列每一主題之預期表現前三條內容，提供參考：

### 文化

1. 了解並描述不同群體、社會和文化中的個人，對人類需求和情感的表達方式有何異同。
2. 舉例說明不同文化背景的人，其看法與架構不同，對事件的詮釋亦不相同。
3. 將語言、故事、民間傳說、音樂和藝術創作視為文化表現，描述這些表現如何影響生活在該文化中的人的行為。

### 時間、時序與變遷

1. 了解不同的人對同一事件或情境的描述，可能各不相同，他們所提出的理由也不一樣。
2. 使用的字彙能正確地顯示過去、現在、未來或更早之前等時態；能了解時間觀念架構；辨別有變化的例子；了解因果關係的例子。
3. 對照比較過去事件、人物、地點、情境的不同說法和解釋，了解它們如何幫助我們認識過去。

### 人物、地點與環境

1. 建立和使用心理面的場所、地區、世界的地圖，學生藉這些地圖展現出他們對相關的地理位置、方向、大小、形狀的了解。
2. 解釋、使用、區別代表地球的各種不同的象徵物如地圖、球體和照片等。
3. 使用地圖集、資料庫、座標系統、圖表、曲線圖和地圖等資料和地理學的工具來產生、處理和解釋資訊。

### 個人發展與認同

1. 描述過去以來個人的改變，如和身體發展和個人興趣相關的改變。
2. 描述個人和地點的關係，尤其是自己親身處過的地方。
3. 描述個人所處的核心家庭或大家庭的特徵。

### 個人、團體與制度

1. 在團體的環境中，認清學生、家庭成員、同儕團體中的玩伴或社團成員的學習行為模式。
2. 舉例說明團體和制度如宗教信仰、法律和同儕壓力對人物、事件和文化的影響。
3. 舉出機構的例子，並說明人們和制度的互動。

### 權力、職權與管理

1. 研究個人對與他有關的社會團體如家庭、同儕團體和學校班級所負之權利和責任。
2. 說明政府的功能。
3. 舉例說明政府是否供給人們的需求，是否建立秩序和安全，是否處理衝突。

### 生產、分配與消費

1. 舉例說明缺乏和選擇如何支配我們的經濟決策。
2. 區分需與求。
3. 區分私人和公共的貨物與勞務。

### 科學、技術與社會

1. 舉例說明科學和技術已在許多方面改變了人們的生活，例如家庭管理、小孩看顧、工作、運輸和溝通傳播。
2. 舉例說明科學和技術改變了自然環境，例如水壩和堤防的建造；海中油井的鑽鑿；從雨林中萃取藥物，而雨林之減少是由於資源被萃取或因其他的新用途出現。
3. 舉例說明價值觀、信仰和態度因一些新的科學和技術的知識而改變，例如資源保護，和化學物質對生命及環境造成危害的意識覺醒。

**全球性關聯**

1. 研究語言、藝術、音樂、信仰體系和其他構成文化的要素，如何促進世界性的了解。
2. 舉例說明個人、團體和國家之間的衝突、合作和互相依賴。
3. 研究日漸改進的技術對世界上的城市影響。

**公民的理想與實踐**

1. 確知美國民主共和國的基本理想，例如：個別人類的尊嚴、自由、正義、公平、法律規則，並討論這些價值在特定情境的運用。
2. 確知公民的權利與義務的實例。
3. 從多元觀點，對公共關注的爭議訊息加以定位、組織與運用。

## 二、課程內容

依據美國社會科協會（NCSS）的社會科課程標準，提出了十個主題架構，範圍包含幼稚園和國小、中學、高中，其內涵如下（陳麗華、王鳳敏譯，1996）：

### (一) 文化

學生所要學習的文化內容包括文化的共同特徵、宗教或政治理念如何影響文化中的其餘部分、文化如何因應不同理念而改變，及語言如何反應等。

### (二) 時間、時序與變遷

人類尋找歷史根源和自己的時代意義並不曾改變。了解歷史及組織過去可以培養一個人的歷史觀，並能回答下面問題：我是誰？過去發生什麼事？今日的我與過去有何關聯？這個世界如何轉變，未來的變化如何？我們個人與過去相關聯的感覺為何變了？

## (三) 人物、地點與環境

人物、地點、人與環境之學習有助於學生對世界空間和地理觀念之建立。學生將學到事物發生的地點及原因、地區的觀念、地形的改變其對人的影響。

## (四) 個人發展與認同

個人認同乃受其文化、團體、制度之影響。學生需思考的問題有：人們如何學習？人們的行為為何如此？影響人們學習、察覺和成長的因素？人們在不同情況下如何滿足他們的需求？個人如何從青年期發展到成人？

## (五) 個人、團體與制度

學校、教會、家庭、政府機關及法人等機構在人們的生活中扮演不可或缺的角色，因此學生應該認識這些機構如何形成、控制及影響機構的因素為何、機構如何影響個人及文化、機構如何維持和改變。以下是學生可能討論的問題：某個機構在這個社會和其他社會中的角色為何？我如何被機構影響？機構如何被改變？機構改變中我的角色為何？

## (六) 權力、職權與管理

了解權力、職權和管理結構的歷史發展，和它們在當代社會中的功能對公民能力之培養十分重要。本主題中學生所面對的問題是：權力是什麼？它以何形式出現？誰擁有權力？權力如何被獲得、使用及接受？合法的職權是什麼？政府如何被建立、組織、維持和改變？個人權力在多數人同意之規則下如何被保護？

## (七) 生產、分配與消費

人們常有需求得不到滿足的情況，因此有下列疑問：我們需要生產什麼？生產應如何設計？貨物與勞務如何分配？生產力如土地、勞工、資本、管理等最有效的分配是什麼？

## (八) 科學、技術與社會

現代生活不可一日無科技，然而科技亦帶來許多問題：新技術一定比舊技術好嗎？經驗顯示新技術因重大社會變革而產生，我們究竟可從中學到什麼，有哪些技術是意外產生的？我們如何處理前所未有的快速變化？我們要如何管理科技使最多數人得到福祉？在科技進化中我們如何保留重要的價值觀和信念？

## (九) 全球性關聯

當學生了解各國與全球的關聯日趨重要與繁雜，各國利益與全球優先事務常現緊張，那麼就不難明白全球依存的事實。學生須討論的國際問題有：健康醫療、環境、人權、經濟競爭和互相倚賴、種族仇恨、政治和軍事聯盟等。

## (十) 公民的理想與實踐

公民理想與實踐之認識對社會參與極為重要，亦是社會科的主要目標。學生須面對的問題有：何謂公民參與？我將如何參與？公民之意義如何界定？權利與義務如何平衡？身為社會、國家、世界的一份子，公民的角色應為何？

由以上十個主題軸內涵可知，此社會科課程標準涵蓋人類學、考古學、經濟學、地理、歷史、法律、哲學、政治、心理學、宗教、社會學等社會科學的各學門領域。其目的在於發展學生的理解和推理能力，做一個能為大眾謀福利的公民。

## 三、課程特色

潘逸真（2004：111-114）綜合相關研究指出，美國於 1994 年所提出的課程，不但和其他國家的社會科課程不同，亦不同於傳統的美國社會科課程，甚至還顛覆以往 NCSS 所堅持的一些原則。該課程標準的特色如下：

## (一)就課程標準的定位而言

此套課程標準僅為參考性質，不具法規效力，和我國課程綱要的國定性質有所不同，且章節內容亦大相逕庭。

## (二)就課程組識而言

該課程標準最大的特色在於突破過去以學科為課程架構的傳統模式，改以十大主題軸為課程架構。每一主題皆可從相關的學科內容加以探討，打破學科範疇，並建立社會科科際整合的課程組織模式，增加學習的意義性。其次，該課程標準採螺旋狀課程設計模式，每一主題在不同年級階段重複出現，主題的概括性、複雜性和抽象性隨年級而加深，學生不斷重複地接觸這些主題，且每次都從不同觀點學習這些主題，增加學習的深度性。

## (三)以課程標準之課程內容而言

此社會科課程包含了社會科學各學門領域的內涵，以及人文科學、數學和自然科學中適當的內容，進行關聯性和系統性的研究。由以上觀之，此套課程標準之課程內容，不同於一般社會科之知識內涵是以「社會科學」之學門知識為主，或者只是歷史、地理與公民學科的拼湊，而是酌量加入「人文學」及「自然科學」之相關知識，尚加入「數學」相關之內容，較以往包含了更為廣泛的學科領域。

## (四)就課程的預期表現而言

NCSS 的課程強調以學生為主體，以生活經驗為重心，並注意到公民教育的問題。以預期表現取代行為目標的敘寫方法，給予更多樣的教學設計空間。

## (五)就教學活動設計而言

NCSS 的課程設計，在面對各種領域知能時，通常都採取概念的方式呈現，並強調理解和取材自生活周遭。而傳統的社會科在呈現上採取零星的表現方法，較著重在記憶。

(六)將社會科必備的技能分成三項

1. 獲得資訊：(1)閱讀技能（理解、字彙、閱讀速度）；(2)學習技能
   （尋找資訊、整理及資料使用）；(3)尋找資料之技能（圖書館、
   特別的參考資料、地圖、地球儀、圖表、社會資源）；(4)電子產
   品之使用技能（電腦、電訊網路）。
2. 組織和運用資訊：(1)思考技能（資料分類、解釋資料、資料分
   析、做摘要、綜合資料、資料評量）；(2)決策技能；(3)後設認知
   技能。
3. 人際關係和社會參與：(1)個人技能；(2)團體互動的技能；(3)社
   會和政治參與的技能。

且將學習年齡分成 K-3、4-6、7-9、10-12 四個階段，教學應依比
例做成「最少或無」、「一些」、「大部分」、「加強」等四種建議。

美國是世界上最早在學校裡把社會科作為一門獨立的學科開設的國
家。社會科在美國中小學階段稱為「社會科」（Social Studies），各校均
開設此一課程，然而因所屬州政府與地方教育行政機關的影響，對於社
會科的定義、教學目標等看法大不相同（潘逸真，2004）。

由前述可知美國教育的主管權係在各州，教育部所提出的建議仍
由各州自主決定。所以美國的社會科課程標準並非是一套國定的社會科
課程，而是可以作為州、學區、學校、學年和班級編定課程的規準與
依據。以加州為例，加州有關人文及社會學科課程發展也有其自許和
特色，而非只因應聯邦的要求。加州對地方課程的監督、視導，是相當
「集權式」的。各地方對課程的實施幾乎是依照「指導要領」中的規
定，其社會學科所訂定目標包括「知識與文化素養」、「民主素養與公
民價值」和「社會參與的技能」三個部分。內容方面則強調以分科方式
來編寫教學材料，將所有社會科以歷史科的核心來加以統整（陳伯璋，
1990）。

此外，美國各州教育委員會根據州法律規定最低標準（minimum
standards），地方教育委員會或學區皆依此編製課程標準，而且認可基
準（accreditation）和課程標準是成對出現的（塗瑀真，2008）。

在教科書方面，通常係以各州或地方所定的課程綱要為基準，由出版社編輯、發行。教科書的採用，大致有三種方式：(1)各地方學區自由採用；(2)各地方學區由州所認可的書單中選用；(3)各地方學區在州所定的基準範圍內選定。然而，美國的學校相當強調教師的專業能力，課程內容主要是由教師依據學生之需要加以設計，因此教科書僅是教師教學的參考工具（陳麗華，2003）。

美國加州社會科課程標準教材編選與補充教材僅列出教材編選參考原則，未強制規定要項，且提供補充教材作為教師課程設計與實施的參考。以加州歷史──社會科 K-12 課程為例，架構中並未強制規定課程需涵蓋哪些教學資源，但加州董事會希望學校能帶領學生多運用州中的博物館、歷史景點、圖書館、檔案館等寶庫，鼓勵學生直接接觸歷史（轉引自塗瑀真，2008）。

綜上所述，美國各學科課程標準均開放給各出版社編輯教科書，學校可依據教學目標的需要自由選擇使用，因此，各校可選擇社會科及歷史、地理、公民與政府的教科書。此外，教師自行擬訂教學計畫後選擇適合的主題教材，教材來源包含不同版本的教科書、教學資源或時事，並非只以一套教科書從事教學。

## 參　日本小學社會課程

二次世界大戰後至今，日本小學教育共經歷八次（1951 年、1955 年、1958 年、1968 年、1977 年、1989 年、1998 年、2008 年）的課程改革。1998 年 12 月公布的小學校《學習指導要領》，從 2002 年度開始實施。此課程改革主要延續 80 年代的週休二日制，重視學童的個性，強調課程知識的連貫，促進新學力（指思考力、創造力及問題解決能力）和自律學習能力的培養，故「教育內容的嚴選」和「學校本位課程的實施」成為此次課程改革的主要特色（林明煌，2009）。此課程主要是希望解決學校教育普遍出現的考試競爭白熱化、學生逃學問題嚴重、兒童校外的社會體驗不足及人性內涵有待充實等難題，並邁向 21 世紀新

願景的國際化、情報化、科學技術的發展，日本社會高齡化、少子化等社會結構變化現象，以及環境課題等考量而加以修訂（程健教，2000；江姿滿，2001）。

然而日本的教育再生會議針對教師指導學生的過程中，常發現教師指導策略與其認知未盡完善、暴力相向、霸凌不止、中輟生增加、自殺行為、以及校規與體罰等問題不斷發生，因此，社會各界要求教育相關單位提出解決問題方案，因而促使文部科學省於 2008 年 3 月 28 日修訂公布小學校《學習指導要領》，並擬於 2011 年度開始正式全面實施新課程（林明煌，2009）。

日本社會課程實施於國小三至六年級，一、二年級則是「生活」課程。本文以 2008 年公布之小學校《學習指導要領》三至六年級的「社會」課程為主，以下說明其課程目標、內容與特色。

## 一、課程目標

日本 2008 年公布之小學校《學習指導要領》，「生存能力」是此次改革的重點，包括三大面向：「確實的學力」、「豐富的人性」和「健全的體魄」，其中「確實的學力」包含：掌握基礎的、基本的知識和技能，培養思考力、判斷力和表現力，提高學習興趣和養成學習習慣（林明煌，2009）。

其中有關社會科部分，以上述重點所提出的修改目標包括：培養兒童關心社會生活及理解防止自然災害的重要性；具備活用的基本知識和技能，以及學會追究並解決問題等。各學年的教育目標皆著重知識、態度和能力的養成。例如三、四年級旨在了解地區產業與消費生活的情況，以及養成健康生活、良好生活環境及安全的活動；五年級的目標在於了解國家自然環境與國民生活的關聯，理解防止自然災害的重要性，以及國家產業等內容。六年級則是了解國家社會發展、文化遺產、政治活動，以及本國與國際社會的關係（文部科學省，2008）。

（一）教育目標

理解現代社會生活之型態，並培養對本國國土及歷史的認識與熱愛，以及發展現今國際社會之民主、和平的國家與社會所必備之公民資質的基礎。

（二）學年目標

日本小學社會課程以三、四年級為一個階段，五年級一個階段，以及六年級為一個階段，每一個學年各有 3 條學年目標。各學年之學年目標如下：

**1. 三、四年級學年目標**

(1) 地域產業和消費生活的認識，健康安全的生活及良好的生活環境的理解，以及作為社區一員的自覺。

(2) 地區的地理環境與人民生活變化的關聯，對先人勞動貢獻的敬佩、社區的讚美和熱愛。

(3) 對地區的各種社會事件的觀察、調查，地圖和各種具體資料能有效活用，能培養對地區社會的現象、特色和相互關聯的思考能力。

**2. 五年級學年目標**

(1) 理解國家環境和國民生活的關聯，深刻關心環境保育與防止自然災害的重要性，並培養愛國情操。

(2) 了解國家產業，產業與國民生活的關係，並關心產業的發展與資訊社會的轉變。

(3) 調查社會現象時，能靈活使用各種資料與工具，如地圖、地球儀統計資料等，並培養學生之思考力、創造力及問題解決能力。

**3. 六年級學年目標**

(1) 培養學生對於國家、社會有偉大貢獻的先人事蹟，與優質文化遺產的興趣，進而關心與理解國家歷史和傳統大事，培養愛社會、愛國家的情操。

(2) 關心本國政治活動與日常生活型態之關係，明瞭我國政治及

與本國有邦交之國家的國際交流，身為日本人應知道本國對
社會的使命與和平的願望，並能與世界共存共榮。
(3) 調查社會現象時，能靈活使用各種資料與工具，如地圖、地
球儀、統計資料等，能培養寬廣的視野及多元的思考能力。

## 二、課程內容

　　日本小學社會課程在三、四年級以「地區學習」為主，著重地區
人民的健康生活、良好的生活環境，培養兒童調查、思考以及能表達自
我想法的能力。五年級以「產業、地理與國民生活」為主，加強經濟活
動、農業與工業，以及環境保護與資源利用的認識。六年級則以「日本
史、政治、國際和平」為主，加強了解日本的歷史、政治制度和欣賞
文化傳統，並體認日本在國際上的地位。三至六年級課程內容說明如下
（文部科學省，2008）：

### (一)三年級和四年級

1. 自己居住市鎮（區、町、村）的調查與了解，包括土地利用、交
通建設等公共設施。
2. 居住市鎮（區、町、村）生產、消費情形的了解。
3. 健康生活所需之飲水、電力、瓦斯和廢棄物的處理，並維持良好
的生活環境。
4. 關於社區災害的防治與事故發生時的應變能力，共同維護安全之
相關單位與人員之認識，以及培養正確安全處理的能力。
5. 認識地方文化發展、先賢事蹟與當時生活情況及當時社會的需
求。包括古文物與文化傳承之認識。
6. 縣（都、道、府）的調查研究，本地生活和產業與國內外其他地
區的關係。例如縣（都、道、府）在自己居住地區（區、町、
村）地理位置，47 都道府縣的名稱和位置，縣（都、道、府）的
地形、主要的產業、交通網與位置，國人的生活與產業和外國的
關係。

(二) 五年級

1. 了解本國國家的自然環境（包括領土、地形、氣候），能活用地圖、地球儀等資料，調查並思考國家環境、人民生活與產業之間的關係，例如公害對國民健康與生活環境的影響、森林資源保護與防止自然災害等。

2. 了解本國農業、漁業的現況與特色，能活用地圖、地球儀等資料進行調查，以了解國民重要食物的來源，以及思考如何增進與自然環境的關係，並了解從業人員對社會之貢獻與價值。

3. 了解日本工業的現況與特色，以及從業人員對社會之貢獻與價值。

4. 了解日本資訊社會之現況、特色與功能，資訊化社會的轉變對國民的影響，以及從業人員對社會之貢獻與價值。

(三) 六年級

1. 關懷與學習本國歷史大事、事件、人物和文化遺產。

2. 探討本國政治活動、憲法、人民的權利與義務。

3. 了解本國在世界上所扮演之角色，以及對多元文化的相互了解，本國在國際交流、國際合作，以及促進世界和平之貢獻。

　　日本 2008 年的國小社會課程內容，大致上仍遵循 1998 年的社會課程，但是在節數方面，前者規定三至六年級共 365 節，後者為 345 節，在授課總節數部分，新社會課程較舊社會課程多增加 20 節，突顯日本對於社會課程之重視。

## 三、課程特色

　　從《小學校學習指導要領新舊對照表》（文部科學省，2008）的比較可以發現，日本 2008 年的國小社會課程內容，以 1998 年的社會課程為基礎，但是配合現代社會發展的趨勢與教育改革的宗旨，進行了部分內容修訂，以下是新課程增加的部分（林明煌，2009）：

（一）三、四年級

1. 水電資源的有效利用。
2. 與人合作共同防止自然或人為災害與事故的發生。
3. 維持社會生活所需之重要法律與規範。
4. 47 個都、道、府、縣的名稱與位置。
5. 地方傳統文化與資源的保護與活用。

（二）五年級

1. 世界主要的大陸與海洋、國家的名稱與位置，以及日本地理位置
   和領土。
2. 自然災害的防止。
3. 食品原料生產與工業生產的價格與費用。
4. 資訊化社會與國民生活的關係。

（三）六年級

1. 傳統狩獵與採集的生活。
2. 具有代表性的世界文化遺產、國寶及重要文化財。
3. 國民司法的參與。

　　此外在小學校《學習指導要領》之「指導計畫說明」中，特別提及社會科的教學應配合「道德」科的教育目標，顯示社會科教學重視兒童的品德教育。

　　接著從《小學校學習指導要領解說──社會編》（文部科學省，2008）的說明中，將日本新社會課程的特色歸納如下：

1. 強調社會生活的理解、培養愛國情操以及重視公民資質的基礎。
2. 在知識內容方面，各學年強調以地區生活與環境、鄉土文化、國
   家與產業、國家歷史與政治活動為主。
3. 在態度方面，各學年則強調身為地區與國家的一份子，要具有日
   本人的自覺，培養愛鄉愛國的情操，並了解環境保育、關心自然
   災害防治，以及產業發展與資訊社會化的轉變。

4. 在能力的培養方面，各學年注重兒童觀察力與資料活用的能力，觀察社會的思考力與判斷力，以及表達自我想法的表現力。

5. 重視國際觀，強調日本在國際社會的角色，以及在國際交流、國際合作與促進世界和平之貢獻。

# 肆 英國小學社會課程

英國從 1988 年起實施國定課程（national curriculum）至今，經歷過幾次的微調，目前所實施的國定課程是依據 1988 年公布的《教育改革法案》（*Education Reform Act 1988*）所制訂，其中規定中小學需設立兩類課程：核心課程和基礎課程。英國於 2000 年對國定課程所規定的科目進行調整，核心科目包括英語、數學和科學，基礎科目則調整成體育、歷史、地理、美術和設計、音樂、資訊和通訊科技（information and communication technology, ICT）、設計和工藝（design and technology）、現代外語以及公民等。而目前仍在實施的小學課程科目主要為：英語、數學、科學、歷史、地理、設計與技術、藝術與設計、音樂、資訊、體育、現代外語、個人、社會與健康教育或公民資質教育，另有宗教教育（是法定課程但可彈性實施）（陳延興，2010；廖政凱，2006）。

然而現行的國定課程遭受不少批評，例如課程內容過於飽和，相關的規定與要求過多，扼殺教師發揮創意教學的能力，導致教師無暇關注學生的學習困難等。接著在各項重視學童權益的報告書與法令陸續出爐後，英國便進一步就國定課程加以改革，經由英格蘭教育行政機關「兒童、學校與家庭部」（Department for children, Schools and Families, DCSF）及「資格與課程局」（Qualifications and Curriculum Authority, QCA）的研議，英格蘭政府預定於 2011 年 9 月起實施修正後的「新小學課程」。此課程將現行的眾多科目簡化成為六個領域：「英語、溝通與語言」、「了解體能發展、健康與福祉」、「歷史、地理與社會的了解」、「科學與技術的了解」、「認識藝術」、「了解數學」（陳延興，2010）。

以下就英國新小學課程及「歷史、地理與社會的了解」加以說明。

## 一、課程目標

英國預定於 2011 年 9 月起實施的「新小學課程」的課程目標有三（DCSF, 2010）：

1. 成功的學習者：培養學童能喜愛學習，並能精進與有所成就。
2. 自信的個人：能夠安全與健康的生活並實踐生活。
3. 負責任的公民：能對社會做出積極的貢獻。

而現行的國定課程規定其學校課程的目標有二：

1. 學校課程應該提供所有學生有機會去學習和達成預期教育目標。
2. 學校課程應該促進兒童心靈、道德、社會、文化發展，並為所有兒童預備生活的機會、責任和經驗。

比較新舊課程目標可以發現，兩者皆重視培養有責任的公民。但新課程更強調學生個人身心的發展，希望學童是一個有自信、健康的成功學習者。

## 二、課程內容

英國新小學課程將現行的眾多科目簡化成為六個領域：「英語、溝通與語言」、「了解體能發展、健康與福祉」、「歷史、地理與社會的了解」、「科學與技術的了解」、「認識藝術」、「了解數學」。陳延興（2010）認為此一改變除了要符合國際趨勢、對於過多的科目進行瘦身、與學前階段相互銜接等因素外，更重要的是要提供學校能彈性規劃跨聯課程（cross-curricular studies），此有助於核心要素的教學。

以課程性質而言，英國新課程中的「歷史、地理與社會的了解」與我國九年一貫課程之「社會領域」相似，因此以下就「歷史、地理與社會的了解」此一領域之核心知能、關鍵能力、跨聯課程與學習廣度（DCSF, 2010）加以說明，以了解英國小學社會課程的內涵。

（一）核心知能（essential knowledge）

1. 現代如何從過去發展而來，能發展出一個年代表，用於探究時間的改變與連續性，以及了解事件發生的原因與地點。
2. 地方與環境發展的原因與過程，以及未來可能的改變。
3. 個人如何發展、全體所共有的事物，以及我們如何參與社區的決定。
4. 人民、社區和地方如何連結與互相依賴。

（二）關鍵能力（key skills）

1. 能使用不同的方法、資訊與資源進行探究與調查。
2. 能比較、解釋和分析不同的證據與資料。
3. 能呈現與溝通不同的發現，並能使用適當的專有名詞與技術，以發展論證與解釋。
4. 能用不同的觀點思考、反應和辯論，並採取行動。

（三）跨聯課程（cross-curricular studies）

1. 學生能發展並應用識讀能力（literacy）、算數能力（numeracy）、資訊與通訊科技（ICT）的技能。
2. 應用於個人的、動機的與社會的發展。
3. 增強學生對於歷史、地理和社會的理解，並與其他學習領域連結，以擴展更為寬廣、有趣且重要的議題。

（四）學習廣度（Breadth of learning）

1. 能探究地方、國家與全球的關聯：包括人物、社區與環境如何產生改變以及如何相互連結，並發展地方與全球的溝通合作網絡。
2. 有關人物與社區的議題：能發現主要的政治與社會機構對生活的影響，能發現社區議題並採取行動，對社會有積極的貢獻，連結社區中不同的例子，探究生活中有關正義、權利與責任的議題。
3. 對於地方與空間的學習：能使用一手與二手資料進行田野調查，並調查地方與環境的地理特，能發展出對於地方與全球的議題

（如氣候變遷、經濟等）的觀點。

4. 對於地方、英國與全世界的了解：學習從過去到現在不同歷史階段的社會，能使用歷史相關的資料與字彙，透過寬廣的年代網絡去了解事件與人們的改變，能利用資訊去參訪歷史建物、博物館、美術館與景點。

## 三、課程特色

從英國新小學課程「歷史、地理與社會的了解」領域的教學目標中，可以歸納其課程特色如下（陳延興，2010；DCSF, 2010）：

1. 重視學生的核心知能與關鍵能力。旨在培養學生能獨立思考、運用資源與研究方法探究問題，並形成自己的觀點。

2. 強調跨越領域的教學方式以教導生活中一些重要的議題，如公民資質、永續發展、健康與福祉等。

3. 注重跨聯課程的設計，融合重要的識讀能力、算數能力、資訊與通訊科技（ICT）的技能，以及與其他領域連結，發展更有意義的學習。

4. 重視人民、社區與環境的議題，希望學生能發現社區議題並採取行動，進一步對社會有積極的貢獻。

5. 強調學生的行動能力，從發現問題、提出解決問題的方法，從而能採取行動。

## 伍 結語

社會課程的發展在各國之中小課程發展史中有其舉足輕重的地位，因為社會課程內容大抵都涵蓋了一國的歷史脈絡、地理環境與社會發展各層面，當社會變遷劇烈之時，社會課程內容勢必要進行改革，以因應當下社會的情勢與世界潮流。

從前述美國、日本與英國的社會課程改革即可了解現今的社會課程

發展趨勢，歸納如下：

1. 因應現代劇烈的社會變化，美、日、英三國皆陸續提出教育改革方案，其目的都在於發展一套更適合學生學習的教育環境，都著重學生的個人發展與學習成就的表現。

2. 在課程結構方面：美、日皆維持「社會」的學科名稱，而英國則將學科簡化為六大學習領域，其中將歷史、地理、社會發展、公民資質等課程統整為「歷史、地理與社會的了解」，此一改變與我國九年一貫課程的發展雷同，顯見英國與我國對於知識的學習都朝向課程統整的方向，用以協助學生能整合並運用相關知識於日常生活中，發展出適應社會變化的生存能力。

3. 從美、日、英的社會課程內容來看，其重視的除了學生個人的身心發展之外，還包括以下幾項：

    (1) 本國歷史脈絡、地理環境與社會發展的趨勢，並以培養有責任感的公民為目標。

    (2) 強調學生為學習的主體，重視資料蒐集與資訊科技的運用能力。

    (3) 重視學生的行動能力，能關注社區、國家與世界的重要議題，進而採取行動，以發展社會參與的實用技能。

我國九年一貫課程實施至今已超過十年，在各界檢討九年一貫課程實施的利弊得失之下，美、日、英三國的社會課程改革，應可作為我國未來調整修訂社會學習領域課程的借鏡與參考。

# 參考文獻

## 中文部分

文部科學省（2008）。**小學校學習指導要領**。2010 年 4 月 22 日，取自 http://www.mext.go.jp/a_menu/shotou/new-cs/youryou/syo/sya.htm

文部科學省（2008）。**小學校學習指導要領新舊對照表**。2010 年 4 月 22 日，取自 http://www.mext.go.jp/a_menu/shotou/new-cs/youryou/syo/syo2.pdf

文部科學省（2008）。**小學校學習指導要領解說——社會編**。2010 年 4 月 22 日，取自 http://www.mext.go.jp/component/a_menu/education/micro_detail/__icsFiles/afieldfile/2009/06/16/1234931_003.pdf

江姿滿（2001）。**臺灣、日本小學社會科教科書內容之比較研究**。國立嘉義大學國民教育研究所碩士論文，未出版。

李薰楓、黃朝恩譯（1997）。美國地理學會、美國地理學者協會、國家地理教育委員會、國家地理學會編（1994）。**生活化地理：美國國家地理科課程標準**。臺北市：教育部。

林明煌（2009）。日本小學新《學習指導要領》的修訂與其內容之探討。**教育資料集刊**，411，61-96。

許舒涵（2008）。*1990* 年代以來美國聯邦政府推動中小學課程標準化之研究。國立臺北教育大學課程與教學研究所碩士論文，未出版。

陳伯璋（1990）。美國中小學社會學科課程發展。載於中華民國比較教育學會主編：**各國中小學課程比較研究**。臺北市：師大書苑。

陳延興（2010）。英格蘭小學課程改革之近況與評析。**教育資料與研究雙月刊**，*92*，139-164。

陳國彥（2001）。**社會領域課程與教學**。臺北市：學富。

陳麗華、王鳳敏譯（1996）。美國社會科協會（NCSS）編（1994）。**美國社會科課程標準**。臺北市：教育部。

陳麗華等（2003）。**九年一貫社會學習領域課程本土化之研究**。2009 年 9 月 27 日，取自 http://www.nict.gov.tw/tc/index.php?option=com_content&task=view&id=151&Itemid=68

程健教（2000）。淺論日本小學新社會科課程標準。社會科教育研究，5，2-23。

塗瑀真（2008）。臺灣與美國加州小學階段社會科課程標準之比較研究。國立嘉義大學國民教育研究所碩士論文，未出版。

楊深坑、李奉儒主編（2009）。比較與國際教育。臺北市：高等教育。

廖政凱（2006）。1988-2004 英國國定課程變革之研究。國立臺北教育大學課程與教學研究所碩士論文，未出版。

劉美慧（1996）。美國社會科課程標準之評介。花蓮師院學報，6，129-145。

潘逸真（2004）。美國 NCSS 社會科課程目標之研究。國立臺北師範學院課程與教學研究所碩士論文，未出版。

盧雪梅（2004）。從技術面談九年一貫課程能力指標建構：美國學習標準建構的啟示。教育研究資訊雙月刊，12(2)，3-34。

## 英文部分

Department for children, Schools and Families (DCSF) (2010). *The National Curriculum Primary handbook*. Retrieved April 30, 2010, from http://curriculum.qcda.gov.uk/uploads/FINAL_-_Handbook_complete_(reprint_version)_tcm8-18066.pdf

# 第 3 章

# 社會領域能力
# 指標分析

陳新轉
華梵大學師資培育中心副教授

## 本章綱要

**壹**　前言

　　九年一貫課程在我國課程史上是一項重大的變革，在課程觀念的革新部分包括：以「綱要」取代「標準」使課程發展其開放與多元性；以「領域」取代「學科」強調課程統整精神；以「能力指標」取代「行為目標」宣示教育目標在於培養「能力」而不以知識學習為滿足。九年一貫課程基於擴大教師專業自主空間，配合教科書多元化政策，各學習領域皆以「課程綱要」的形式頒行全國，而以能力指標指示學習重點、方向，並規範各學習階段必須共同達成的基本能力表現內涵與能力表現水準。原先預期教師與教科書編製者能夠先掌握能力指標的意涵，再進行課程設計與教材編寫，即使教材多元化，至少在達成能力指標的基本學習內容上，可獲得廣泛的一致性，此乃所謂「一綱多本」的意義。很遺憾，各家教科書出版商為了在短時間之內出版符合教師教學需要的教科書，在能力指標未經充分解讀的情形下，各版本的編輯群即按照各自的構想，訂出課程大綱、教學目標，再拿能力指標來「對應」一番，形成能力指標與教科書主客易位的態勢，不但各版差異極大，教材與能力指標之間也出現落差，影響課程目標的實踐。

　　「社會學習領域課程綱要」自民國89年公布，90年國小開始實施，91年國中正式啟動，97年進行微調，加入若干能力指標註解及第四學習階段的「基本內容」，雖然部分主題軸的意義與能力指標的內涵尚有爭議，但課程綱要的核心——「分段能力指標」已比較容易理解，更有利於「以課程綱要作為課程發展之依據」——「一綱多本」、開放、多元、創新、自主的課程改革理想的實踐。然而，即使微調之後課程綱要與能力指標較易理解，但終究仍需教師們以課程與教學專業能力加以詮釋、應用，始能落實於教學現場，實踐課程改革的理想與目標。

# 貳 「能力」的概念分析

　　九年一貫課程總綱以「十大基本能力」為具體課程目標，各領域則各自提示「分段能力指標」作為規範與發展課程內容的依據，「能力指標」是各領域課程綱要的主要內容與核心部分。然而，何謂能力？何謂能力指標？這個新名詞到底與一般的單元教學目標有何區別？對教師造成相當的困惑，若認知偏差甚至影響課程與教學觀念，故必須先加以釐清。

　　能力一詞可以從各方面去定義它，哲學的、心理學的、社會學的，不一而足。九年一貫課程提十大基本能力作為課程目標，課程改革導入新的課程觀念必然受當代學術思潮的影響。故探討「能力」的意涵可以從當時的學術觀點加以理解。對於「能力」的定義，歐盟「經濟合作與發展組織」（OECD）自 1997 年起進行基本能力研究，從不同的理論（人類學、心理學、經濟學、社會學、哲學）對「能力」的概念進行分析，所獲得的結論是：能力是多元的，並建議能力應被視為個人達成複雜任務所需具備的要件，包括：(1) 在異質性團體中互動良好的能力；(2) 自動、自主的行動能力；(3) 善用科學知識與工具的能力（Rychen & Salganik, 2003）。澳洲比我國稍早進行的教育改革，將能力界定為「能將知識和技能有效應用以達成目標的能力」（蘇永明，2000；許朝信，2005）。

　　國內學者對於「能力」一詞的說法，多數亦呈現認同其為多元綜合體的觀點，如張佳琳（2000）表示「能力」是能夠實行或從事某一工作，能力在此被界定為能勝任工作或擁有工作必備的知識、才能與態度，而所謂的工作應擴充到生活，能力涵括生活的根本知識、才能與態度。楊思偉（2000）與許朝信（2005）則說明「能力」是指能充足或適切的做一件事，或是做一件事情所需的知識與技能，對於能力所持的觀點有二，即「行為的表現」與「行為的特質」，能力在「基本能力」一詞中應該被理解為「處理生活事物的行為特質」。陳新轉（2004）則將能力定義為「在面對問題或挑戰時，個人或團體能應用知識，採取有效策略與方法，達成目的或解決問題的行動。這種行動能力不論是靜思或是

第 3 章　社會領域能力指標分析

43

複雜的操作，都是一種知識、技能與情意的綜合表現。」此一定義著重在「作業」、「應對問題」時的實作行為，強調能力是以知識為基礎，能力同時包括態度、價值觀。

由上述學者的說法可知，學者們皆認同「能力」不是單一的，而是多元且綜合的存在。

九年一貫課程的「能力」觀點為何？可以追溯其發展歷程得知其意涵。自民國 85 年底行政院公布「教育改革總諮議報告書」之後，教育部即著手進行九年一貫課程研究與規劃，因此可以從這些研究了解當初的理念。為了貫徹課程改革理想，實踐培養能力的目標，課程總綱推出之初，教育部特別委託國立臺灣師範大學教育研究中心，進行「國民中小學九年一貫課程基本能力實踐策略」之研究。報告中對於「基本能力」的「基本」與「能力」觀念有所闡述。「基本」具有「基礎性」、「統整性」、「必要性」三方面的意義。「基礎性」是指「一個人之發展不可或缺的能力」；「統整性」是指「成為一個發展健全」（統整）之國民所不能或缺的能力」；「必要性」是指「個體潛能發展與社會適應不可或缺的能力」（楊思偉，1999）。

從十大基本能力之課程目標來看，楊思偉（1999）認為「基本能力」應該被理解成「處理生活事物的行為特質」，從教學的觀點來看，應該是「正常學習即可獲得的能力」、「可以多元方式評量的能力」、「真實情境可以培養的能力」和「長期累積才能充實的能力」。

綜合以上論述，九年一貫社會學習領域課程所追求的能力，可歸納出以下幾項重要屬性：

1. 能力以知識為基礎乃包含情意與技能的綜合表現。
2. 能力是指有效解決問題、達成目標的行為表現。
3. 能力是指透過學習而獲得心智、技巧與態度的表現。
4. 能力可以採用多元方式加以評量。
5. 能力的培養需要將知識與方法導向問題解決的教學。
6. 能力需要長期累積才能精進。
7. 在不同情境與需求之下的表現，展現不同的「能力取向」或能力類型。

8. 個體或團體行動所顯現的熟練、精確與效果，顯示「表現水準」。
9. 解決問題或達成目的的行動中所應用的知識、方法與態度構成「能力內涵」。

　　課程總綱公布之後，各領域根據總綱之精神發展各領域課程綱要，再訂出各領域的課程目標，領域不同，所認定的能力類別也各不相同，反映出能力觀念的多元性，例如語文領域認為能力可分為聽、說、讀、寫與欣賞，數學強調的是演算、推理、溝通、連結。若以社會領域而言，陳新轉（2004）將能力指標加以詮釋之後，指出社會領域所培養的四種能力：知識學習能力；應用知識形成方法；應用知識形成價值、維護信念；以及社會參與能力。

# 參　能力指標與傳統教學目標的區別

　　能力指標之撰寫格式大致上以「動詞」帶出一個完整的敘述，形成可以清楚表達或「顯示」（propose）一項能力應有的表現水準與內涵的命題。然而，社會學習領域能力指標的敘寫格式很像 Bloom 等人於 1956 年所建立起來的目標述寫格式：「動詞＋學習或表現內容」，而且絕大部分能力指標的句首，使用 Bloom 教育目標分類的認知領域相似的動詞，很容易讓人將分段能力指標與 Bloom 所建立的教學目標的觀念混為一談，有必要加以釐清。

## 一、Bloom 教育目標的性質與社會學習領域能力指標不盡相同

　　Bloom 和他的研究夥伴於 1956 出版「教育目標的分類：認知的領域」（Bloom et al., 1956），將教學目標分成認知目標（cognitive objectives）、情意目標（affective objectives）與技能目標（psychomotor objectives）。Bloom 等人的目標分類，受當時的行為主義心理學影響很大，他們提出以行為主義觀點進行教育目標分類的四個理由：(1)協助釐清和強固教育目標用語；(2)提供便利的程序，以編製測驗題目、發展考

第 *3* 章　社會領域能力指標分析

試技術和評量工具；(3) 提供我們比較及研究各種教育計畫的架構；(4) 發現若干整理人類學習成果的原則，這些原則必須能夠說明某種有用的學習理論。所以 Bloom 等人的分類方式有以下特徵：(1) 用學生的外顯行為來陳述目標，因為制定目標的用意主要是為了方便進行客觀的評價，而不是表達理想的願望；(2) 目標是有層次性結構的；(3) 目標分類是超學科內容的。這種分類架構適用於任何學科（引自施良方，1997）。

Bloom 所完成的認知領域教學目標，Anderson 和 Krathwohl 於 2001 年加以修正，成為包括「知識類型」與「認知歷程」兩個向度的架構，「認知歷程」則劃分為認知（knowledge）、理解（comprehension）、應用（application）、分析（analysis）、評價（evaluation）與創造（creative）等六個層次，呈現由簡單到複雜的序列，後一層次的目標是建立在前一層次目標的基礎上。

然而，社會學習領域能力指標實際上是從「九大主題軸內涵」轉換過來，其內涵主要是各主題軸的重要觀念，例如「人類歷史影響人類發展」；或重要概念，例如「生產要素包括土地、勞動與資本」；或重要原理原則，例如「分化與整合是功能發展的必要程序」；或重要理念，例如「環境的維護與人類的永續生存是全球的共同目標」（教育部，2008）。動詞之使用在強調「能力」需要透過實際的行動加以表現，固然因學習階段不同而有層次上的考量，但卻沒有以動詞而區分為認知、技能與情意三種能力指標的意思。這可以從「九年一貫社會學習領域課程綱要」文本敘述的二種事實加以檢證（教育部，2008）：

1. 許多能力指標往往兩種動詞並列，例如「9-1-2 察覺並尊重不同文化間的歧異性」。

2. 從社會學習領域課程綱要中的附錄三「部分能力指標的補充說明」得知，能力指標 9-1-2 必須透過知識學習與「體驗」活動，才能夠獲得「說出」、「觀察」與「分享」的能力。

由前述可知，能力指標雖然格式與 Bloom 教育目標分類的目標雷同，但屬性顯然有異，這一點在能力指標解讀工作上應加以重視，以免造成「曲解」。

| 表 3-1 | 社會學習領域課程研究小組對能力指標的補充說明示例 |
|---|---|
| 9-1-2 察覺並尊重不同文化間的歧異性。 | 引導兒童從切身的經驗中體察不同文化間的差異，例如：說說麥當勞的食物和中式食物的異同，報告自己從電視、影片或閱讀當中，觀察到不同國家或地區居民之食、衣、住、行各方面的差異，分享個人與外國人接觸的經驗等。 |

資料來源：教育部（2008）

## 二、以 Bloom 教育目標分類觀念解讀社會學習領域能力指標之矛盾

(一)「情意能力指標」太少，難道社會學習領域課程研究小組犯了「常識性的錯誤」？

　　國內有一些套用 Bloom 教育目標分類觀念以解讀能力指標的研究（黃素貞，2003；林世華，2004；李宜玫等，2004）。對於這類研究，首先要追問的問題是社會學習領域能力指標是否也分成認知的、技能的、情意的三種範疇的能力指標？如果是，它所代表的意義為何？黃素貞（2003）依 Bloom 分類架構加以區分，統計結果發現社會學習領域屬於情意的能力指標只有 9%。如果以這個觀念作為解讀能力指標的「前見」是恰當而且結果正確的話，那麼就表示九年一貫社會學習領域能力指標之規劃出現嚴重的「常識性缺失」——連初學者都能一眼看穿的錯誤——未能兼顧認知、技能與情意範疇的均衡，尤其是出現在特別重視學生價值、信念與態度之培養的社會學習領域課程上，情意的能力指標竟然不到 10%！

(二)總共有 20 條能力指標的認知歷程與知識類型無法歸類？

　　套用 Bloom 的認知領域架構，解析能力指標的「知識類型」與「表現水準」出現 20 條能力指標無法歸類的現象。林世華（2004）所主持完成的研究報告——《國民中小學九年一貫課程發展學習成就評量指標與方法》值得注意，報告中提到九年一貫基本學力測驗以能力指標為命題依據，而這項研究的主要目的在探討將能力指標轉化成學習成就評量的

可能性，作為辦理國中基本學力測驗的理論依據之一。其能力指標之分析過程如下：

1. 依字面意義解釋——依據分段能力指標的敘述，區分動詞／名詞。

2. 分析動詞：動詞的定義、性質（表現動詞或指標動詞），以及意圖了解學生認知、情意或技能的哪一類表現水準。

3. 分析名詞：定義、內容、範圍。

4. 採用 Anderson 和 Krathwohl（2001）最新修正之 Bloom 認知領域教學目標分類架構，將「能力」（ability）的成分區分為「知識」+「認知歷程」。

5. 然後，將能力指標之動詞及其名詞與前開架構對照歸類，如表 3-2 所示。

李宜玫等（2004）同樣以 Bloom 的認知領域架構，進行社會學習領域能力指標解讀，發現能力指標的知識類型在程序性知識方面偏低，認知歷程的規範偏重第二層次「了解」（約占 74%），其餘各認知歷程比率偏低。第一層次記憶占 0.8%，第三層次應用占 3.8%、第四層次分析占 13.5%，第五層次評價占 5.3%，第六層次創造占 2.3%。但仍然有 20 條約占 13% 的能力指標的「認知歷程」與「知識類型」無法分析（如表 3-3 所示）。

表 3-2　能力指標之知識類型（向度）與認知歷程雙向交叉解讀法參照示例

| 認知歷程 | 動詞 | 能力指標內容 | 知識類型（向度） |
|---|---|---|---|
| 「了解」之認知歷程的「舉例」 | 舉例說明 | 6-4-4 舉例說明各種權利（如兒童權、學習權、隱私權、財產權、生存權、自由權、機會均等權、環境權及公民權等）之間可能發生的衝突。 | 「概念知識」中的「原理和通則知識」 |

資料來源：林世華（2004）

表 3-3 以 Bloom 認知領域為架構的社會學習領域能力指標的認知歷程與知識類型分析表（摘錄）

| 認知歷程 | 動詞 | 能力指標序號 | 能力指標內容 | 知識類型 |
|---|---|---|---|---|
| ? | 關懷 | 3-2-1 | 關懷家庭內外環境的變化與調適。 | ＃情意指標 |
| ? | 關懷 | 4-1-1 | 藉由接近自然，進而關懷自然與生命。 | ＃歷程指標 |
| ? | 蒐集 欣賞 溝通 表達 | 4-3-3 | 蒐集人類社會中的各種藝術形式，並能進行美感的欣賞、溝通與表達。 | ＃情意指標 |
| ? | 反省 | 4-3-4 | 反省自己所珍視的各種德行與道德信念。 | ＃情意指標 |
| ? | 想像 | 4-4-1 | 想像自己的價值觀與生活方式在不同的時間、空間下會有什麼變化。 | ＃歷程指標 |
| ? | 探索 | 4-4-4 | 探索促進社會永續發展的倫理。 | ＃歷程指標 |
| ? | 探索 | 4-4-5 | 探索生命與死亡的意義。 | ＃歷程指標 |
| ? | 覺察 | 5-1-1 | 覺察自己可以決定自我的發展。 | ＃歷程指標 |
| ? | 了解 突破 | 5-3-2 | 了解自己可以決定自我的發展，並且突破傳統風俗或社會制度的期待與限制。 | ＃情意指標 |
| ? | 推動 | 5-4-2 | 從生活中推動學習型組織（如家庭、班級、社區等），建立終生學習理念。 | ＃情意指標 |
| ? | 實踐 | 6-2-3 | 實踐個人對其所屬之群體（如家庭、同儕團體和學校班級）所擁有之權利和所負之責任。 | ＃情意指標 |
| ? | 觀察 | 6-3-2 | 觀察研究各種會議、議會或委員會（如學生、教師、家長、社區或地方政府的會議）的基本運作原則。 | ＃歷程指標 |
| ? | 具備 | 6-3-3 | 具備生活中所需的基本法律知識。 | ＃歷程指標 |
| ? | 探索 | 6-4-5 | 探索民主政府的合理性、正當性與合法性。 | ＃歷程指標 |
| ? | 價值判斷 選擇 | 7-3-2 | 針對自己在日常生活中的各項消費進行價值判斷和選擇。 | ＃情意指標 |
| ? | 探討 | 8-3-1 | 探討科學技術的發明對人類價值、信仰和態度的影響。 | ＃歷程指標 |

| ？ | 探討 | 8-3-2 | 探討人類價值、信仰和態度如何影響科學技術的發展方向。 | ＃歷程指標 |
|---|---|---|---|---|
| ？ | 察覺尊重 | 9-1-2 | 察覺並尊重不同文化間的歧異性。 | ＃歷程指標 |
| ？ | 討論 | 9-4-6 | 討論國際組織在解決全球性問題上所扮演的角色。 | ＃歷程指標 |
| ？ | 關懷 | 9-4-7 | 關懷全球環境和人類共同福祉，並身體力行。 | ＃情意指標 |

資料來源：李宜玫等（2004）、林世華（2004）

（三）前學習階段的認知歷程高於後一學習階段？

第三主題軸「演化與不變」出現第三學習階段的能力指標「3-3-4 分辨某一組事物之間的關係是屬於因果或互動」的認知歷程高於第四學習階段的所有能力指標，前者屬於第四層次的認知歷程，後者全屬於第二層次的認知歷程。這是否意味著這一主題軸能力指標的安排有問題？

（四）能力指標的目標屬性若與傳統目標相同，是否意味著課程改革了無新意？

課程改革應有其整體的理念，當九年一貫課程總綱明訂「十大基本能力」課程目標，各領域皆以能力指標規範學習內容與表現水準，課程形式也一改傳統分科觀念，大幅變革成「領域課程」，社會學習領域尚且明白表示「追求統整」的基本立場，如此大幅度的課程改革，如果是追求相同屬性的課程目標，只是數量與範圍上有所增益，用意何在？實在令人不解。

其實，分段能力指標與單元教學目標在定義、性質、規範作用等方面皆有所不同，教師在進行解讀與應用時不宜混為一談，其差異如表3-4。

表 3-4 能力指標與單元教學目標之區別

| 向度 | 社會學習領域能力指標 | 單元教學目標 |
|------|---------------------|-------------|
| 定義 | 指示在某一學習階段完成時,必須精熟的學習內容及能力表現水準的命題。 | 指示某一學習單元的內容選擇、組織與教學活動設計之命題。 |
| 性質 | 能力導向的教學目標,而能力是認知、技能與情意的綜合表現。 | 傳統上教學目標區分成:認知、情意與技能。 |
| 規範性 | 1.為全國國民中小學擬訂課程計畫、編寫教材、設計教學活動、檢視學生能力達成狀況之依據。<br>2.在學習年段結束前必須達成的教學目標。<br>3.全國性的課程標準,是每一位學生都必須達成的基本水平,而不是最高水平,是課程與教學設計之依據而不是一種限定。 | 1.規劃單元教學內容、教學活動與評量的標準。<br>2.單元教學完成時必須達成的目標。<br>3.針對各教學單元以及特定學生之學習程度,考量學生個別差異而設定。 |
| 統整性 | 能力指標彼此之間具有關聯性,能加以適度的統整。 | 不同單元教學目標之間不一定有關聯性。 |
| 來源 | 從社會科學與其他相關領域萃取出來的基本學習內容(主題軸內涵)轉化而來。 | 從課程計畫或教材發展出來。 |

資料來源:修改自陳新轉(2004)

# 肆 能力指標的的意涵

　　盧雪梅(2004)的研究指出,九年一貫課程能力指標的概念和美國「標準本位教育」(standards-based education)的學術標準(academic standards)相當類似。設置這種標準的目的在於確立明確而且有挑戰性的學習標準,清楚的向學生、教師、行政人員和社區人士,界定與溝通共同努力的目標,協助學校進行改革以提升學生表現,幫助所有學生達到標準,使其能具備成功因應 21 世紀挑戰的知識與技能。所以能力指標基本上是一種強調知識與技能結合的「能力導向」的課程目標。

　　再者,根據社會學習領域能力指標的文本敘述語義分析,「能力指

標」在層次上乃是總體課程目標之下分段、具體的課程目標,在內涵方面乃是指示某項能力表現應有的內涵與水準的命題。「分段」意即指示該項能力指標所指涉的基本學習內容,於所指定的學習階段結束時完成學習,並轉化成所要求的能力及表現水準。

社會學習領域能力指標民國 97 年微調之後增加到 147 條,其編碼所代表的意義以「1-3-4 利用地圖、數據和其他資訊,來描述和解釋地表事象及其空間組織」為例,第 1 個號碼為主題軸編號,共分九軸,編號為 1 到 9;第 2 個號碼代表學習階段,第一學習階段是 1 到 2 年級,第二學習階段為 3 到 4 年級,第三學習階段是 5 到 6 年級,第四學習階段為 7 到 9 年級;第 3 個號碼是流水號。編號 1-3-4 表示這條能力指標是第 1 主題軸第 3 學習階段的第 4 條能力指標(教育部,2008)。

事實上,能力指標是能力導向的課程目標,所謂「能力」乃是結合知識、技能與情意的綜合表現,任何能力的展現其實是認知、情意與技能的綜合表現,所以即使如「4-1-1 藉由接近自然,進而關懷自然與生命」這樣的能力指標,也是預期第一學習階段的學生表現出對生命的關懷,應該包含對生命現象、意義與價值某種程度的認知,以及知道如何正確關懷生命的方法與作法。其概念不同於以行為主義理論所建立的課程目標,區分為「認知」、「技能」、「情意」三種獨立的範疇,如果仍以傳統課程目標的觀念看待每一條能力指標,又套用 Bloom 的教學目標分類觀念,因動詞之使用而將能力指標區分成認知的、技能的、情意的能力指標,則類似 4-1-1 將被視之為「情意的」能力指標,而忽略了其中的知識內涵及如何接近大自然、欣賞大自然的方法等必要的學習經驗,那麼以能力指標為名,作為各學習階段的學習目標,用以發展教學內容的課程規劃,就了無新意可言,只是徒增困擾之改變(陳新轉,2004)。然而,社會學習領域課程綱要在九大主題軸的說明中,一直傳達自相矛盾的觀念,直到最近教育部進行社會學習領域課程綱要微調,才將課程目標的觀念從傳統的「第 1 至 3 條目標偏重認知層面,第 4 至 6 條目標偏重情意層面,第 7 至 10 條目標偏重技能層面」,改成較具能力觀念的「目標兼具認知、情意、技能三個層面,三者彼此有不可分割之關係……」論述(教育部,2008)。

在教師與課程編製人員進行課程設計時，能力指標往往與單元教學目標混為一談，以至於造成教學活動和內容與能力指標對應關係的混亂，坊間四種版本的教科書或多或少出現一個單元列舉一、二條分段能力指標，而這一、二條能力指標就不再出現於其他單元，這是將能力指標當成單元教學目標的課程設計，觀念偏差，影響九年一貫課程改革理念的認知與實踐。

## 伍 能力指標的分類

社會學習領域總共 147 條能力指標分屬九大主題軸，如果能力指標是能力導向的課程目標，很容易讓人以為九大主題軸是社會學習領域課程預期培養的九種能力。事實上，「九大主題軸」：「人與空間」、「人與時間」、「演化與不變」、「意義與價值」、「自我、人際與群己」、「權力、規則與人權」、「生產、分配與消費」、「科學、科技與社會」、「全球關聯」是從「九大主題軸內涵」轉化過來的。九大主題軸是標示社會學習課程內涵的邏輯與結構的骨架而不是九種能力，更不是九種學科。由於課程綱要公布之後的課程發展，必須完全涵蓋能力指標指示的學習內容與能力表現水準的規範，從知識學習的角度而言，九大主題軸的架構有助於基本內容的掌握；但從能力培養的角度而言，若不依據能力指標的文本描述進行「能力」的分類，147 條能力指標等於 147 項能力，很容易容流於瑣碎。

依據能力指標的文本述寫格式，社會學習領域能力指標所標示的能力，大致可分成四大類，大部分是要求「對概念或通則必須達到某種認知表現水準」的學習能力，少部分是將知識轉化成方法的能力，應用知識形成價值、維護信念的能力，以及社會參與的能力。

### (一)認知能力（動詞＋概念或通則）

這類能力指標又依據其陳述的語義分為理解概念、理解因果關係與理解互動關係三種認知能力，例如：

1-3-2 了解各地風俗民情的形成背景、傳統的節令、禮俗的意義及其在生活中的重要性。

1-4-6 分析交通網與水陸運輸系統的建立如何影響經濟發展、人口分布、資源交流與當地居民的生活品質。（理解因果關係）

2-3-1 認識今昔臺灣的重要人物與事件。

2-3-3 了解今昔中國、亞洲和世界的主要文化特色。

2-4-4 了解今昔臺灣、中國、亞洲、世界的互動關係。（主要概念：時序〔代〕意義、演變、因果關係、結構、歷史解釋）（理解互動關係）

3-3-2 了解家庭、社會與人類世界三個階層之間，有相似處也有不同處。

4-3-2 認識人類社會中的主要宗教與信仰。（理解事實與概念知識）

6-2-5 從學生自治活動中舉例說明選舉和任期制的功能。

6-4-3 舉例說明各種權利（如學習權、隱私權、財產權、生存權、自由權、機會均等權及環境權等）之間可能發生的衝突。

7-3-3 了解投資是一種冒風險的行動，同時也是創造盈餘的機會。

7-3-4 了解產業與經濟發展宜考量區域的自然和人文特色。

8-2-2 舉例說明科學和技術的發展，改變了人類生活和自然環境。

9-3-1 探討全球生態環境之相互關聯以及如何形成一個開放系統。

（二）應用知識形成方法與策略的能力──第一型能力指標另加建議、改善與問題解決之意思

1-3-4 利用地圖、數據和其他資訊，來描述和解釋地表事象及其空間組織。

1-4-5 討論城鄉的發展演化，引出城鄉問題及其解決或改善的方法。（應用城鄉互動與演變的知識於城鄉問題的解決與改善）

6-3-3 了解並遵守生活中的基本規範。

7-2-2 認識各種資源，並說明其受損、消失、再生或創造的情形，並能愛護資源。

7-4-7 列舉數種金融管道，並分析其對個人理財上的優缺點。（應用

金融的基本知識於理財之中）

9-1-3 舉出自己周遭重要的全球性環境問題（如空氣污染、水污染、廢棄物處理等），並願意負起維護環境的責任。

（三）應用知識形成價值、維護信念的能力——第一型能力指標另加形成價值或維護信念之意思

1-2-3 覺察人們對地方與環境的認識與感受具有差異性，並能表達對家鄉的關懷。

4-3-1 說出自己對當前生活型態的看法與選擇未來理想生活型態的理由。

4-4-4 探索促進社會永續發展的倫理，及其變遷的原因。

4-4-5 探索生命與死亡的意義。

6-2-2 舉例說明兒童權（包含學習權、隱私權及身體自主權等）與自己的關係，並知道維護自己的權利。

7-3-2 針對自己在日常生活中的各項消費進行價值判斷和選擇。

8-3-3 舉例說明科技的研究和運用，不受專業倫理、道德或法律規範的可能結果。

（四）公民實踐的——直接強調公民理想與實踐的能力指標

4-1-1 藉由接近自然，進而關懷自然與生命。

4-4-2 在面對爭議性問題時，能從多元的觀點與他人進行理性辯論，並為自己的選擇與判斷提出好理由。

5-2-1 舉例說明自己可以決定自我的發展並具有參與群體發展的權利。

5-4-2 從生活中推動學習型組織（如家庭、班級、社區等），建立終生學習理念。

6-2-1 從周遭生活中舉例指出權力如何影響個體或群體的權益（如形成秩序、促進效率或傷害權益等）。

6-2-5 從學生自治活動中舉例說明選舉和任期制的功能。

7-2-2 認識各種資源，並說明其受損、消失、再生或創造的情形，

並能愛護資源。

9-1-3 舉出自己周遭重要的全球性環境問題（如空氣污染、水污染、廢棄物處理等），並願意負起維護環境的責任。

9-4-7 關懷全球環境與人類共同福祉，並身體力行。

# 陸 掌握社會學習領域能力指標的屬性

## 一、能以「能力」的觀點看待每一條能力指標

九年一貫課程總綱所訴求的教育目標是培養「十大基本能力」，《社會學習領域課程綱要》與其他六大學習領域共同承擔這項使命。「能力指標」基本上是一種「能力導向」的「課程目標」，因此我們應該從「能力」的角度思考學生的學習成果，也必須從「能力」的觀點去解讀能力指標的內涵，跳脫傳統「教學目標」的思維，將焦點投向「培養能力」、「激發能力」的課程內涵之解析，而不是侷限在分化的「認知」、「技能」與「情意」之教學目標的觀念，其中最大的差異在於「能力」的培養，不是以個別的「認知」、「技能」的精熟為滿足，而在於能否掌握「情境要素」，適切的應用、表達其所習得之「認知」、「技能」與「情意」。傳統的「認知」、「技能」與「情意」的觀念，雖有助於教師了解能力的內涵，但實不宜將能力分割為認知、技能與情意，否則難以體現「統整」與「能力」，同時誤解「情意」教學付之闕如。

再者，若按傳統觀念的解析能力指標，很容易狹化能力指標的內涵，一是把「能力指標」直接當成「教學目標」，再轉成「具體目標」，即便可行也見不到重要學習內容與過程；二是容易被「能力指標」的動詞所左右，逕行認定是認知的、技能的或情意的指標。如此一來便出現九年一貫課程邏輯上的矛盾：

1. 如果九年一貫課程的「能力指標」與傳統的教學目標無異，那麼新課程標舉培養「基本能力」的教育目標，以「能力指標」架構

課程內容的意義何在？換言之，如果新課程追求的目標與舊課程性質相同，那麼課程改革豈不變成只是形式上的改革？

2. 如果可以「動詞」區別能力指標的性質，因為屬於「情意的」動詞少之又少，那社會學習領域課程豈不是真的成了「缺德課程」？

## 二、以統整的思維轉化能力指標

儘管課程總綱經過多次局部修訂，至民國 95 年關於「學習領域之實施」已不再堅持合科方式、協同教學的原則，而改為「應掌握統整之精神，並視學習內容之性質，實施協同教學」（教育部，2008）。由此可見「統整」一直是九年一貫課程堅持的理念，因為課程統整承載諸多九年一貫課程的教育理念，諸如「生活中心」、「統整思考」、「基本能力」、「領域課程」、「九年一貫」等，皆須應用「課程統整」理論與設計方能實現，故實施原則中明訂「學習領域之實施，應掌握統整之精神，並視學習內容之性質，實施協同教學」（教育部，2008）。社會學習領域秉持這項使命，強調「追求統整」的基本立場以為呼應，以九大主題軸能力指標架構起「探索人類社會在生存、生計、生活與生命四個層間互動關係」的課程（教育部，2008）。故轉化「社會學習領域能力指標」應持「統整」的思維，其意義有二：

### (一)「能力」其實是認知、技能與情意的綜合表現

傳統的「認知」、「技能」與「情意」的觀念，有助於教師了解「能力內涵」，但不宜將能力分割成認知、技能或情意的能力，這就好比我們了解汽車引擎會作功，必須有油、電、水與潤滑四要素，但我們不能把它分解成「油在動」或「水在動」。

### (二)「統整」是建立「能力指標」與「課程主題」關聯性的必要手段

「領域課程」基本上是一種由主題架構起來的課程，能力指標則指示重要學習內容與能力表現水準和方式，因此建立課程主題與能力指標

之間的關聯意義是重要的課題，統整是必要的手段。其理由有三：

1. 以統整的思維解讀時，能覺察「能力指標」之間存在的意義或邏輯關聯，浮現跨主題軸或跨學科的重要概念或重要課程主題。
2. 「能力指標」的轉化過程，統整的思維有助於跨越「能力指標」自身的框限，發現該項能力與重要議題相關，適合在何種議題與問題所形成的「情境」下考驗，將此議題或問題當作課程主題進行課程與教學設計，使「能力指標」所指涉的知識與技能，指向「課程主題」的探討或問題解決，此乃知識學習導能力獲得的途徑。
3. 「能力指標」轉化的過程需要統整思考，意即不能只顧及「學習內容」，應包含知識、技能的表徵情境，否則無從呈現知識到能力的轉化過程。

## 三、能力指標是「依據」而不是「限定」，具有「賦權增能」的課程改革精神

基本上，能力指標對課程發展、教學與評量具有規範性的功能，但是它只是「依據」而不是「限定」，是教學成果的基本的、必要的要求，而不是充分的、最高的目標。它指示社會學習領域教師、課程發展者的方向，更預留教師與教材編製者專業自主空間，期望課程參與者都能發揮課程與教學專業能力，理解、詮釋課程綱要與能力指標，設計教材與教學活動，使社會學習領域課程與教學更具創新與多元。除此之外，能力指標的敘寫內容有許多地方等待教師們去增補修正與充實，例如許多能力指標敘寫的動詞都是「舉例」看不出它的順序性；第三主題軸「演化與不變」與第七主題軸「生產、分配與消費」第一學習階段沒有能力指標，難道小一、小二學生的生活經驗中沒有改變、沒有消費行為嗎？顯然與學生的生活經驗脫節；有些能力指標的意義不周延，例如「4-1-1藉由接近自然，進而關懷自然與生命」，難道接近人不能進而關懷自然與生命嗎？凡此種種都有待教師給予增補與充實、留下教師發揮專業自主精神的地方，也是此次課程改革標榜「賦權增能」的具體實現。

# 柒 若干能力指標內容欠妥，有待修正

在內容方面雖難求其周全，但是否有明顯的疏漏？意義上不合邏輯？以及觀念誤導之虞？有待各界公評。

## 一、第三主題軸「演化與不變」標題與內容矛盾

第三主題軸很顯然將自然科學中的「演化」觀念融入社會學習領域課程中，同時呈現「動態、複雜的宇宙觀」（詹志禹，民88）。然而從動態宇宙觀而言，只看得到「持續性」、「相似性」的演化現象，並無所謂「不變的」意義，除非限定在一定的時間尺度下，其實動態宇宙觀所強調的是任何系統都具有「耗散與結構」特性，在秩序與混沌變化之間存在不可測的「突現」（emergency）規律，更何況社會學習領域課程是從社會情境中去理解、學習的「演化」概念，實在看不出有何實質「不變」的事實。再者，若真有所謂「不變」的現象，又何須特別提出「3-3-2 了解家庭、社會與人類世界三個階層之間，有相似處也有不同處」、「3-3-3 明瞭不能用過大的尺度去觀察和理解小範圍的問題，反之亦然」、「3-3-5 舉例指出在一段變遷當中，有某一項特徵或數值是大體相同的」等能力指標呢？若這幾條能力指標是正確的，豈不與「不變」的觀念矛盾？

## 二、各種權利可能發生衝突的觀念有待釐清

能力指標 6-4-3「舉例說明各種權利（如學習權、穩私權、財產權、生存權、自由權、機會均等權及環境權等）之間可能發生的衝突」，突顯一項必須澄清的觀念：「到底是權利會發生衝突？還是遂行權利的行為會發生衝突？」

按能力指標所示的涵義，似乎是同一種權利或者是不同權利之間，本身即可能發生衝突。這是一種「靜態的」權利觀念，但是實際上權利

是動態存在的,必須在一種動態的互動關係中呈現出來,因此,造成衝突的往往不是權利本身,而是遂行權利的行為。課程研發小組在〈附錄三〉以「孩子躲在房間裡上電腦網站偷看色情資料,孩子可能用穩私權拒絕父母隨時進入房間,父母可能用監護權要求隨意進入房間」等事實為例所做的補充說明,已表露出是權利行為發生衝突而不是權利本身發生衝突。澄清這項觀念的意義在於避免負面的「潛在課程」的影響。試想「權利」與「權利行為」不分,則「權利衝突」被視同「權利」本身發生衝突,則「人人皆具有不可侵犯的基本權利」的命題如何能成立?如果規範某人不當之權利行為被視同限制、剝奪其權利,則「不當之行為」豈不都可以持「捍衛權利」之名,行「造反有理」之實?

## 三、能力指標與學生生活經驗脫節

「4-1-1 藉由接近自然,進而關懷自然與生命」,顯然不足以涵蓋兒童參與孤兒院或養老院時的學習經驗。另外,第三主題軸「意義與價值」、第七主題軸「生產、分配與消費」竟然缺少第一學習階段能力指標,明顯與兒童生活經驗脫節。兒童不能了解自己的成長變化嗎?消費行為難道不是一種能力嗎?微調對於能力指標有所增刪,未能填補第三主題軸與第七主題軸第一學習階段能力指標之缺漏,殊為可惜。

## 捌 能力指標的使用建議

社會學習領域分段能力指標主要功能是作為指示課程發展、教學活動設計與評量的基本準則。重視能力指標在課程、教學與評量上面的地位是落實「一綱多本」、開放、多元的課程改革理想的根本,否則九年一貫課程必定變成「九年混亂」的課程。因此,關於能力指標的應用建議如下:

## 一、能力指標應作為選用社會學習領域課教科書的主要依據

能力指標所規範的是基本的、共同的學習內容與學習成就水準，教師在選用教科書時，應特別注意教材與能力指標的相符情形。包括：教學目標是否與能力指標有明顯的關係？教材內容敘寫是否完全涵蓋能力指標的語義？例如教材配置與培養能力指標之間的關係是否合理？是否有一個單元教材就要達成一或兩條能力指標的情形？教材若與能力指標不相符，其他條件再理想也都枉然。

## 二、發現教材與能力指標不相符時，應發揮課程自主精神增補之

教師與教材編輯者在進行教材的選編時，應兼顧教材本身的意義與重要性，以及如何透過教材與教學活動達成能力指標的邏輯關係，否則容易造成教材與能力指標的落差。例如教材內容假使只說明 WTO 是什麼國際組織，雖然和 9-4-6「探討國際組織在解決全球性問題上所扮演的角色」有對應關係，若欠缺該國際組織在全球經濟議題上的實際處理事例，很難讓學生理解它所扮演的「角色」。

換言之，教材是達成能力指標的工具，教師與教材編製者應發揮專業自主能力，在協助學生習得主要概念性知識、達成能力指標之考量下，自行增補有價值的教材，設定教學目標、設計教學活動，將學習導向能力指標的達成。

## 三、進行教學主題與教學活動設計時，應注意能力指標之間的統整關係

能力指標之間具有明顯的關聯意義，教師與教材編輯者應注意能力指標的統整關係，並在此基礎上進一步充實課程與教材的關聯意義，以發揮「意義化」、「簡化」、「內化」、「類化」的統整功能。

## 四、注意能力指標與「重要課程主題」的關係

　　從達成能力指標的觀點而言，教材編製者除必須掌握能力指標的主要概念性知識之外，應加強「社會重要議題」、「生活重要經驗」與「生命重要歷程」等課程主題的研發，根據學生學習需要選擇重要課程主題，作為部分課程計畫的課程組織核心（課程主題）。因為能力指標所指涉的主要概念性知識，必須導向重要問題的思索與解決，在過程中熟悉知識與技能的應用、陶冶情意，方能將概念性知識轉化成能力（陳新轉，2004）。所以，符合能力指標所指示的能力表徵內涵與水準乃是一種認知、技能與情意的綜合表現。

## 五、實踐「能力指標」課程設計應強調「應對」觀念

　　能力指標為能力導向的教學目標，在此課程理念之下，學生之學習成果不以精熟分科知識為滿足，而在於能轉化學科知識成為因應重要問題的能力。故課程設計應採取「應對」觀念（to deal with），掌握能力指標與重要議題的關係，意即先掌握能力指標所指涉之主要概念性知識（包括主要概念、通則與技能），在社會學習領域課程能力指標的引導下，將主要概念性知識導向適當重要問題或議題之解決與探討，依探討課程主題所形成的脈絡、順序、問題情境等，組織、統整相關學科知識，使學科知識成為學生探討課程主題之資源與工具，此為知識學習轉化成能力必要的歷程。這個構想是直接由能力指標產出所需之知識內涵（教學內容），不同於坊間教科書編撰先設定目標與教材，再尋找能力指標以「對應」（correlation）之的課程發展途徑。

## 六、能力指標具有連貫性，不因前學習階段能力指標描述內容未再提及而被忽略

　　前學習階段（第一、二、三學習階段）的能力指標對後學習階段（第四學習階段）的課程設計乃具有指示作用，例如「人與空間」主題

軸第二、三學習階段的讀圖能力,「人與時間」主題軸的第二學習階段關於古蹟或考古方面的學習,雖然第四階段能力指標的文字敘述不再提及,若為達成能力指標所不能或缺,仍然是必須掌握的學習重點,其他主題軸亦同。

## 七、分段能力指標的實現可以提前,但不宜延後

能力指標所指示之能力表現水準與內涵皆為「基本要求」而非「最佳表現」,故相應教材的出現可以提前,也可以在往後的階段適當地迴旋加深或複習,視整體九年課程計畫而定;而分階段的意義在於提示能力評鑑的適當階段,故應確保能力指標的實踐在預定的學習階段達成(教育部,2008)。

# 玖 結語

課程改革必然引入新的課程觀念,能力指標之設置即是九年一貫課程改革的創舉之一。基於賦權增能、課程權力下放之精神,有志於教材編製者自然可依據能力指標,研發適用之教材供教學之用。此時能力指標觀念之理解是否能與九年一貫課程目標,以及社會學習領域課程之理念與屬性相一致,至關重要。若不能因時推移,仍以舊觀念看待新事物,雖然用力至深,可能方向偏失以至於目標無法實現。本文特別強調應以「能力」觀念看待社會學習領域能力指標,指出不以能力觀念理解能力指標的意義所造成的偏誤,區別能力指標與教學目標之不同,並指出能力指標未盡周全之處,以及其應用之建議,期能有助於社會學習領域課程目標與理念之實踐。

# 參考文獻

## 中文部分

王素芸（2001）。「基本能力指標」之發展與概念分析。**教育研究資訊**，*9*（1），1-14。

方德隆（2004）。「基本能力、統整課程」：課程改革政策的理想與實際。載於教育部主編，**國民中小學九年一貫課程：理論基礎（二）**（頁507-529）。臺北：教育部。

吳清山、林天祐（1998）。基本能力、基本學力。**教育資料與研究**，*25*，75-77。

李宜玫、王逸慧、林世華（2004）。社會學習領域分段能力指標之解讀──由Bloom教育目標分類系統（增訂版）析之。**國立臺北師範學院學報**，*17*（2），1-34。

林世華（2004）。**國民中小學九年一貫課程發展學習成就評量指標與方法研究報告**。教育部，未出版。

施良方（1997）。**課程理論**。高雄：麗文文化。

張佳琳（2000）。從能力指標之建構與評量檢視九年一貫課程基本能力之內涵。**國民教育**，*40*（4），54-61。

教育部（2008）。**九年一貫社會學習領域課程綱要**。教育部國教司。

黃素貞（2003）。**臺北市九年一貫課程國中階段社會領域運作實務**。發表於國立臺灣師範大學實習輔導處主辦「課程綱要實施檢討與展望研討會」。

陳新轉（2004）。**九年一貫社會學習領域課程發展：從課程綱要與能力指標出發**。臺北：心理。

許朝信（2005）。從美好生活所需能力的觀點論述九年一貫課程中的基本能力。**國民教育研究學報**，*15*，99-122。

詹志禹（1999）。九年一貫社會科課程綱要草案背後哲學觀。**教育研究**，*54*，54-60。

楊思偉（1999）。**國民中小學九年一貫課程基本能力實踐策略**。教育部委託研究專案。

楊思偉（2000）。談基本能力與基本學力。**研習資訊**，*17*（6），16-24。

楊思偉（2002）。基本能力指標之建構與落實。**教育研究月刊**，*96*，17-22。

蔡清田（2008）。DeSeCo 能力三維論對我國十二年一貫課程改革的啟示。**課程與教學季刊**，*11*（3），1-16。

盧雪梅（2004）。從技術面談九年一貫課程能力指標建構：美國學習標準建構的啟示。**教育研究資訊**，*12*（2），3-34。

蘇永明（2000）。九年一貫課程的哲學分析——以「實用能力」的概念為核心。載於財團法人國立臺南師院校務發展文教基金會（主編），**九年一貫課程：從理論、政策到執行**（頁 3-20）。高雄：復文。

## 英文部分

Anderson, W. & Krathwohl, D. R.（2001）. *A taxonomy for learning, teaching, and assessing: A revision of Bloom's educational objectives*. New York, NY: Longman. p.46.

Bloom, B. S., Engelhart, N. D., Furst, E. J., Hill, W. H., & Kraehtwohl, D. R.（1956）. *Taxonomy of educational objectives: the classification of educational goals, Handbook 1:Cognitive domain*. New York: D. Mckay Co.

Rychen, D. S. & Salganik, L. H.（Eds.）（2003）. *Key competencies for a successful life and a well-functioning society*. Cambridge, MA: Hogrefe & Huber Publishers.

# 第 4 章

# 致能教學模式之建構

陳新轉

華梵大學師資培育中心副教授

## 本章綱要

# 壹 前言

　　九年一貫課程以培養十大基本能力為總體課程目標，各領域以能力指標架構課程內容，指示學習方向，但並未提示較詳實的課程大綱，也沒有說明具體的培養能力的教學方法，課程應如何設計與教學該如何進行方能達成培養能力的目的，全需要教師發揮專業能力，自行研發。按照九年一貫課程改革理想，這是預留專業自主的空間給教師，期待教師能依據課程目標與能力指標，發展出培養學生能力的教材與教學方法。

　　自從九年一課程推動以來，各項促進教學創新與課程設計的專業能力研習計畫與活動，不可謂不多，也確實帶動教師參與課程發展與教學創新的熱情，尤其各縣市成立輔導團，配合教育部各項年度計畫推動，這些年在創新教學、教材研發，以及提升教師專業知能等方面，累積相當成果。但在實踐「培養能力」的課程設計與教學方法的研究，仍有待努力。本文嘗試從能力與知識，以及知識學習、問題解決與能力培養的關係，說明「致能教學模式」的建構觀念，以供參考。

# 貳 知識與能力的關係

　　「能力」一詞經過本書第 3 章的討論，得以了解「能力」是認知、技能與情意的綜合表現，其概念著重在「作業」、「應對問題」時的行為表現與效果。這種行為是以陳述性知識與程序性知識為基礎，能力同時包括態度與價值觀。前兩者是思考問題與解決問題時，能力表現的基礎，態度與價值觀則影響知識與方法應用的取向與效果。然而，問題得到解決有時是「不知而行」，並非全然是「知而後行」的結果。「不知而行」與「自動化」行為不同，前者的行為效果往往非行為者所能控制與預期。「自動化」則是行為者善用知識與方法以至於純熟不需思考的表現，但此能力若不具適應性，只能在非常特殊的情境與條件下運作，此種能力就成了「特技」或「絕技」。教育所要培養的是「知而

後能行」，且具一定的適應性的能力，這種能力需要後天習得知識與方法，而後能應用於思考或問題解決。因此，能力的概念比較接近英文字competencies的意思，突顯能夠恰當的、正確的因應特定問題情境之需求的作為，而不只是skill（技巧）——特殊的技巧，或ability（技能）——某種可以行動的生理或心理的力量而已。

能力（competencies）必須以知識為基礎，但擁有知識並不等於擁有能力。雖然西洋有句名諺：「知識即力量」，意指擁有知識的人自然擁行動的力量，實則不然。從認知心理學的角度來看，擁有知識不必然能轉化成能力。根據Perfetto、Bransford和Franks（1983）等人的實驗研究結果顯示，即使在你的長期記憶中擁有適量知識，並不能保證你能在適當的時機提取和使用它。所以，學生不只是習得大量的知識，還必須教導他們如何，以及何時、何地使用所擁有的知識。基於這種緣故，前面這三位學者將習得的知識區分為惰性知識（inert knowledge）與活化知識（active knowledge）。從能力表現來看，學生往往累積大量的惰性知識而不是活化知識。惰性知識是指那些原本能夠，而且應該能夠應用到廣泛的情境，但是現在卻只能應用到有限與特定的範圍的知識。也就是在學校學到，卻無法應用到生活中的知識或技能（Slavin, 2005）。這種觀點從應用層面區分知識與能力的差別，如果一個人擁有知識，卻沒有習得應用知識的方法，那麼最多只是擁有知識學習能力，而無法將知識轉變成解決實際問題的能力。

所以，晚近Anderson和Krathwohl（2001）重構Bloom（1956）所提出的認知範疇的課程目標體系，納入建構理論，整合「知識類型」與「認知歷程」兩個向度，重新區分成認知（knowledge）、理解（comprehension）、應用（application）、分析（analysis）、評價（evaluation）與創造（creative）等六個層次。按照Anderson和Krathwohl結合知識類型與認知歷程的說法，認知目標的層次就是認知能力的表現層次，而六個層次中各細項的定義，乃是綜合陳述性知識與程序性知識在解決問題或思考問題時所呈顯的心智表徵，充分反映培養學生能力（competence）的目標觀念。

綜合知識與能力關係的討論，可以將兩者的關係條列如下：

1. 所謂能力（competencies）是指後天習得，以陳述性知識和程序性知識為基礎，包含態度與價值觀的行為表現，這種能力具相當程度的適應性。

2. 知識是能力表現的基礎，但擁有知識不必然等於擁有能力，因為長期記憶中的知識有活化知識與惰性知識之分，必須加上應用知識的方法，才可能將知識轉化成能力。

## 參 知識學習、問題解決與能力培養三者之關係

　　知識學習、問題解決與能力培養之間存在某些互動關係。John Dewey 曾提出有名的問題解決五步驟：遭遇問題、界定問題、發展假設，提出可能的方法、驗證假設，逐一探究所提出的方法，將方法應用於實際問題上，以求解決問題。張春興（1997）將問題解分成五個步驟：覺察問題、釐清問題性質、蒐集相資料、問題索解行動、事後討論與評價。溫世頌（1997）綜合多位學者的看法，指出問題解決的五大步驟：覺察問題存在、界定與描述問題性質、準備資料從中找出有效策略、實行問題解決策略、評鑑與檢討。Sternberg（2003）綜合若干學者的見解提出由七個步驟所構成的問題解決週期（見圖 4-1）。

　　由圖 4-1 所示的七個步驗可知，整個問題解決的過程，行動者必須動用相當多的知識與方法，而後始展現出解決問題的能力，也看出知識與方法轉化成能力的過程。知識習得到能力獲得的過程，乃是個體所擁有的舊經驗與知識所構成的認知基模（知識與方法的學習），形成他對問題的認定與定義，在嘗試解決問題的過程中，包括「形成問題解決策略」、「組織問題解決訊息」、「分配資源」、「監控問題解決」等步驟之間，往返交錯（導向問題解決），個體原有的知識基模不斷的在「失衡—平衡」之間進行調適、同化，也就是說習得的知識與方法在問題的試煉下，重新詮釋、連結、組織，導致認知基模活化、精緻化（elaboration），使得知識結構與真實情境更為貼近，終能發揮「解決問題」的效果（能力獲得），這個過程使知識轉化成解決問題的能力表

現，而獲得的能力也就納入原有的認知基模，建構新的知識結構，形成一種不斷擴展、深化與更新的循環。綜合言之，知識學習、問題解決與能力培養之間存在三角互動關係（如圖 4-2），這個關係就是「知識學習導向問題解決而獲得能力」。

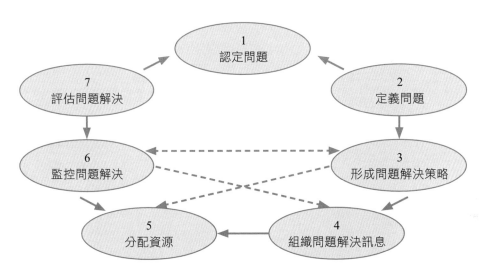

**圖4-1** 問題解決週期

資料來源：Sternberg（2003）

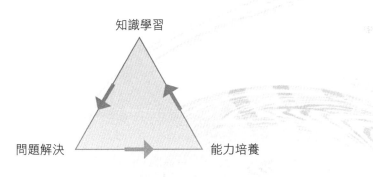

**圖4-2** 知識學習、問題解決與能力培養三者的關係

# 肆 問題導向學習模式與能力培養

## 一、問題導向學習（Problem-based Learning, PBL）教學模式

一般而言，強調知識與問題解決的教學模式，以問題導向學習（Problem-based Learning, PBL）最廣為人知。若從學習的角度而言，有所謂建構式、發現式的學習，都強調從問題探索、操作的過程，建構知識、培養問題解決能力，皆屬同一教學理念。

PBL 乃是以學習者所面對的或即將面對的重要、真實問題的情境劇本組織課程內容，而非依照學科或領域架構組織課程。這種學習模式強調問題導向，透過重要問題探討與解決，促成學習者、知識與真實世界的連結，並發展獨立思考、批判與問題解決能力（Savin-Baden, 2000）。Tanner（1997）認為此種學習模式聚焦於問題情境而非獨立分割或抽離現實的學科或主題，試圖架接起理論與實務之間的橋樑，促成學生的統整學習，也是一種提供有意義的、脈絡化的真實世界情境，協助學習發展知識與解決問題技能的教學法。

問題導向學習模式其實也是一種課程統整理論的應用，提供學生統整學習的一種學習模式，但是有其獨特性。Savoie 和 Hughes（1994）曾歸納問題導向學習的特點如下：教學是從問題出發；問題必須擬真；以問題為中心組織教材，給學生自主學習的機會；應用合作學習方式；要求展示學習成果。

Savin-Baden（2000）指出 PBL 的七項特質：

1. 以學生經驗為基礎。
2. 強調學生為自己的學習負責。
3. 理論與實務交織結合。
4. 關注知識獲得的歷程，而非結果。
5. 教師角色從教學者轉變成為促進者（facilitator）。
6. 學習評量由教師評量轉成學生自評或同儕評量。

7. 強調溝通和人際互動的技巧

Delisle（1997）指出 PBL 的特質在於：

1. 所處理的問題儘可能貼實際生活世界。

2. 可以激發學生主動參與學習。

3. 促成學科互動取向（interdisciplinary approach）的學習。

4. 提供學生選擇學習內容與方式的機會。

5. 可以促進合作學習。

6. 協助提升教育品質。

從上述學者的見解可以歸納 PBL 教學模式的主要因素如下：

1. 學習內容應以探討問題的脈絡或架構組織起來

2. 探究的問題應該是取自學生生活經驗中的重要的問題。

3. 學習歷程應重視師生與同儕的合作學習，共同創造問題解決方案解決問題。

4. 師生在學習中的角色都必須調整。學生不僅是知識接受者也是知識的組織、應證與詮釋者；教師不只是知識傳授者，也是課程設計者、問題創造者、學習促進者。

## 二、問題導向學習 PBL 教學模式的若干疑慮

儘管問題導向學習對於活化、統整知識，提升知識的理解與應用「能力」有諸多好處，但在實際應用上，仍有其限制。

### (一)Nulden 和 Scheepers 的發現

Nulden 和 Scheepers（1999）的研究發現，問題導向學習實際應用上有兩大缺失：

1. 實際應用上可能變成一種機械性的訓練。

2. 學習者急於解決問題，沒有先釐清問題就進行解題，反而失去問題導向學習應有的價值。

## (二)Land 和 Greene 的疑慮

Land 和 Greene（2000）認為 PBL 有以下幾點疑慮：

### 1. 問題與解決問題所需知識之間的關係，不一定相呼應

教師提出問題並不能保證學習者一定能獲得解決問題所需之知識；學習者也不一定對問題有深入的理解；反之，沒有問題作為目標導向，往往知識習得之後，僅成為一種記憶。

### 2. 在複雜情境下，學習者的後設知識不足，不利於問題解決

對問題理解不夠深入，或對問題情境掌握不精確，學習者必須從做中學其實是一種「試誤學習」，學習者不一定能增進學習策略的應用，或善用本身的先備知識作連結。

### 3. 可能受先備知識誤導

問題導向所設定之目標若沒有配合學習者，學習者可能忽略先備知識或誤用先備知識。

## (三)國內研究發現

1. 丁大成（2003）的研究發現 PBL 不適用於基礎知識的建構與學習，而且需要長時間進行，其教學成效方能著顯著。

2. 張杏妃（2001）應用 PBL 於國小生態教育之行動研究，發現學生的學習困難在於缺乏資訊處理能力，以及對問題解決流程建構不完整，究其原因在於教師缺乏引導學生解決問題的經驗。

3. 朱江文（2002）應用 PBL 於改善國小學生數學學習態度的行動研究也發現，因為教師教學引導技巧不足，影響學生的學習態度。

4. 許淑玫（2005）在國小問題導向式課程發展與實踐之研究中發現學生學習困難可歸納成個別差異、準備度不足、學習資源不夠、團體歷程中的溝通與互動障礙。其中教師可為他們準備的是強化學生的學習準備，特別是面對問題時所需的方法與相關知識的提供，因為在於缺乏探究問題的方法與主題知識不足對問題導向學習造成不利的影響。

從國內外的經驗來看，問題導向學習最主要的疑慮是從問題出發的學習方式，無法確保學習者對於基本知識與方法的確實掌握，就能力的培養來說，學生的行為表現或許得到一種特定情境下的因應技巧（skill），但不能有系統的掌握背後抽象的概念知識或原理、原則，故仍有修正的空間與必要。

##  伍 致能教學模式之構想

### 一、致能教學模式概述

本文所謂「致能教學」（enabling instruction）模式，強調將社會學習領域能力指標所指示之陳述性知識（事實與概念）與程序性知識（方法與技巧），轉化成課程內容，透過教學歷程，將知識學習導向問題解決或思考。

### 二「致能教學法」的構成要件

致能教學法乃陳新轉（2004）因應九年一貫課程培養基本能力之目標，提出「能力表徵發展模式」之後，發展而成的教學模式。依據能力表徵原則，教學過程必須掌握四個要素：知識、問題情境、能力表徵內涵及致能活動。

#### （一）知識要素

致能教學強調知識乃培養能力不可或缺之基礎。「知識要素」依其形式、性質、層次有不同的分類，通常人們將知識按其層次分成「事實」、「概念」、「通則」，Anderson 和 Krathwohl（2001）最新修正之Bloom 認知領域教學目標分類架構，將知識分成四個向度：事實知識（factual knowledge）、概念知識（conceptual knowledge）、程序知識

（procedural knowledge）、後設認知知識（metacognitive knowledge）。其實，知識若依其作用，也可分成「陳述性知識」、「歷程性知識」、「指示性知識」、「策略性知識」或「方法性知識」、「期望性知識」等不一而足的類型（Wiig, 1994）。換言之，知識的意義是複雜的，不只是認知或推理，它可能是精熟某項技能或形成某種價值判斷的要素，故其意義往往須考量其使用之情境及目的。

## （二）情境要素

「情境要素」範圍很廣，從簡單的提問，到學習環境的安排都是。就課程設計的觀點而言，具體的「情境」發生在教學過程中，因此這裡持狹義的定義，是指教師所規劃、設計，在教學過程中為引導學生學習、思考、問題解決、參與活動、完成作業或探索某項課程主題，向學生提出之各種問題與挑戰。

從能力表徵的觀點而言，能力指標之轉化須考量「情境要素」，其主要意義有四：

### 1. 能力需要一種展現的「情境」

一般而言，教師都能應用 Bloom 的教育目標分類觀念，擬訂具體的認知、技能與情意的行為目標，用以檢視學生的學習成果。但是，「能力表徵」與「行為表徵」意義有所不同。以學生「能指出教室的位置」為例，不考慮問題情境，「能說出」或「能指出」可能只是記憶反應，被當作很「瑣碎的」知識。但是，「能在學校平面圖或學校模型地圖中指出教室的位置」，或者是「能自行上學找到教室的位置而不迷路」，因為這是在「應用學校平面圖」與「自行上學」情境下的行為表現，就突顯出一種應用知識、形成方法以達成目標的「能力」意涵，其意義大不相同。

### 2. 在問題或挑戰所形成的「情境」下，才能評價「能力」的表現是否恰當

知識與能力之間的另一種區別是知識可以在人的思維之中自由連結、組織，但能力則必須融入「情境因素」才能判斷學生的能力表現是否恰當。即使單純的思考活動，其能力是否表現得宜，得視其選用之知

識、應用知識的技巧與表現態度，能否適切的回應其思考對象所形成的問題或挑戰，有效達成目標而定。

**3.知識轉化成能力，情境要素的掌握至為重要**

教師試圖根據能力指標進行課程轉化，若不能掌握能力指標內含之核心知識或技能可應用之情境，往往只掌握到片斷的知識，而見不到其中的脈絡與應用的意義，課程轉化形同無的放矢，因為能力乃適應情境或解決問題的表徵，欠缺「情境」因素（包含問題挑戰、思考與歷程引導等），無從設計教學活動、培養能力及評鑑能力表現。就如同學生可以學得關於澎湖的自然與人文特色的知識，但不見得能形成如「1-4-1分析形成地方或區域特性的因素，並思考維護或改善的方法」這樣的能力，除非教師在課程設計與教學過程中，塑造相關的問題情境，否則不容易掌握「能力」的意涵。

**4.「能力指標」與「課程主題」的關聯意義**

理論上，領域課程是由主題架構起來的課程，「能力指標」具有指示重要學習內容與方向的功能，所以課程轉化必須掌握課程主題與能力指標的連結關係。因此，從「能力指標」出發的課程轉化過程，應同時以「統整的」思維，考量此能力指標與哪些重要議題有關？適合去探索、理解或處理哪些重要問題？即「能力指標適合『應對』的課程主題為何？」的思考。況且若能掌握這層關係，教師所提出的各種「問題與挑戰」，比較容易形成「導向主題精熟」的結構化或系統化「情境要素」，若加以適當的安排，即變成為「呼之欲出」的教學歷程。

（三）能力表徵內涵

將知識要素、情境要素及表徵方式串連起，則正確的「能力表徵」即：能選擇有用的知識，以恰當的表徵方式，適切的表達其對問題（情境）的認知與態度，並有效加以處理的行為。由此可見「能力表徵內涵」至少包括：

1. 知識之選擇（事實、概念或通則）與應用（認知、推理、分析、綜合、評價等）。
2. 情境理解。學生面對問題情境的知覺與判斷。

3. 表徵方式之選擇與恰當的呈現（包括文字、圖像、影音、模型、實物等媒介，以口語、書寫、操作、展示、展演等，展現其能力，型態上也有個別與合作之分）等。

### (四) 致能活動（enabling activities）

「致能活動」即教學活動，教學以培養學生「獲致能力」為導向，包括心智、肢體、社會與情緒等不同性質的學習活動，根據「知識要素」、「情境要素」及「能力表徵內涵」進行安排，教學活動除了講授必要的知識與方法之外，更應注重引導學生獲得統整的學習。

## 三、致能教學模式課程設計步驟

### (一) 依能力表徵概念產出課程要素

能力表徵強調以知識為能力的基礎，觀察學習者在問題情境下的應用知識與方法解決問題的表現，故依據能力指標的課程設計包含以下步驟：課程發展的基本流程如圖 4-3 所示：

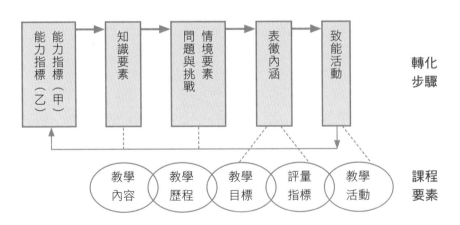

**圖 4-3** 「致能教學模式」之課程發展步驟

資料來源：修改自陳新轉（2004）

1. 首先解讀能力指，掌握重要知識（含方法）以作為課程內容。
2. 其次決定必須精熟之知識與技能，依據知識屬性，導向適合去處理、思考之重要問題。
3. 第三步驟選擇適當的應對問題。依循問題思考與解決的程序與脈絡（問題情境），組織課程內容。
4. 第四步驟擬定能力表徵內涵，預設學生在問題情境下運用知識與方法的狀況，設定能力導向之教學目標與評量指標。
5. 最後綜合各項因素考量，設計「致能教學活動」。

### (二) 致能教學基本步驟

1. 先掌握基本知識與方法。
2. 提示問題與挑戰（知識理解、形成法、維護信念或社會參與）。
3. 應用知識進行問題思考與解決。
4. 重整知識、調整知識結構。
5. 解決問題，從知識學習轉變成能力獲得。

　綜合課程設計與教學步驟，以社會學習領域為例，「致能教學」模式如圖 4-4 所示。


## 四、致能教學模式相關細節說明

### (一) 選擇定義明確的學習問題

　「致能教學」（enabling instruction）主張先進行知識學習，再引導學生進行導向問題解決，從而將知識轉化成能力的教學設計。

　既然將知識與方法導向問題與挑戰是「致能教學」的必要條件，那麼在教學上，關於問題的設計必須講究。而所謂「問題」一詞，中文語義同時包含待答與待解決的意思，比較含混。若以英文表示「問題」一詞，就多種說法，problem 表示事情遭遇麻煩或有疑義，question 意指要求提出解答的問題，trouble 意指需要有效方法與行動策略的問題，issue 是指有爭議、有待形成共識的實質問題，topic 指涉有待進一

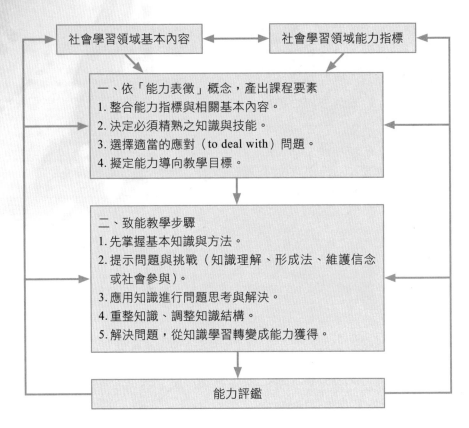

圖4-4　致能教學模式

步驟清問題性質、範圍的問題。從認知心理學的觀點而言，所謂「問題」依其定義、範圍與解決途徑是否清晰而區分成兩種：結構清晰問題（well-structure problem）或稱之為定義清晰問題，與結構模糊問題（ill-structure problem）或稱之為定義不清晰問題（Sternberg, 2003; Chi & Glaser, 1985）。「致能教學」宜從結構清晰的問題入手，讓學生在引導下，建構知識的意義與問題解決方法。結構模糊問題適合用於訓練學生澄清問題、掌握問題情境的能力，但挑戰性高、操作時間長。不過，無論運用哪一種問題情境，「致能教學」都必須先教導學生所需要的知識與方法。

## （二）選擇適合習得之知識與方法去「應對」的問題

致能教學與問題導向學習的共同之處在於引導學生問題的探索、思考與解決，也同樣是統整型的課程設計，往往課程主題就是主要探索的重要問題。故問題的選擇除了如 Beane（1997）所主張，應選擇學生與社會共同關心的問題，還必須注意該問題與課程內容之間的關係。換言之，教師對於課程主題或重要問題的選擇，除了符應學生興趣與社會關注的條件，還應預先考量授與學生的知識與方法適合探討哪方面的問題。因為學生在問題探索與解決之初是處於「生手」狀態，若習得的知識和方法與問題的關聯性不高，則「遷移」效果必然不彰，這是實施致能教學模式與問題導向學習在課程設計方面不一樣的思維。

## （三）教學程序

致能教學法與問題導向學習（problem-based learning）在教學程序上最主要的差別在於致能教學特別強調應先從知識學習入手，掌握知識再導向問題思考與解決。這是為了避免問題導向學習（PBL）從問題出發，從問題探索歷程中建構知識、培養能力的學習方式，往往導致知識結構鬆散，學習者的知識理解籠統、模糊的缺失。故主張先掌握知識與方法，再將習得的知識與方法導向問題的解決與思考，這個過程將促使學生進行習得知識的驗證，重組習得的知識、調整認知基模，使知識轉化成解決問題或維護信念的能力。

當應用知識以面對各項問題與挑戰時，行為表現有正確與適當的要求，所以能力表徵必須有一種「情境因素」，唯有在某種挑戰或問題情境脈絡中，才能判斷其能力表徵方式——知識、技能之應用是否正確，態度與情感之表達是否恰當（陳新轉，2004）。

## （四）能力評量

致能教學強調能力培養，故學習成果的評量，不宜沿襲傳統行為主義教學目標的評量觀念，將學生的能力表現區分為認知、技能、情意三項獨立的評量項目。當教師針對學生之「能力表現」加以評價，則需要

從「知識內涵」、「情境因素」及「表徵內涵」相互配合的角度去考量。其中除了學生能力表徵的知識內涵，還須斟酌學生的能力表徵在問題情境下的適切性、精確性與有效性。教師依所提示之問題與挑戰的性質、要求水準與規格、學生程度、表現情形，對其表徵內涵做綜合研判，從中了解學生對問題的理解、情境的掌握、知識與技巧的應用情形，評析其表現方式是否適當、評價其結果是否令人滿意。不過這方面有兩個難題，一是能力不是一蹴可幾的，其「階段性」的順序為何？細探之下工程浩大；二是標準何在？彈性原則如何拿捏？因為學生的能力表現與教師的教學方式及當下的師生互動情形有密切關係。這兩方面都有實際上的困難，更何況學生出現不與「標準」一致反應時，可能是學生的創意與潛能，如何判斷考驗教師的專業能力，遺憾的是這方面教師大都是失敗的。但學習不能沒有評量，評量不能缺少「參照」依據，因此回到一般評價行為反應「恰當表現」的原則下，不失為中庸的措施。從「能力」的觀點而言，合乎某一項能力指標的「適當表現」包括三方面：一是知識表徵與應用的「適切性」；二是學習、操作方法與程式的「精確性」；三是結果的「有效性」。

**1. 適切性**

檢視學生在某種問題或挑戰下，其行為表徵在知識應用與操作方式上，能針對問題、考量情境，展現合乎其心智發展的知識理解、應用及價值判斷、信念維護及專注程度、參與程度等。

**2. 精確性**

精確性意指所採取的思維與行動確係針對問題與情境之需要，方向正確、尺度適中，沒有「亂槍打鳥」與「大炮打小鳥」的缺失，若能關注歷程中的各種關係（脈絡）則更屬難能可貴。

**3. 有效性**

有效性是指能有效解決問題、獲得解答、達成預期目標、取得進步的基礎。

## 陸 致能教學的實驗──代結語

「致能教學」模式的基本邏輯是先學習必要的知識與方法，再將知識與方法導向適合的問題思考與解決，以便將知識轉化成能力。若配合九年一貫課程目標的實踐，筆者主張依據能力指標產出課程內容，在學校與教師自行研發教材的時候，先解讀能力指標，掌握能力指標所指涉之重要概念與方法，再找出適合應用此概念與方法去應對（to deal with）的問題，分析探討此問題的歷程與脈絡，預期學生應用知識與方法應對問題時可能的表現，設定教學目標與評量指標，而後統合這些課程元素設計致能教學活動。

致能教學構想已有若干實驗性的教學示例出現，2006 年 12 月 9 日由教育部九年一貫課程推動小組社會學習領域深耕輔導群、華梵大學師資培育中心、淡江大學課程與教學研究中心共同主辦，在淡江大學臺北校區中正堂舉辦「從知識學習到能力獲得──九年一貫課程社會學習領域精進教學策略研討會」，會中總共有 16 篇論文發表，有六位國中教師及一位小學教師，發表依據「致能教學」概念所設計的教學實驗成果，包括：培養學生的客觀思維能力、資料蒐集運用能力、歷史時序的建構能力、人口問題探討能力、群眾運動的觀察能力、因果關係的解釋能力、公共議題的討論能力。六位老師對實驗教學成果持肯定態度，認為有達成將知識學習轉化成能力的預期表現。只有進行「因果關係的解釋能力」教學的老師發出「致能教學法的預期效果為何？有出現嗎？」的質疑。不過他也提出「如果能給學生更多的先備知識，更多的素材和時間去演練，應該結果會是理想的」感想。除此之外，致能教學還應用於國中國語文新詩教學、英語閱讀能力指導，皆獲得預期效果，且寫成學術論文發表（陳新轉等，2007a，2007b）。

致能教學模式仍屬起步階段，尚有若干問題有待解決，例如教師所需的專業能力為何？學生先備條件為何？不同的地區、不同特質的學生的適用性為何？如何與一般課程與教學方式相調和？都有待後續發展。

# 參考文獻

## 中文部分

丁大成（2003）。**應用 *PBL* 教學法幫助國中生建立正確物理觀念**。國立交通大學網路學習學程碩士班碩士論文，未出版，新竹市。

朱江文（2002）。**問題導向學習教學策略改善學童數學態度與教師成長之行動研究**。國立臺中師範學院數學教育學系碩士班碩士論文，未出版，臺中市。

張杏妃（2001）。**國小生態之問題導向學習行動研究**。淡江大學教育科技學碩士論文，未出版，臺北縣。

張春興（1997）。**教育心理學──三化取向的理論與實踐**。臺北：東華。

許淑玫（2005）。國小問題導向式課程發展與實踐之研究。**臺北市市立教育大學學報**，*36*（2），63-92。

陳新轉（2004）。**九年一貫社會學習領域課程發展──從課程綱要與能力指標出發**。臺北：心理。

陳新轉、陳傑秋、楊芳偉、林中凱、韓詩瑤、吳友竹（2007a）。鄉土文化素材融入新詩創作之致能教學行動研究──以平溪國中為例。**國教學報**，*19*，253-275。

陳新轉、陳冠宏、李貞瑩、吳佩勳、余麒鳳、石仲平、陳玉梅（2007b，12月）。閱讀之「致能教學」模式（*enabling model*）行動研究──以平溪國中英語閱讀為例。發表於國立臺東大學師範學院主辦 2007 年行動研究國際學術研討會「全球觀點與在地行動的對話」。

## 英文部分

Anderson, W. & Krathwohl, D. R.（2001）. *A taxonomy for learning, teaching, and assessing: A revision of Blooms' educational objectives*. New York, NY: Longman. p.46.

Beane, J.（1997）. *Curriculum integration: Designing the core of democratic education*. NY.: Teacher College, Columbia University.

Bloom, B.（1956）. *Taxonomy of educational objectives: the classification of*

*educational goals/a committee of college and university examiners*. New York: D. Mckay Co.

Chi, M. T. & Glaser, R. (1985). Problem-solving ability. In R. J. Sternberg (3rd Ed.), *Human ability: An Information-Processing approach*. NY: W. H. Freeman & Company.

Delisle, R. (1997). *How to use Problem-based Learning in the classroom*. Alexandria, VA: Association Supervision and Curriculum Development.

Land, S. M. & Greene, B. A. (2000). Project-based learning with the World-Wide-Web: A qualitative study of resource integration. *ETR & D, 48* (1), 45-68.

Nulden, U. & Scheepers, H. (1999). Interactive multimedia and problem-based learning: Experience project failure. *Journal of Educational Multimedia and Hypermedia, 8*(2), 189-215.

Perfettop, G. A., Bransford, J. D., & Franks, J. J.(1983). Constraints on access in a problem solving context. *Memory and Cognition, 11*, 24-31.

Savin-Baden, M. (2000). *Problem-based Learning in high education: Untold stories*. SRHE & Open University Press.

Slavin, R. (2005). *Educational Psychology: Theory and practice* (7th Ed.). Boston.: Allyn & Bacon.

Sternberg, R. (2003). *Cognitive Psychology* (3rd Ed.). Wadsworth. Boston.: Allyn & Bacon.

Tanner, C. K. (1997). Problem-based learning in advanced preparation of educational leaders. *Educational Learning, 10*(3), 3-12.

Wiig, K. M.(1994). *Knowledge management: The central management focus for intelligent-acting organizations*. Arlington, TX.: Schema Press.

# 第 5 章

# 課程統整設計

任慶儀

國立臺中教育大學課程與教學研究所副教授

## 本章綱要

前言

英國的哲學家 Lionel Elvin 對於學校的分科課程曾經有這樣的譬喻
（Jacobs, 1989, p.2）：

> 當你花一個小時散步在森林中，大自然不會讓你在前面的 45
> 分鐘內只看到花朵，而剩下的 15 分鐘內讓你只看到動物。

當然，在 45 分鐘之內你可以坐下來，好好的研究花朵，學習到許
多的知識，但是，你知道真實的人生並不是這樣安排的。在真實的世界
中，不是每個人早上起床後，先運用 50 分鐘社會學到的知識和技能，
開始今天的生活的。真實的人生是統整的，不是片斷的。看看我們教室
的課表，早上的 8:30 至 9:20 是數學，9:30 以後的世界變成了國語。當
你還沉浸在五年級國語第十三課的《三國演義》「空城計」中爾虞我詐
的激戰中，鈴聲響了，換成的是「Do you like hamburgers?」的英文。
想想看，如此的學習是否像一場不知所以的鬧劇？但是，學校說，課表
就是這樣排的；老師說，按表上課就是我的職責；然而，真正學習的主
角——學生呢？ 愈來愈多的學生抱怨學校課程是分裂的而學校的學習和
他們的人生是無關的。因為任何一個人不能只靠國語或是只靠數學去解
決他生活的問題；相反的，他會想盡辦法從各種來源去蒐集資料，統整
所有的學科能力去做決定，然後產出解決的辦法。可是，零碎的學校課
程就無法反映這種真實世界的現實。

統整課程可以追溯到 1800 年代的赫爾巴特派（Herbartians），所發
展的關聯學科（correlating subjects）的概念。這個學派呼籲應該將彼
此看似互不關聯的學科，用環繞主題的方式設計為統整的學科。隨後統
整課程在 1920 年代 John Dewey 所領導的進步主義運動中，發展成為以
學習者和社會關懷作為課程的中心；1930 年代的核心課程以及 1940 和
1950 年代的以問題為本位的核心課程。1980 和 1990 年代「課程統整」
（curriculum integration）則是指向「跨學科」、「科際間」、「超學科」

等的課程設計（Drake, 1993）。但不論統整學科如何演變，學生對統整學科的反應總是非常的正面；因為對他們而言，統整學科的學習內容、學習社會技巧和活動都是非常的有趣。

# 貳 統整課程的需求

除了學生對統整課程的興趣外，根據 H. H. Jacobs 的觀點，統整課程的發展更具有下列的意義（Jacobs, 1989, pp.3-6）：

1. 知識的增加：由於電腦網路的進步使得資訊的傳播加速，人類的知識或是資訊也隨之暴增。每天有更多的新書、新的作家、新的理論闡述。許多學校也面臨了在原有的課程中加入新的議題，例如：愛滋病的預防、毒品的認識、性教育課程以及各國的文化議題等。新的課程不斷的增加而舊的課程卻沒有減少，學生在校的時間與過去比較絲毫未見增加，因此也迫使學校開始思考整合的必要性，統整因而產生。

2. 破碎的課表：目前課表的設計使得教師必須以 40 分鐘作為設計的依據，而不是學生在學習上的需求。我們經常看到的是學生必須每 40 分鐘更換一次學習的經驗，更糟糕的是國中的學生可能每 40 分鐘還要換一位老師，換一個教室，換一個學科，這種拼布式的學習使得學生在各種環境中疲於奔命，忽視了學生學習的完整性與深度。

3. 課程的相關性不足：每年根據統計美國的學校中有 20% 的學生輟學，在郊區可能更高達 40% 的學生因為課程和他們在校外的生活經驗毫無關聯，選擇離開學校。因為他們覺得在日常生活中沒有哪一個問題是單一學科可以解決的。但是這個情況並不是意味著學校不要教任何一個科目，而是要不定期的提供學科相關的學習經驗，使學生能意識到學科的相關性以及能了解不同的科目對他們生活的影響，讓學生能見識到學科之間具有相關的連結。

4. 社會的要求：許多專業的人士的培養不是只有其專業的技能的訓

練就夠了。事實上許多優秀的醫師不僅僅是醫術要足夠外,對於人際關係與社會的脈動也要有所涉獵才能成為一名良醫。同樣的對於一個專業會計師的培養,除了會計的專案技能外也要求他們能夠有商業道德的素養。因此,這種社會的要求也使得學校進一步開始思考如何使學生在其專業之外溶入人群的社會中,以便能提供更好的專業服務。

## 參 課程統整的形式

統整課程的設計,不同的學者有不同的觀點,例如:Fogarty 就提出十種不同程度的統整課程形式(Fogarty, 1991;李坤崇、歐慧敏,2001,頁 96-97):

表 5-1 Fogarty(1991)十種不同程度的統整課程形式

| 名稱 | 樣式 | 特徵 |
| --- | --- | --- |
| 分立式<br>(fragmented) | | 各學科獨立並且劃分清楚 |
| 聯立式<br>(connected) | | 獨立的學科內相關主題的統整 |
| 窠巢式<br>(nested) | | 統整同一學科內社會性、思考能力與內容技巧的學習 |

| | | |
|---|---|---|
| 並列式<br>（sequenced） | | 不同的科目，統整類似的概念並協調排序後教授 |
| 共享式<br>（shared） | | 透過協同計畫與教學，將兩種科目共享的概念、技巧或是態度作為學習的焦點 |
| 張網式<br>（webbed） | | 主題式教學，以主題為基礎在不同的學科作教學 |
| 串珠式<br>（threaded） | | 將思考技巧、社會技巧、多元智慧、閱讀技巧等串聯不同的學科 |
| 整合式<br>（integrated） | | 檢視重疊在不同學科中共通的技能、概念，以及態度的重點以整合各學科 |
| 沉浸式<br>（immersed） | | 學習者檢視自己感興趣的領域自己統整 |
| 網路式<br>（networked） | | 學習者透過選擇專家與資源的網路並且主導統整的過程 |

　　上述的十種統整形式，自是各有優缺點（李坤崇、歐慧君，2001，頁96-97）。

Loepp 則指出五種統整課程的模式：

1. 同步模式（the simultaneous model）：學生在不同的學科中修習課程，而教課的老師刻意的將這些課程的內容加以連結。

2. 編結模式（the braided model）：不同學科的內容被視為整個螺旋課程中循環造訪的部分。

3. 主題模式（the topical model）：跨越多種學科，以主題作為整個學年的主要課程。

4. 聯合模式（the unified model）：兩種以上學科的教師一起合作找出共同的概念，通常以協同教學的方式實施。

5. 完全科際間模式（the full interdisciplinary model）：兩種以上學科的內容融合。

Drake 則是將統整課程依其組織的方式分成了三種。它們分別是（Drake, 1993）：

1. 多學科統整取向（the multidisciplinary approach）：此種取向的統整課程是將焦點置於不同學科，保持學科的完整性，但是對於每一學科所碰觸到的共同主題，則加強其學科之間的關聯性；特別是有關程序性的知識與各學科的技巧。

2. 科際間統整取向（the interdisciplinary approach）：在不同學科之間找出其一般性共同的學習；特別是強調後設認知與如何學習等各學科均共同具備的學習。

3. 超學科統整取向（the transdisciplinary approach）：課程統整的目的轉移至未來生活所必需的學習。以學生的興趣為其基礎發展，打破學科的藩籬，以培養在未來生活情境中具有能夠處理變遷、能夠面對曖昧、能夠堅忍不拔、自信等的技巧。

如果依據 Jacobs 對統整課程的分類以及它們統整的程度，則統整課程的設計可以歸類為下列六種形式（Jacobs, 1989, pp.14-18）：

**1. 單一學科的統整（discipline-based）**

此種統整課程存在目前學校內是最普遍的形式。它有非常嚴格的學科界限，例如；數學、英語、社會等。甚至是在國中階段中有更細的分科。這也是一般人最為熟悉的課程形式，所有的師資也是遵照此種的需

求而培養。教科書、測驗,甚至是課程標準也都有詳細的規定與計畫。但是,在此情況下學生的學習就變成是分割的時間、不同科目的轉換。對於某一些學科內容也無法按照個人興趣或是學生的需求有深入的學習。

### 2. 平行學科統整(parallel disciplines)

在執行平行學科的統整時,教師所做的是調整單元以便和其他學科的單元在某一時段內同時進行。單元教學的內容並不會改變,只有教的順序改變而已。這種統整方式是我國在實施九年一貫課程初期時非常的盛行。但是,目前已經少見於國中小的課程中,其原因主要就是統整的效果不佳的關係。

### 3. 互補學科的統整(complementary discipline units or courses)

在正式的課程中將某些相關的學科結合在一起,共同探討一些主題或議題。通常將兩個性質不同的學科連接在一起時只要是兩者具有互補的作用,就稱為互補學科的統整。最明顯的例子是像「科學與倫理」、「商業與道德」這樣的議題或是課程。

### 4. 科際間統整(interdisciplinary units/courses)

在課程中將數個學科結合在一起並且延續數週或是整個學期。它的好處是可以提供學生有意義的學習,但是卻是需要投入更多的資源,不論是在教師本身或是社會資源的部分。此類的課程讓老師得以將進行中的課程以議題或是主題的方式產出成為統整的形式,課程的時間也能配合學校內的作息與環境的需求。但是科際統整需要教師較多的努力與改變,特別是設計的時間,設計者絞盡腦汁才能使這類的課程不致成為大雜燴的課程設計。經費也是一個重要的因素,然而最大的困難是來自家長,由於家長大多數在他們的經驗中很少有這類的經驗,因此教師必須要多花時間與家長溝通,這也是這類課程中比較困難的地方。

### 5. 統整日統整(integrated-day model)

此種統整是圍繞在兒童的世界中,通常是整天的課程內容,是以兒童的問題或是他們的興趣為中心的一種機動性的課程安排,並非是事先由學校所規定的課程。這種課程對於教師是一種非常大的挑戰,因為事前並不知道兒童會提出什麼問題。因此教室的管理等都需要相當的技

巧。此類的課程最常見於幼稚園的學前機構中。

### 6. 完全統整課程（complete program）

A. S. Neill 的夏山小學（Summerhill School）的課程是這類課程的最佳典範。課程的學習是完全以學生的興趣或是需求為主的課程設計。此種課程是以極端的統整為其特色，要求教師和學生的家庭完全的投入以及需要大量而完整的資源。

上述各種統整的課程形式各有其統整的效率，圖 5-1 顯示這些不同程度的統整在一連續軸上的情形。最左邊的單一學科的統整效果是最差的，其次就是平行學科；完全統整則是最具有統整的效果。

雖然統整課程呼應了對分工細碎的學科提出了反動，但是不可否認的，在實施的歷程中也發現了許多的缺失，引起許多反對的聲浪。統整課程的缺失包括：(1) 大雜燴的問題；(2) 對立的問題。大雜燴的問題出現在許多現行的統整課程中。例如：以「清朝」作為統整課程的主題，設計者往往就會加上一些些清朝的歷史、一點點清朝的文學、一些些清朝的藝術，最後，再加上一些些清朝的天文發明。這種組合式的統整課程就曾經遭到 Hirsch（1987）以及 Bloom（1987）的批評。因為如此一來，課程組織的順序與範圍就蕩然無存，而這兩種要素卻是繼承一般課程中最重要的原則。此種統整的方式讓課程失焦，讓課程看起來就是一盤大雜燴，看不出來要提供的菜是什麼。除非，課程發展者能釐清並且發展出統整課程內容的範圍與順序，否則就很容易掉入大雜燴的陷阱中。

科際與學科本位課程之間本來就存在著衝突與對立。科際間的統整課程常常因為課程設計時不夠透明，而引起教師之間的緊張。教師覺得

圖5-1　各類課程之統整連續軸

他們自己的學科領域受到威脅；因為，他們擔心學科會被人以另外一種觀點來審視。但是，在設計統整課程的時候又非常需要同時具備有學科與跨學科的觀點。一位社會科的教師與一位教英語的教師在討論設計統整課程的時候，就會同時面臨到大雜燴與對立的問題。到底是以哪一個學科為基礎進行科際間的統整？這樣的統整課程它的順序是什麼？範圍是什麼？要統整的是什麼？時間、經費與課表時間都是在統整過程中需要考慮的。教師們需要有時間去規劃統整課程，更要有經費的支援，最後，統整課程的實施一定會調動原有的課表時間，教師們也要能夠適時的調適上課時間以及因為統整而產生的變化。

## 肆　課程統整設計的過程

不論對統整課程的分類與特徵為何，各家的理論均代表了對統整不同的定義，雖然如此，在設計的過程中，其主要的工作如下（Jacobs, 1989；李坤崇、歐慧敏，2001）：

### 1. 選擇組織中心

所謂的「組織中心」是指統整課程發展的中心，它可以是主題、學科、事件、議題、問題，或是任何要統整的要素，例如：思考技巧、社會性技巧、多元智慧等。這個中心必須具有一些特質；例如，它不能太廣以至於無法有重點；也不能太狹隘而限制了探討的變數。最好的發展中心是屬於概念式的議題，因為他們具有抽象的定義以及具象的事實可以探討。舉凡觀察、形式、光、革命、飛行、拓荒者、未來與世界饑荒等議題都是有探討的價值。其次，學生也可以透過一些傳統的課程去探討更複雜的層面。另外，事件也是很好的發展中心，不論是新聞的事件（雨林的消失）或是歷史事件，以及未來可能發生的事件等，都是非常有效的課程發展中心。一些如：人權的議題以及學校的霸凌議題等，都是可以作為課程統整的發展中心，而最重要的原則是這些中心都應該與學生的生活有關。

**2. 腦力激盪（brainstorming）**

在進行腦力激盪以前，使用輪盤式的表格將要統整的學科分別列於輪盤的每一分格中，將已經決定好的組織中心置於輪盤的中心。學生和老師可以透過每個學科不同的觀點去審視組織中心。接著，才開始進行腦力激盪的活動。腦力激盪的原則如下（Osborn, 1963）：

(1) 批評必須避免。

(2) 鼓勵自由聯想。

(3) 聯想的量必須足夠，評量才能開始。

(4) 合併（分類）與改進聯想。

**3. 提出引導的問題以便確定課程範圍與順序**

一旦引導式的問題提出的時候就可以決定課程探討的內容結構。這些問題應該要具有跨學科的性質，就好像是教科書當中一個章節的標題一樣。它可以顯示章節中所包括的範圍以及沒有包括的範圍。統整課程的設計也是如此。

**4. 發展活動以執行課程**

每一個活動都要能確定可以充分的讓學生有思考的機會。因此所有的活動必須以 Bloom 的目標為指導原則。換言之，學習的活動應該從理解能力開始往高難度的智識能力發展。這樣的活動可以透過檢視每一個活動中的問題所要求的智識能力類別予以規劃。

# 伍 統整課程設計示例

本示例採用科際間統整方式（interdisciplinary integration）。最重要是因為採用此種方式統整對分科的課程影響最小，學習者卻能感受到統整的效果。但是必須注意的是，目前我國的各版本教科書的內容並未考慮到不同學科之間的統整，因此統整時必須加以斟酌，儘可能將現有的單元納入統整的範圍，當然也不能犧牲掉統整課程的組織原則。以康軒版三年級上學期的單元為例，參考過該學期的單元內容後，發現各學科單元中具有下列的主題似乎可以彼此相關：

表 5-2　康軒版三上各學科單元中相關的主題表

| 學科 | 單元／課別 | 主題 |
|---|---|---|
| 國語科 | 四、想飛的小孩 | 萊特兄弟、飛機的發明 |
| 自然科技領域 | 二、動物大會師<br>活動 1. 動物的身體（鳥類）<br>活動 2. 動物怎樣運動 | 動物身體構造<br>動物運動方式（翅膀的構造） |
| 社會領域 | 五、探索家鄉地名 | 蒐集資料的方法 |
| 數學領域 | 一、乘與除<br>二、小數<br>八、時間<br>九、長度 | 距離、時間、速度的關係<br><br><br>距離長度 |

　　針對上述各學科課程中單元的主題，擬定「飛行」作為組織中心，並進行以此中心為主的統整課程設計。

**1. 決定組織中心：**飛行。

**2. 形成輪狀表格**

　　將主題置於中心，將學習領域以環狀的方式圍繞在其四周，形成輪狀的表格，如圖 5-2。

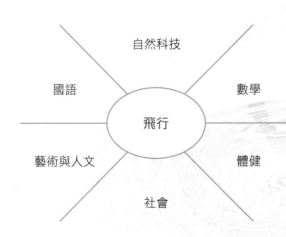

圖 5-2　輪狀表格

資料來源：修改自 Jacobs, 1989, p.57

第 5 章　課程統整設計

97

　　這個輪狀的表格只是讓教師與學生從不同的領域思考組織中心的層面，並不是意味著一定要從各學科或領域的限制開始思考。一般人在思考的過程中如果能有一個起點或是基礎的話會比較容易激發想法。

**3. 腦力激盪：**（徐世瑜，2002）

(1) 教師與學生共同腦力激盪所有有關的想法。這些想法可以是問題、人、議題、事件、想法、資料等凡是有關組織中心的都可以。容許個人或是小團體就其中的一個領域先思考，以增加創造性的想法。

(2) 腦力激盪的過程中不一定在每一個領域中的想法都要一樣多，也可能組織中心就會比較偏向某一些科目或是領域。

(3) 腦力激盪的活動結束後，將腦力激盪的想法開始整理。把類似或是相同的想法歸類之後，開始評估這些想法或是溝通這些想法，以確定每一位參與腦力激盪的成員都了解每一個列在輪狀表格中的想法，並且剔除不適當或是不可行的想法。

　　如圖 5-3，各學科教師依照自己所熟悉的領域或學科開始進行腦力激盪。儘可能的提出想法，通常愈多的想法愈能夠創造出好的結果；腦力激盪的時候，不論想法有多麼怪異或另類，都要一一列入輪狀圖裡。等到想法有一定的數量後再將各學科領域的界限予以拆除，如圖 5-4，以便能就其中的想法進行整理的工作。

**4. 建立引導式問題**

　　將整理好的想法列出並且開始思考這些「想法」是由哪一種問題所引導出來的，將問題一一列出，並且將問題予以排列。

　　表 5-3 是將已經分類的想法，開始思考它們所引導的問題，因為只有在「解決問題」的時候，個人才會用統整的觀點去看問題，並且用統整的態度去解決它們。這個時候，學科似乎不再是解決問題的歷程中會去思考的重點。從各類想法中歸納出引導的問題也代表課程的設計中課程的範圍，而引導的問題有其先後教學的順序則是代表了課程的順序，範圍與順序是計畫課程時，所要依據的最重要的組織原則。

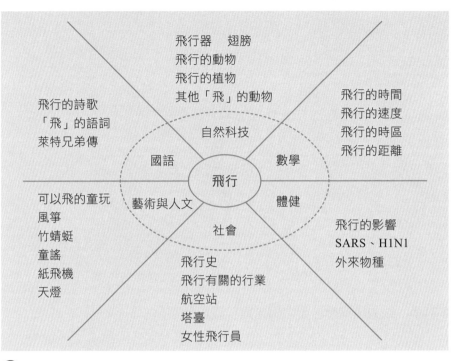

飛行器　翅膀
飛行的動物
飛行的植物
其他「飛」的動物

飛行的詩歌
「飛」的語詞
萊特兄弟傳

飛行的時間
飛行的速度
飛行的時區
飛行的距離

自然科技

國語　　　　　數學

飛行

藝術與人文　　　體健

社會

可以飛的童玩
風箏
竹蜻蜓
童謠
紙飛機
天燈

飛行的影響
SARS、H1N1
外來物種

飛行史
飛行有關的行業
航空站
塔臺
女性飛行員

圖5-3　腦力激盪

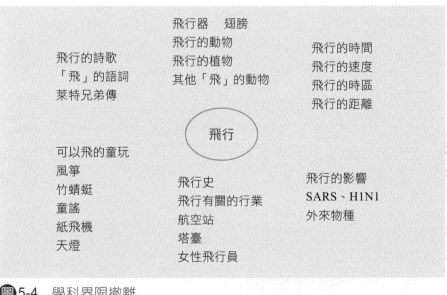

飛行器　翅膀
飛行的動物
飛行的植物
其他「飛」的動物

飛行的詩歌
「飛」的語詞
萊特兄弟傳

飛行的時間
飛行的速度
飛行的時區
飛行的距離

飛行

可以飛的童玩
風箏
竹蜻蜓
童謠
紙飛機
天燈

飛行史
飛行有關的行業
航空站
塔臺
女性飛行員

飛行的影響
SARS、H1N1
外來物種

圖5-4　學科界限撤離

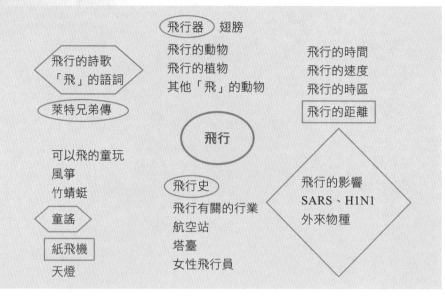

**圖5-5** 腦力激盪想法整合與分類

**表 5-3** 統整課程之引導問題

| 腦力激盪的想法 | 引導出的問題 |
|---|---|
| 萊特兄弟傳 | 誰發明飛機的？ |
| 飛行器 | 飛行的工具有哪些？ |
| 飛行史 | 飛機是如何演進的？ |
| 飛行的動物 | 飛行的動物有哪些？<br>它們的翅膀構造都一樣嗎？<br>飛鼠、飛魚真的可以飛嗎？ |
| 飛行的植物 | 有哪些植物的種子是藉風力傳播？<br>植物的種子如何飛行？ |
| 童玩<br>風箏<br><br>竹蜻蜓 | 有哪些可以飛的童玩？<br>如何製作風箏？<br>如何讓風箏可以飛得更高？<br>如何製作竹蜻蜓？<br>如何讓竹蜻蜓飛得更高？ |

| 天燈 | 如何製作天燈？<br>天燈有什麼意義？ |
|---|---|
| 童玩<br>　紙飛機　<br>飛行的距離 | 有哪些可以飛的童玩？<br>如何折紙飛機？<br>如何讓紙飛機飛得更遠？ |
| 飛行的詩歌<br>「飛」的語詞 | 有哪些抽象的東西可以用「飛」來形容？<br>有哪些有關「飛」的詩歌？<br>有哪些有關「飛」的兒歌？ |
| 飛行的影響<br>SARS、H1N1 | 飛行對人類的影響是什麼？<br>有哪些境外移入的疾病？ |

　　將表 5-3 中所有的問題萃取出來，並且決定最後納入課程中的問題。

　　這些由腦力激盪的想法所衍生的問題就等於是統整課程的範圍，而問題依照基本到深入的程度先後一一的排列，就形成統整課程的順序（如表 5-4）。最後才將現行學科的單元對應問題，納入教學的內容；對於缺乏單元對應的問題，就需要教師進行自編教材的工作。

表 5-4 ) 排列統整課程之引導問題

| 腦力激盪的想法 | 引導出的問題 | 配合現有的單元 |
|---|---|---|
| 飛行的詩歌<br>「飛」的語詞 | 什麼東西可以「飛」？ | 國語：成語<br>自然科技：動物大會師（活動一）：動物的身體<br>自然科技：動物大會師（活動二）：動物怎樣運動 |

| | | |
|---|---|---|
| 萊特兄弟傳 | 誰發明飛機的？ | 國語第四課：想飛的小孩 |
| 飛行器 | 飛機是如何演進的？ | 社會科：第二課（蒐集資料的方法） |
| 飛行史 | 飛行的工具有哪些？ | 社會科：第二課（蒐集資料的方法） |
| 童玩<br>紙飛機<br>飛行的距離 | 有哪些可以飛的童玩？<br>如何折紙飛機？<br>如何讓紙飛機飛得更遠？ | |
| 竹蜻蜓<br><br>風箏<br><br><br>天燈 | 如何製作竹蜻蜓？<br>如何讓竹蜻蜓飛得更高？<br>如何製作風箏？<br>如何讓風箏可以飛得更高？<br>如何製作天燈？<br>為什麼要放天燈？ | 數學：周長、長度、除法<br><br><br>數學：周長、長度、除法 |
| 飛行的動物 | 飛行的動物有哪些？<br>它們的翅膀構造都一樣嗎？<br>飛鼠、飛魚真的可以飛嗎？ | 自然科技：動物大會師（活動一）：動物的身體<br>自然科技：動物大會師（活動二）：動物怎樣運動 |
| 飛行的植物 | 有哪些植物的種子是藉風力傳播？<br>植物的種子如何飛行？ | 社會科：第二課（蒐集資料的方法） |
| 飛行的影響<br>SARS、H1N1 | 飛行對人類的影響是什麼？<br>有哪些境外移入的疾病？ | 社會科：第二課（蒐集資料的方法）<br>全球化議題 |

所有的想法與引導的問題一旦完成，並且將其按照學習的難易度或是抽象程度排列完成，就可以檢視現行的單元或教材，將各學科的單元一一排入作為對應；至於那些找不到對應單元的問題，教師就必須自編教材。運用此種設計方法，不僅將現行教材納入統整的範圍，而且因為它們是用引導問題的方式處理，更能看出統整的意義，相信這樣的設計會使統整課程看起來有統整的效果，雖然在設計的時候會花比較多的時間，更多人際的互動，但是卻能讓統整更自然與順暢。

**5. 發展活動**

　　分別就提出的引導問題開始發展活動。因為活動是使學生開始檢視他們在每一個問題中可以從事的學習。教師要將每一個解決問題的活動列出學生要完成的具體行為目標，這些目標的撰寫最好能根據 Bloom 目標的形式。同時教師也要將所有的目標做一檢視，以確定這些活動不是僅僅增加學生的記憶而已。

　　當統整課程的順序與範圍確定，對應的單元與活動的設計至少必須包括活動名稱、活動目標、活動步驟與活動評量等四項內容。以下的教學示例僅就其中一個引導問題「什麼東西可以飛？」從課程到教學的過程顯示，教師仍然可以就各年級的各學科主題找到可以形成統整課程的中心，進而發展成為教學的活動，在教學活動中引入現行單元的資料，或補充或插入。因為有問題的引導會使得這樣統整的單元彼此之間的層次、順序、範圍透明化，加強統整的效能，期盼這樣的統整可以為學校打開另一扇統整的窗。

# 教案示例

圖八：統整課程：飛行

| 活動名稱：什麼東西可以飛？ | 設計者：任慶儀 |
|---|---|
| 教學時間：四節課 | 適用年級：三年級 |
| 統整學科：國語、自然科技、社會 | |

配合單元：國語第四課：想飛的小孩
　　　　　自然科技第二單元：動物大會師
　　　　　社會第五單元第二課：探索家鄉地名（蒐集資料的方法）

活動目標：1. 學生能說出可以飛行的動物。
　　　　　2. 學生能說出昆蟲和鳥類翅膀構造的不同。
　　　　　3. 學生能說出人造的飛行器種類。
　　　　　4. 學生能說出可以用「飛」形容的東西。
　　　　　5. 學生能在圖書館查詢動物百科全書蒐集資料。
　　　　　6. 學生利用網路查尋人造飛行器並列印出圖片。
　　　　　7. 學生願意參與討論。

設計理念與教材分析：
本活動是統整三年級下學期各學習領域單元中的主題與概念，作為科際間統整的活動，讓學生於自然情境中以「飛行」這樣的主題跨越學科的限制學習。透過本活動可以將語文領域中的閱讀能力、社會領域中的資訊融入學習的能力，以及自然科技中的知識統整在活動中一起進行，再加上「創造性」的想法讓學生想像世界上所有可以用「飛」字形容的意像，在活動中加上了趣味性。

| 教學活動流程 | | | | |
|---|---|---|---|---|
| 活動目標 | 教學活動 | | 教學資源 | 學習評量 |
| | ＜可以飛行的動物＞ | | | |
| 學生願意回答問題 | Q1：比較範例中標示 YES 和 NO 的動物有什麼不同？ | | | |
| | YES | NO | | |
| 學生能分辨出動物外形的特徵 | | | 動物圖片 | |

| | | | | |
|---|---|---|---|---|
| | | | | |
| | | | | |
| 學生能說出具有翅膀的動物 | Q2：你可以舉更多的 YES 和 NO 的例子嗎？（各組搶答） | | 網路蒐集資料 | 小組競賽發表 |
| 學生能說出動物運動的方式 | Q3：比較範例中標示 YES 和 NO 的動物有什麼不同？ | | 動物圖片 | |
| 學生能說出以飛行為運動的動物 | YES | NO | | |
| | | | | |
| | | | | |
| | | | | |
| 學生能利用網路搜尋資料 | Q4：你可以舉更多 YES 和 NO 的例子嗎？ | | 網路蒐集資料 | 小組競賽發表 |
| | ＜昆蟲和鳥類翅膀結構的不同＞ | | | |
| | Q5：比較範例中標示 YES 和 NO 的動物有什麼不同？ | | | |

學習型態，再添加上每一小活動都有發表的機制，讓學習權回轉到學生的身上，使學生更能有學習的參與感。

## 參考文獻

### 中文部分

李坤崇、歐慧敏（2001）。**統整課程理念與實務**（第二版）。臺北：心理出版社。

徐世瑜（2002）。**統整課程發展：協同合作取向**。臺北：心理出版社。

國立臺中師範學院附設實驗國民小學（2000）。**九年一貫課程試辦成果彙編**。臺中：作者出版。

### 英文部分

Bloom, A.（1987）. *The closing of the American mind.* New York: Simon and Schuser.

Drake, S.（1993）. *Planning integrated curriculum: The call to adventure.* Alexandria, VA.: ASCD.

Erekson, T. & Shumway, S.（2006）. Integrating the study of technology into the curriculum: A consulting teacher model. *Journal of Technology Education, v.18*, no.1, 27-38.

Fogarty, R.（1991）. *The mindful school: How to integrate the curricula.* Palatine, IL.: Skylight Publishing.

Fogarty, R. & Stoehr, J.（1991）. *Integrating curricula with multiple intelligences: Teams, themes, and threads.* Palatine, IL: Skylight Publishing, Inc.

Hirsch, E. D., Jr.（1987）. *Cultural literacy.* Boston: Houghton-Mifflin.

Jacobs, H. H.（1989）. *Interdisciplinary curriculum: Design and implementation.* Alexandria, VA.: ASCD.

Joyce, B. & Weil, M.（1986）. *Models of teaching*（3rd ed.）. Englewood Cliffs, N. J.: Prentice Hall.

Lake, K. (2009). *Integrated curriculum*. Portland: Northwest Regional Educational Laboratory.

Loepp, F. (1991). *Science, mathematics, and technology education*. Paper presented at the Mississippi Valley Industrial Teacher Education Conference, Nashville, TN.

Osborn, A. F. (1963). *Applied imagination*. New York: Charles Scribner.

Shoemaker, B. (1989). *Integrative education: A curriculum for the twenty-first century*. Oregon School Study Council33/2.

第 *5* 章　課程統整設計

# 第 6 章

# 公民行動取向
# 課程設計模式

陳麗華
臺北市立教育大學課程與教學研究所教授兼所長
陳達萱
臺北市南港區修德國民小學教師

## 本章綱要

## 壹 前言

「公民行動取向課程設計模式」是由陳麗華與彭增龍於 2007 年所提出的，此一課程設計模式，希望培養學生「積極能動的全球公民資質」，以「理性正義，感性關懷」雙核心價值為主軸，透過「覺知與關懷」、「探究與增能」及「公民行動」三個步驟，使學生在覺知某一現象與議題後，培養其探究及解決問題的知能，最後發揮改造社會的行動能力，達成「全球視野，在地行動」的課程目標。此課程設計模式之前身即為陳麗華、彭增龍與張益仁於 2004 年所提出之「社會行動取向課程設計模式」，社會行動取向課程模式以社區或公共議題為探討主軸，先學習且覺知議題，繼而深入探究議題，並進行增能活動，以增進師生解決問題的知能，最後規劃和採取公民行動，解決問題。然而，此一模式並未明白揭示情意目標的位置，由美國的女教育學家 Nel Noddings 在 1984 年所提出的關懷倫理學（方志華，2004）正好可以加強此部分的不足。因此，陳麗華、彭增龍（2007）便將關懷倫理學的精神融入此模式中，發展出「公民行動取向課程設計模式」，使之更有根基、更明確的揭示情意目標，期望引發學生更紮實、更持久的行動力。

本章的第一部分先探討公民行動取向課程設計模式的主要立論基礎——社會重建主義及關懷倫理學，第二部分探討公民行動取向課程設計模式的發展，第三部分介紹「愛讓世界發光」公民行動取向全球議題課程。茲說明如下：

## 貳 公民行動取向課程設計模式的立論基礎

社會行動取向課程設計模式是公民行動取向課程設計模式的前身，其立論淵源包括公民社會的相關論述、批判理論、多元文化主義、後現代主義、後殖民主義以及課程改革的趨向等（陳麗華、彭增龍、張益仁，2004）。其具有社會重建主義的基調，同時，加入了關懷倫理學發展成公

民行動取向課程設計模式。本節僅就社會重建主義及關懷倫理學加以探討說明：

## 一、社會重建主義

社會重建主義哲學始於 19 世紀早期的社會主義與烏托邦的概念，而之後的經濟大恐慌更給予它重生與新生命（方德隆譯，2004：92）。當時進步主義教育運動正處於顛峰，但因美國經濟的大蕭條，社會經濟紊亂，致使某些重量級的進步主義教育者有所醒悟。他們認為進步主義太過注重兒童中心教育，但以當時美國空前的經濟困頓而言，人們需要的是以社會為中心的教育，以使社會有重建的機會（陳麗華、彭增龍、張益仁，2004；李涵鈺、陳麗華，2005）。

美國社會重建主義者大師 George Counts 在其著作《學校敢於建立社會新秩序嗎？》（*Dare the School Build a New Social Order?*）中提到：教育是社會更新的力量，必須與其他維繫社會秩序的力量結合，學校必須成為建立文明的中心，而不只是沉思文明的地方。所以他不只斥責當時進步主義的缺失，更挑戰學校是否敢於進步，改變之前維持階級利益的元兇身分，承擔社會的改革責任，建立新的社會秩序。此書充滿 Counts 認為學校教育應協助解決社會問題，引導社會變遷的色彩（方德隆譯，2004）。

不同於 Counts 的大聲疾呼，另一位社會重建主義代表者 Harold Rugg（1886-1960）是將其理念實務層面結合的學者。他致力於研發學校課本，以美國當時各種社會問題為核心，發展一套名為《人類及其變遷中的社會》（*Man and His Changing Society*, 1929-1932）的初中社會教科書，以社會批判的精神，期望學習者能使用自社會科學以及美學所產生的新興概念，去辨別以及解決現今社會的問題（McNeil, 1996: 33）。Rugg 認為所有的學習可採當代生活的「問題」（problems）與「議題」（issues）作為課程組織的原則，培養學生深究問題與解決問題的能力，期能跟得上當時的美國社會生活，藉由這樣的實際行動與真實探究，讓學生個人學習經驗與社區生活產生聯繫（李涵鈺、陳麗華，2005：41）。

　　由此二位社會重建主義代表者的理念與想法，可以發現社會重建主義不同於之前的社會適應主義，他們都認為教育不僅是使學生適應社會，學校教育更應該引導學生對生活的「問題」（problems）與「議題」（issues）加以深究，並培養其解決問題的能力，以負起改造社會的責任，這些都與公民行動取向課程設計模式的精神相同。雖然公民行動取向課程設計模式與社會重建主論具有相同的基調，然則社會行動取向課程的核心概念，與社會重建論計畫性、由教育主導建立社會新秩序的理想有所差異；且在實踐上已然再概念化。茲將兩者比較羅列如表 6-1。

　　在社會行動取向課程的教學歷程中，可以藉由社會重建論的再概念化與本土實踐，產生雙螺旋的學習動能，孕育具有公民知能與社區行動的公民；更能透過社區學習、探究及行動的課程發展，結合在地資源，重新建構社區主體意識與本土認同的知識；其後，加入關懷的力量與全

**表 6-1** 社會重建論的古典內涵與再概念化特性比較

| 差異向度 | 古典內涵 | 再概念化特性 |
|---|---|---|
| 教育目的 | 改進與重建社會。<br>建立新秩序。 | 深化民主生活。<br>邁向公民社會。 |
| 知識觀 | 有用的知識，是指能確認及改進社會的技能與學科。 | 強調知識重構、揚棄知識霸權，向社區學習與在地化實踐。 |
| 學習觀 | 學習是主動的，並且與現在及未來社會有關。 | 學習是主動的、合作參與的，而且是生活體驗和實踐的歷程。 |
| 教師角色 | 教師為改變和改革的代理者。教師即計畫的指導者及研究的領導者。教師的任務在協助學生知道人類遭遇的問題。 | 教師為社會改革的媒介者。<br>教師即公民行動的參與者。<br>教師與學生在活動中處於平等互動的關係。 |
| 學生角色 | 社會制度的學習者。 | 公民社會的學習、探究與行動者。 |
| 課程焦點 | 檢視社會、經濟和政治問題，且重視現在和未來趨勢，以及國內與國際議題。 | 透過在地化、多元性的主題與議題，發展具公民效能的課程與教學。 |

資料來源：陳麗華、彭增龍、張益仁（2004）。課程發展與設計：社會行動取向（頁207）。臺北：五南圖書出版公司。

球觀的視野，形成公民行動取向課程模式，如此累進，循環回饋，必可引導學生育成公民素養，進而體現地球村民的責任，成為世界公民的中堅份子。

## 二、關懷倫理學

　　社會行動取向課程傾向從理性正義觀點思考當前社會所需要的公民，它認同人民的力量是在行政、立法、司法三權之外，維護民主體制的第四根支柱。因此，公民教育的首要之務，就是要培育學生具有積極能動的公民資質（active citizenship），俾使在民主社會裡能真正當家作主，落實社會正義與公民社會的理想（陳麗華、彭增龍，2007）。然則，此一模式並未明白揭示情意目標的位置，而由美國的女教育學家 Nel Noddings 在 1984 年所提出的關懷倫理學（方志華，2004）正好可以加強此部分的不足。

　　方志華於《關懷倫理學》一書中歸納多位學者之立論與想法，得到關懷倫理學主張的內涵為：

1. 關懷處於道德核心的發動地位，也就是道德的源頭。
2. 人存在就有相互依存的關係，而關懷關係就是人心嚮往的道德理想，因為在關懷的施與受及情意溝通之中，人性便能獲得自由。
3. 對道德教育主張：良好的親密關懷建立，是人性道德發展的基石，因關懷關係而產生的道德自我感，能增進道德實踐的動力。
4. 對道德的論述重視道德理解的溝通過程勝過於道德知識的論證程序。
5. 民主社會應以關懷的立場照顧社會中多元而有個別差異的需求，而非站在正義與自由主義的立場給予人人齊頭式的假平等對待。
   （方志華，2004：3-4）。

　　關懷關係的完成，終於「受關懷者」的領會，但受關懷者不只是被動的接受關懷，也會對關懷者有所回應，受關懷者在關懷關係中最大的貢獻就是「體現自由」，因為這意味著關懷者完全接受了受關懷者，所以受關懷者才能自在的展現自己、開展自己的未來，體現完全的自由。

同時，當受關懷者因為受到關懷而表現出其感受和滿足時，關懷者的關懷動機也因此加強、其關懷實踐能力與信心也因此增加，更肯定了人的價值。「關懷者」與「受關懷者」在完成關懷關係的歷程中，所獲得的獨立自主與自由開展，便是關懷關係完成所呈現的價值，而最有意義的的關係是助他成長和自我實現。

本研究之實驗課程所採用的公民行動取向課程設計模式，就是希望學生能具備關懷的能力，結合理性正義與感性關懷之雙核心價值，使學生藉由幫助他人成長與自我實現，維持自己的行動力並自我實現。人類在關懷關係中的助他成長與自我實現，以關懷為基礎增進實踐的動力，同時在公民教育和社會教育方面，關懷與參與使得學生增進行動力、公民的參與力和民主感。是以，本研究的實驗課程便是以關懷為情意目標，希望學生能關懷世界上受飢餓與貧窮所苦的人們，並且對他們持續付出關懷。為減少關懷遠方人們會遇到的困難，必須要注意多提供當地的資料，並且透過「學習與覺知」、「探究與增能」兩個階段的學習，啟發學生對世界貧窮的關懷，進而將關懷化為行動，使學生因真心關懷而能擁有持續的動力，盡自己的力量給予遠方貧窮的人們關懷與幫助。

## 參 公民行動取向課程設計模式的發展

「公民行動取向課程設計模式」是由陳麗華與彭增龍於 2007 年所提出。此課程設計模式之前身即為陳麗華、彭增龍與張益仁於 2004 年所提出之「社會行動取向課程設計模式」，社會行動取向課程模式係以社區或公共議題為探討主軸，先學習且覺知議題，繼而深入探究議題，並進行增能活動，以增進師生解決問題的知能，最後規劃和採取公民行動，解決問題。之後，為更明確的揭示情意目標，陳麗華、彭增龍（2007）將關懷倫理學的精神融入此模式中，發展出「公民行動取向課程設計模式」，使之更有根基，期望學生能因此被激發出主動又有持續性的行動力。

以下先說明「公民行動取向課程設計模式」的前身——「社會行動

取向課程設計模式」的意義與其教學原則及方法，然後再探究由「社會行動取向課程設計模式」發展而成的「公民行動取向課程設計模式」。

# 一、社會行動取向課程設計模式

## (一)社會行動取向課程的意義

在社會學中「社會行動」（social act）有兩種涵義，一為符號互動論中的「社會行動」，所指的是「個體與他人的互動」（馬康莊、陳信木譯，2003：541；程繼隆，1995：272）；另一種為群體本身的集體努力，即企圖改變社會或組織的力量（程繼隆，1995：272）。本節社會行動取向中之社會行動，較接近後者，是公民具體展現對所屬社區或社會議題改造力量的作為，它植根於「體現公民社會生活」與「施展直接民權」兩種基礎（陳麗華、彭增龍、張益仁，2004：10）。也就是說，透過對社區議題的認知及參與社區活動，人們關心生活周遭的人事物及環境，加以理解、探究，並且試著解決問題，這樣的行動便是體現公民社會生活的行動，也能因之提升公民效能；此外，這樣由下而上，由公民直接發聲的社會行動，更是民主社會中施展直接民權的最佳表現。

從民國 86 年開始醞釀的「社會行動取向課程」，經由陳麗華等人長時間以專案研究、行動研究、教科書編輯的工作坊及建教合作、協同教學等方式，結合將近 20 所國民小學的合作，進行課程的發展與設計及在教育現場進行實驗教學印證與修正回饋（許瑞文，2007），至今已與多所學校合作完成「社會行動取向的校本課程」，並已完成多套社會行動取向課程的設計與實施，期待學生在一連串的「學習－探究－行動」的過程中，能啟發學生成為有效能的公民，增進學生的公民效能感（civic efficacy）進而體現公民社會生活（陳麗華、彭增龍、張益仁，2004）。

綜上所述，「社會行動取向課程」如此大力的被推廣，就是希望藉由這樣的課程，增進學生的公民效能，使學生了解他們就是公民，必須要有獨立思考及判斷力，對社區或社會的公共議題能進行探究，並且規劃解決問題的方案，採取改造社會的行動，負起公民的責任。

(二) 社會行動取向的課程設計模式

　　社會行動取向課程是以社會行動為目的的課程，也就是以社會議題為中心，追求公平正義、關懷社會人群、表現公民意識及施展直接民權，以社會行動的實踐為手段與目的，並且採取多元觀而設計的課程（林俐君，2004）；社會行動取向的課程設計，是以反省實踐的教學模式呈現帶動社會轉型的創新教學，也就是社會科的第四個傳統、第四個取向（見表 6-2 的第四欄），強調反省實踐（reflective praxis）與社會行動力的培養。表 6-2 是由 Barr、Barth 和 Shermis（1977）所分析推演的社會科學習取向，雖然四種取向皆以涵養學生公民資格為目的，但第一、二種取向以教師為主體，以知識灌輸為主，不符合現代社會科教學的趨勢；第三種取向已轉向學生為學習的主體，重視反省與探究，也有社會參與的概念，但是社會行動的部分仍然不足；第四個取向重視反省論辯與實踐能力，便是社會行動取向的社會科學習（陳麗華、彭增龍、張益仁，2004）。

　　社會行動取向課程所採取的是社會重建的課程觀，而非社會適應，其教學歷程包含三個彼此銜接連續的層面（許瑞文，2007），即學習與覺知階段、探究與增能階段與公民行動三個階段，每一階段皆有其理念與教學重點（參見圖 6-1），茲說明如下：

### 1. 學習與覺知層面

　　學習與覺知階段主要以社區為教室，讓學生對社區的現象、議題能有所發現，以社區文獻、人物、機構和人文自然現象為師，進行廣度學習，不管是師生踏出校門學習，還是將社區中可供學生學習的人、事、物引進校園，希望藉由社區的多面學習，培養學生的社區意識，並協助學生體認此一學習乃是個人盡公民責任、參與公共事務的基礎。在此階段的社區學習中，教師在廣度學習時應開發多樣化的機會來發展學生的多元智能，並且培養學生認同本土、涵育多元文化的觀點，期能尊重和欣賞社區的多元文化。

(1) 學習與覺知層面的教學原則

　　教育家杜威（John Dewey）曾說：「教育即生活。」他也說：「由做

表 6-2 社會科學習的四個取向

| 取向 類別 | 第一種取向 | 第二種取向 | 第三種取向 | 第四種取向 |
|---|---|---|---|---|
| | 以傳遞公民資格模式教社會科（Citizenship Transmission Mode1） | 以社會科學模式教社會科（Social Science Model） | 以反省探究模式教社會科（Reflective Inquiry Model） | 以反省實踐模式教社會科（Reflective Praxis Model） |
| 目的 | 最能增進公民資格的作法是：灌輸正確價值觀，以為作決定的參考架構。 | 最能增進公民資格的作法是：精熟社會科學各種概念、過程及問題，以為做決定的基礎。 | 最能增進公民資格的作法是：透過探究的過程，而在此過程中所用到的知識是源自公民作決定和解決問題所需的知識。 | 最能增進公民資格的作法是：透過不斷反省實踐的過程，啟發學生的歷史意識、批判意識，培養民主溝通的能力與態度，終而採取負責任的社會行動。 |
| 方法 | 傳遞：透過教科書背誦、講述、問答時間，以及結構化問題解決作業等教學技術，來傳遞概念和價值觀。 | 發現：每一門社會科學都有其蒐集和驗證知識的特殊方法。學生必須發現和應用每一門社會科學的適切方法。 | 反省探究：作決定的知能是透過反省探究的過程來形塑和訓練。而此一反省探究過程旨在確定問題，以及檢測各種見解，以回應衝突情境。 | 反省論辯與實踐：在教室內對話論辯和教室外的社會參與行動，都注重反省、批判、民主、多元觀點、理性論辯以及實踐行動等精神。 |
| 內容 | 教學內容是由教師認定的權威所選定的，並且具有說明價值、信念和態度的功能。 | 適切的教學內容就是社會科學結構、概念、問題以及過程。 | 學生自我選定的問題就是反省探究的內容。而分析每個公民的價值、需要和興趣等，是學生選擇問題的基礎。 | 反省論辯的內容取自真實社會的生活，包括：學術性議題（例如：評量等級、校規等合現性），以及社會性議題（例如：社會事件、社區問題、公共議題等）。 |

資料來源：陳麗華、彭增龍、張益仁（2004）。課程發展與設計：社會行動取向（頁55）。臺北：五南圖書出版公司。

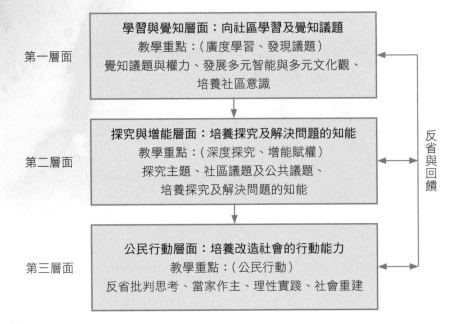

第一層面 — 學習與覺知層面：向社區學習及覺知議題
教學重點：（廣度學習、發現議題）
覺知議題與權力、發展多元智能與多元文化觀、
培養社區意識

第二層面 — 探究與增能層面：培養探究及解決問題的知能
教學重點：（深度探究、增能賦權）
探究主題、社區議題及公共議題、
培養探究及解決問題的知能

第三層面 — 公民行動層面：培養改造社會的行動能力
教學重點：（公民行動）
反省批判思考、當家作主、理性實踐、社會重建

反省與回饋

**圖6-1** 社會行動取向課程設計模式

資料來源：陳麗華（2005）

中學（learning by doing）。」可見教育應與學生生活經驗結合，讓其在生活周遭的情境，也就是「社區」來學習，並且採多元活潑的方式，讓學生親身參與動手做，在過程中更應掌握六項原則，參見表 6-3。

(2) 學習與覺知層面的教學方法

學習與覺知層面的教學方法如表 6-4。

**2. 探究與增能層面**

社區探究層面旨在發展學生的探究能力，增進學生解決問題的能力，使學生能從廣泛的社區學習中，發掘感興趣的議題或主題，進行深入的探究活動，以增進其研究問題的能力。學生學到的研究能力，包括：使用圖書館、網路和其他社區機構的資源、訪問，以及作記錄、整理分析資料。然而探究取向的學習不應只是蒐集資料、進行閱讀、重整別的作者既有的文本知識（knowledge printed in authoritative texts），而形成知識的加工或再製造（reproduce knowledge）（Bloome & Egan-Robertson, 1998）。教師應該引導學生成為研究者，運用發展探究工具及學

表 6-3 學習與覺知層面的教學原則

| 原則 | 主張 | 教學重點 |
|---|---|---|
| 意義性 | 透過具有深刻意義的目標和內容，促進學生對社會的了解，增進學生的公民素養。 | 必須注意學生是否在教師聚焦於某一概念或議題的教學過程中，能有深入的理解與評價，並在實際生活中加以運用。 |
| 統整性 | 社區學習的課程內容必須跨越學科領域，統整各種教學資源與活動；跨越時間與空間的範疇，接續過去的經驗與未來的展望。 | 整合運用多元的教學媒材，教導學生利用網路全球化的特性蒐集資料、撰寫報告、交換資料、進行溝通。 |
| 價值性 | 兼顧學習課題的倫理性與爭議性，提供學生反省、思考的機會。 | 進行價值澄清，確保學生能辨識不同的理念和價值觀，尊崇周全論證的立場，銳察多元文化的同質性與差異性。 |
| 挑戰性 | 有效的教學應鼓勵學生以個別或團體的形式，迎接課業、活動和作業的挑戰。 | 採合作學習的方式，透過提問，鼓勵學生針對學習的主題，分組討論，挑戰既有的思維與思考模式，並透過同儕與師生間的對話和論辯，檢視觀念的合理性與論證的完整性，從而協助學生建立新理解。 |
| 主動性 | 教師的主動性在於設計與調整課程計畫的自主性；學生的主動性在於主動建構意義的過程。 | 教師與學生的主動性互有消長：當學生漸能自主學習時，教師的協助可逐漸減少。 |
| 真實性 | 讓學生對生活周遭的社區進行真實性的學習，以培養社區意識與鄉土認同。 | 以多元且真實的方式進行教學評量，展現學生的學習成果。 |

資料來源：林淑華（2005）。中年級社會教科書中社會行動取向教材之分析研究，未出版。整理自陳麗華、彭增龍、張益仁（2004）。課程發展與設計：社會行動取向（頁104、105）。臺北：五南圖書出版公司。

術技能，從事有系統的了解和詮釋舊有或不熟悉的現象。在探究過程，教師可以引導學生進行教室內的對話論辯，幫助學生澄清自己探討某問題的原因，需要運用什麼學科知識解決問題？如何解釋現象？證據為何？如同受過訓練的研究員一般，學生能自由選擇媒介和方法，跨越已知的知識和技能，創造新知識並與人分享（Bloome & Egan-Robertson, 1998;

表 6-4 學習與覺知層面的教學方法

| 方法 | 內容說明 | 示例 |
|------|---------|------|
| 蒐集資料 | 進行相關資料的蒐集與閱讀，對照社區現場的教學活動，以利廣泛認知學習。圖書、文獻、網路搜尋……都是常見的資料蒐集方式。 | 蒐集胡桶古道及北部其他古道的資料，讓學習者對古道有一個初步的了解。 |
| 解說活動 | 將社區內的自然或人文環境特性等各類資訊加以串連整合，經由解說人員、各種媒體或活動方式傳達給學生。 | 參觀坪林生態園區中的「陸羽亭」時，解說茶神陸羽的故事。 |
| 參觀活動 | 參觀地方機構、設施、景點、莊園、商店……等，事前必須妥善聯繫欲參觀的機構，安排行程，討論注意事項，及參觀重點等。 | 參觀茶業博物館，了解茶葉的相關產業。 |
| 調查活動 | 運用調查的方法可以得到第一手的資料，例如社區的產業調查、人口調查、居民職業調查、社區圖書館藏書調查……等。 | 調查住家附近的水污染情形，以了解生態環境是否受到污染。 |
| 描繪活動 | 藉由描繪的過程統整自己所建構的概念，同時加深學習印象。描繪的對象包括社區的景觀建築、物品器具、大自然的事物……等，所運用的媒材可以是線畫、彩繪、素描、拓印……等。 | 拓印茶葉及描繪茶業博物館的建築外觀，以加深學習的印象。 |
| 發表活動 | 發表主要的目的在於呈現學生學習後的成果，同時增進相互觀摩的機會，教師亦可在學生發表的時候進行真實評量。 | 分組或個人口頭報告、心得分享，各種作業、檔案資料、圖畫、作品呈現來介紹胡桶古道。 |
| 表演活動 | 用表演活動引起學生的學習興趣，引導學生將自己所學習到的知識、技能、習慣、態度和理想，透過表演的方式展現出來；同時也能增進同儕觀摩的機會，提升學生的學習效益。表演的方式包含：角色扮演、情境模擬、裝扮、展示……等。 | 想一想「北勢溪的煩惱」，將想法表演出來。 |

資料來源：陳麗華、彭增龍、張益仁（2004）。課程發展與設計：社會行動取向（頁106）。臺北：五南圖書出版公司。

Curry & Bloome, 1998），因此，溝通和論辯能力、團隊合作和分享等態度亦十分重要。社區探究階段的教學歷程，不同於傳統的教學，兩者在知識觀、學習觀及學生角色方面有很大的不同，茲將兩者之差異列於表6-5，從表中可看出社會行動取向課程在探究與增能層面的精神。

(1)探究與增能層面的實施原則

陳麗華等人認為社區的探究與增能層面，是以學生在前一個學習層面所得到的社區相關領域之初步知識為基礎，進行深入的探究，以便得到深層並有意義的學習。社區的探究包括主題探究和議題探究兩種，在教師的引導下，學生主動學習，從社區獲得第一手的資料，經由不斷的

表 6-5　探究取向方案與傳統方案的比較

| 比較項目與差異 ＼ 方案類別 | 探究教學 | 傳統教學 |
|---|---|---|
| 知識觀 | ・知識經創造、建構而成（Curry & Bloome, 1998）。<br>・知識來源：社區、家人、朋友、學生自己（Bloome & Egan-Robertson, 1996）。 | ・知識是被給予的（Curry & Bloome, 1998）。<br>・知識來源：某作者的文本（Bloome & Egan-Robertson, 1998） |
| 學習觀 | ・使用新的、有系統的方法，重新了解舊的或不熟悉的現象，融入學術目的或用途（Bloome & Egan-Robertson, 1998）。<br>・創造新知識（produce knowledge）。<br>・了解及說明知識使用或產生的觀點。<br>・有明顯的學生聲音（觀點）。<br>・產生新知識。 | ・再製知識（reproduce knowledge）（Bloome & Egan-Robertson, 1998）。<br>・沒有明顯的學生聲音（觀點）。 |
| 學生角色 | ・探究現象、測試、解決問題、產生和分享新知識。<br>・學生即研究員（Bloome & Egan-Robertson, 1998）。 | ・意義的創造者。<br>・蒐集資料、重組知識。<br>・學生即是蒐集者、組織者、報告者。 |

資料來源：陳麗華、彭增龍、張益仁（2004）。課程發展與設計：社會行動取向（頁58）。臺北：五南圖書出版公司。

反省批判，建構自己的知識，經過此一增能賦權的階段，培養學生愛鄉之情懷，並激發學生改造社區的行動，最後體現公民的意識。

在教師引導學生進行社區探究時，應注意三大面向，整理如表 6-6。

(2) 探究與增能層面的教學方法

社區探究透過實地踏查、採訪、口述歷史、調查統計、分析資料、辯論與價值澄清等各有特色的教學方法，進行學習的強化與深化。教師應依照學生的能力，循序漸進，由簡入繁、由淺及深，探究內容應與學

表 6-6 ▎探究與增能層面的實施原則

| 層面 | 原則 | 主張 |
|---|---|---|
| 如何蒐集議題或主題 | 相關性 | 由社區人、事、物尋找探究的主題，讓學生感受切身的相關性。 |
| | 延伸性 | 延伸社區學習層面對社區的認識，進一步針對社區內相關議題或主題，進行深入的探究。 |
| 如何選擇議題或主題 | 爭議性 | 以爭議性的問題為探究核心，學生在歷經價值衝突的情境下，進入更深層的探索與辨證的過程。 |
| | 經驗性 | 探究的內容能和學生的生活經驗及關懷層面相結合，不宜太過抽象。 |
| | 反省性 | 引發學生的批判思考能力，主動蒐集、建構、運用第一手的資料，作為價值判斷的標準。 |
| | 實踐性 | 啟動學生實踐的動力，議題才能在生活中發揮實質意義，改造社區。 |
| | 興趣性 | 配合學生感興趣的議題，觸發心靈的渴望與好奇，學習效率才能提高。 |
| 如何處理議題或主題 | 多元觀點 | 將正反不同、多元觀點呈現給學生，讓學生超越表面的認知程度，深入理解、分析、評估。 |
| | 價值中立 | 老師應持中立的立場來處理，避免將自我的意識灌輸給學生，讓學生自行建構知識的網絡，釐清問題。 |
| | 包容尊重 | 引導學生針對話題表達看法時，掌握對事不對人的立場。兼重感性與理性的交流，採包容的態度，尊重各種不同的觀點。 |

資料來源：林淑華（2005）。中年級社會教科書中社會行動取向教材之分析研究，未出版。整理自陳麗華、彭增龍、張益仁（2004）。課程發展與設計：社會行動取向（頁136、137）。臺北：五南圖書出版公司。

生的生活經驗相關為主,而非以學科知識主導,使學生手腦並用,學習
趣力愈高、主動性愈強,獲得一手資料的程度也愈高。茲將探究與增能
層面的教學方法列於表 6-7。

表 6-7　探究與增能層面的教學方法

| 項目<br>方法 | 內容說明 | 示例 |
|---|---|---|
| 實地踏查 | 實地外出觀察、實際驗證、親身踏查。 | 考查社區內不同建築的特徵,知其在歷史文化脈絡的關係。 |
| 採訪 | 針對一個事件、主題或議題訪問大家的意見,普遍抽樣、了解不同的觀點與意見。 | 採訪居民對社區內興建巨蛋體育館、遊樂設施、休閒場所的意見與看法。 |
| 口述歷史 | 口述家族史、社區史、人物誌、臺灣史,從互動、觀察到非語言行為、知悉整體的脈絡。 | 訪談社區耆老或祖父母敘述以前產業或景觀的變化,並了解其緣由與脈絡。 |
| 調查統計 | 設計問卷,並將調查結果加以統計分析,實施方便、範圍廣、節省時間。 | 調查社區內的經濟活動,如:商店的種類、各行各業的人數等,推測社區的經濟結構。 |
| 分析資料 | 分析與議題相關的書面、影像等資料,並歸類整理,培養資料分析整理的歸類能力,找出關聯、釐清訊息的意義,延伸出意義。 | 針對興仁社區的歷史、習俗、地理環境等,進行文獻(地方誌)影像(老照片)等蒐集並分析歸納了解趨勢、演進或變遷。 |
| 辯論 | 讓學生從正反不同觀點去思辨、批判,形成自己的立場,從而培養民主溝通的智能、觀點的釐清與包容異己的觀點。 | 對社區內設置焚化爐一事進行正反立場辯論。 |
| 價值澄清 | 察覺自己和他人的價值,並由此建立自自己的價值體系。 | 社區中的流浪狗何去何從,應該撲殺還是收留? |

資料來源:陳麗華、彭增龍、張益仁(2004)。課程發展與設計:社會行動取向(頁
　　　　138),臺北:五南圖書出版公司。

### 3. 公民行動層面

公民行動層面旨在培養公民行動能力，主要希望經由第一階段學習與覺知層面的學習，引導學生對社區有初步的認識；經過第二階段探究與增能層面的學習，使學生能深入探究社區議題，主動而有意義地學習；最終，在第三階段公民行動層面的學習，讓學生能反省和批判社會問題以及自己的行為，體認到社會的改革與進步，端賴公民的積極參與和行動，並進一步針對社區問題提出解決方法，持續反省與實踐，將改造社區付諸行動。

(1) 公民行動層面的教學原則

公民行動的目的在於激發學生統整相關的知識與技能，針對先前廣泛學習和深層探究的議題，以實質行動展現個人或群體對社區與社會的微薄貢獻，藉由行動強化學生的公民效能感，提升公民素養。陳麗華等人認為教師在指導學生進行各種公民行動方案之前，應注意七大原則，詳見表 6-8。

(2) 公民行動層面的教學方法

公民行動層面的教學方法，包括社區服務、傳遞訊息、募捐財物、提供創意、表達肯定、集體發聲及國民信託等七個面向，其內容與示例如表 6-9。

綜上所述，由於「社會行動取向課程」是重視生活體驗與反省實踐的課程，因此，「社會行動取向課程設計模式」以學習－探究－行動三個步驟為模式，希望在第一個「學習與覺知」階段，開發多樣化的機會讓學生向「社區」學習，並採多元活潑的方式，讓學生親身參與動手做，發展學生的多元智能，培養學生認同本土同時兼備多元文化的觀點，以期尊重和欣賞社區的多元文化；在第二個「探究與增能」階段，培養學生蒐集、選擇並處理社區議題第一手資料的能力，並對該議題進行批判與省思，尋求解決問題之方案；在第三個「公民行動」階段，激發學生統整相關的知識與技能，對社區與社會改造貢獻個人或群體的實質行動，使學生成為有效能的公民。

表 6-8 公民行動層面的教學原則

| 原則 | 主張 | 教學重點 |
|---|---|---|
| 認同改造觀 | 課程設計者須具備改造的情懷 | 課程設計者必須對社區擁有強烈的社區認同感,才能懷抱改進現況的情懷,遭遇困難時不輕言放棄,以自身的教育專業,設計務實課程,帶領學生「行動」。 |
| 層面順序性 | 學習、探究與行動,有序列性 | 社區行動層面的課程乃是學習及探究層面的縱向延伸,此三層面具序列性及反饋省思的關係,也就是說當第一次行動遭遇阻礙,就須回溯檢視之前學習與探究的歷程,再進行社區行動的課程。 |
| 行動永續性 | 系列式行動優於集中式行動 | 課程應以系列式的方式進行,讓學生規劃長期的或具週期性的活動;並反省行動的目的造成,作為下一步行動的參考。而非急就章的辦理幾個熱鬧風光的活動,不加省思目標達成與否,如此一來反而會產生令人意想不到的負面效應。 |
| 考量安全性 | 注意安全並考量學生的年齡和經驗 | 在設計社區行動課程時,安全是最基本的前提,同時也必須考量學生的年齡和經驗,學生才能從行動中得到一種「我可以」的滿足感,並願意繼續參與行動。 |
| 角色彈性化 | 適當調整師生在行動歷程中的角色 | 在社區行動歷程中,教師與學生的主動性會因層面性的不同而有所增刪。初期教師是扮演著引導的角色,針對議題探究的結果,提出行動方案的優劣勢分析比較與執行,角色較重;在行動的的規劃準備層面,老師與學生的角色比例是平分秋色;在行動的執行期,學生是主角,而老師就位居配角了。 |
| 學習與服務 | 行動方案的選擇須符合「服務」原則 | 社區行動必須符合「高學習」和「高服務」的兩大前提。「高學習」係指學生在此行動課程中能主動參與學習和探究,增進公民素養;「高服務」則指能夠回應社區的立即性需要,能服務社區、改善社區生活的某個層面。 |
| 整體的支援 | 教師、校長、行政人員、家長和相關社區領袖必須通力支持 | 在實行社區行動課程之前,該課程必須獲得教師、校長、行政人員、家長和相關社區領袖的通力支持,提供行動的環境和社區力量的支持,進而提升學生的「公民效能感」。 |

資料來源:林淑華(2005)。中年級社會教科書中社會行動取向教材之分析研究,未出版。整理自陳麗華、彭增龍、張益仁(2004)。課程發展與設計:社會行動取向(頁 168-171)。臺北:五南圖書出版公司。

第 *6* 章 公民行動取向課程設計模式

表 6-9 公民行動層面的教學方法

| 方法 | 內容說明 | 示例 |
|---|---|---|
| 社區服務 | 貢獻一己之力，改善社區中某種不美好的狀態 | 例如：淨灘、掃街、認養植物、探訪獨居老人等。 |
| 傳遞訊息 | 以語言、文字圖像、影音等爭取他人的認同和支持 | 例如：解說員、解說手冊、書信投書、海報宣傳等。 |
| 募捐財物 | 提供特定機構或人士之所需的金錢或物品 | 例如：捐贈二手書籍與二手樂器、物品義賣、跳蚤布場等。 |
| 提供創意 | 提供有系統、具體化的方案給特定的機構 | 如：Logo 設計、發展計畫、校園規劃、校園設計藍圖等。 |
| 表達肯定 | 以具體行動表達對社區有貢獻的人士之支持、肯定和讚賞。 | 以感謝卡寄送為社區付出的人、書信聲援生態保育人士等。 |
| 集體發聲 | 匯集志同道合人士統合力量，在定時定點以同樣形式，突顯群體的共同訴求、不滿或表達不同意見等。 | 標記共同識別絲帶、徽章、布條，組織聲援活動等。 |
| 國民信託 | 以集資方式結合眾人錢財，致力於地方、國內甚至於國際的公益或環保志業，以盡地球村公民的責任。 | 信託古蹟、教會、工廠、荒地、沼澤、鐵路等。 |

資料來源：陳麗華、彭增龍、張益仁（2004）。課程發展與設計：社會行動取向（頁171），臺北：五南圖書出版公司。

## 二、公民行動取向課程設計模式

### (一)公民行動取向課程模式與社會行動取向課程模式的比較

陳麗華、彭增龍（2007）參考 Cogan（2000）、Merryfield、Jarchow、Pickert（1997）、Merryfield 和 Wilson（2005）等學者歸納的全球觀課程目的與架構，以及國內發展全球觀課程的一些疏漏現況，並加入「關懷」的實踐，以社會行動取向課程模式為藍本，另外提出公民行動取向課程模式。此一新模式詳見圖 6-2 所示，以培養學生「積極能動的全球公民資質」（active global citizenship）為宗旨，並結合理性正義與感性關懷之雙核心價值，作為發展全球觀課程的雙軸進路；課程設計與取材方面

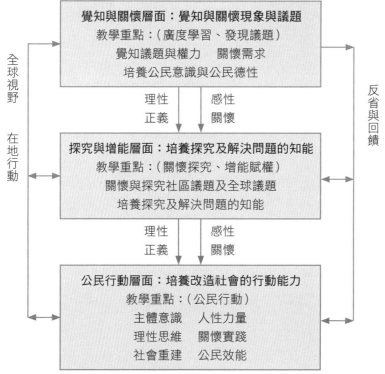

**圖6-2** 公民行動取向課程設計模式

資料來源：陳麗華、彭增龍（2007）

則兼具「全球視野，在地行動」的內涵來發展（陳麗華、彭增龍，2007）。

　　比較公民行動取向課程模式與社會行動取向課程模式可以發現，陳麗華等人鑑於全球化的現實（reality），深感學生身為地球村一份子應擁有全球觀（global perspective）的迫切性，所以，公民行動取向課程模式跨出社會行動取向的社區範疇，將學生的視野拉到全球；同時，在覺知周遭、反省批判及追求社會公義的同時，加入關懷的人性力量，使學生透過關懷所獲得的獨立自主與自由開展，能保持旺盛的行動力，盡自己身為世界公民的責任，增進其公民效能。儘管公民行動取向課程模式與社會行動取向課程模式有所不同，但因公民行動取向課程模式是以社會行動取向課程模式為藍本，故其仍維持「學習與覺知」、「探究與增能」與「公民行動」三個層面的基本架構與精神。

(二)公民行動取向課程方案必須兼顧「高學習」與「高服務」

　　進行公民行動時，不管以什麼方案實施，都必須注意要符合「高學習」、「高服務」兩大前提。「高學習」係指學生在此行動課程中能主動參與學習與探究，增進其心理、社會與知識的能力，從而提升其世界公民的效能感與責任感；「高服務」則指能夠針對某一全球議題的需要，做出立即性的回應，以關懷服務之心，改善這一個議題所帶來的問題與困境。關於「學習」與「服務」的相對關係，請看圖 6-3。

　　由圖 6-3 可以看出，公民行動必須兼顧學習與服務，才是優質的行動方案。近年來教育鬆綁，為傳統教學帶來很大的衝擊，在開放教育的理念下，各級學校紛紛以辦活動的方式進行體驗教學，希望學生都能快樂學習，做到「學習活動化，活動學習化」。但稍一疏失，便有可能落入上述第三好或最差的學習方案，例如：如果為了應付環境教育，只播放影片給學生欣賞，未做討論或付出行動，就算完成課程，則不僅

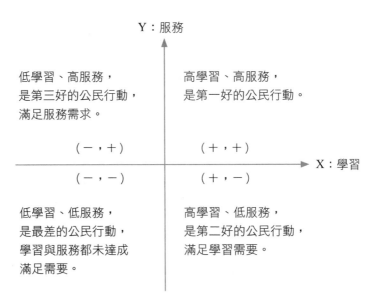

**圖6-3** 公民行動方式的實施類型圖

資料來源：陳麗華、彭增龍、張益仁（2004）。課程發展與設計：社會行動取向（頁170）。臺北：五南圖書出版公司。

學生未進行深入的學習，也沒有進行保護環境的行動，可謂是最差的行動方案。所幸，教師們有所警覺，體認到學習與服務的重要，但常常還是落在上圖第二和第三好的實施方式，以各校常常進行的社區掃街行動為例，常常是學校安排時間，學年教師就帶著學生出去社區打掃，雖然學生參與度高，也確實做到為社區服務，但是並非學生主動發現社區的髒亂、加以探究，並提出打掃的行動，充其量只能算是第三好的社區活動；再以關懷社區流浪狗問題為例，教師常會引導學生討論流浪狗的原因、牠們為社區帶來的問題有哪些、動物保護法的內容，甚至是流浪狗安樂死的問題，使學生進行充分而深入的學習探討，但是卻未付出行動，改善社區流浪狗的問題，便很可惜的只能算是第二好的行動方案。

其實，上述兩個方案，只要分別提高學習與服務的部分，便能成為最好的公民行動方案。社區掃街如果在掃街前先使學生關心社區的髒亂，針對此議題加以探究，學生也許會訂定出更多解決方案，不只掃街，也可以進行社區宣導，行動方案可以更多元，學生也能得到當家作主的滿足感；社區流浪狗問題若在深入探討後，能引導學生訂定行動，改善社區流浪狗問題，學生便能身體力行，並與之前探究的結果相印證，得到最好的學習效果。「高學習」與「高服務」兩者必須兼顧，「高學習」才能使行動有意義，使學生知其所以然，並將此關懷行動的公民效能感內化，擁有良好的公民資質；「高服務」才能印證所學，使學習更加深刻，並在服務中實現自我，體現公民的責任，是故，學習與服務在公民行動中，兩者缺一不可、同等重要，不可任意偏廢。

(三) 公民行動歷程中，師生主動性的增減

在公民行動歷程中，教師與學生的主動性會因階段性的不同而有所增減（見圖6-4）。舉例來說，在公民行動課程的初期，教師扮演著引導的角色，引導學生針對議題探究的結果，提出各種行動方案與其優劣勢的分析比較，並選擇執行方案；因此，此時教師的角色性就較重，而學生的角色性就較輕微。中期，是行動的規劃籌備階段，教師與學生的角色比例則平分秋色；後期，是行動的執行期，學生是主角，而教師就位居配角了（陳麗華、彭增龍、張益仁，2004：169）。

　　王鳳敏（2001）在探討「互動俗民誌」取向在班級課程研究的應用時曾提到，班級教學和課程建構會與下列因素息息相關，如師生如何共同建構教與學的環境？地方和教室文化如何支援或限制教學活動、課程發展？學生被給予哪些學習機會和資源，來建構知識和課程？師生經由怎樣的互動建構不同的學習活動？「學習社群」和學習活動如何影響知識的界定和建構（或再建構）？探討這些議題，需長期有系統地研究教室的日常生活的發展過程（王鳳敏，2001：104）。在師生角色部分，為增強學生與環境的互動，透過社區行動建立公民意識與重要概念，王鳳敏認為學生角色應有：思考、討論、假設、推測、預料、推理、處理及解決問題；教師的角色應有：策劃（議題、鑰匙問題、範疇和執行策略）、靈敏的發現和引導、採取行動給予輔助、組織學生的經驗、裁量和評鑑等（王鳳敏，2003：9）。也就是說，在進行公民行動歷程時，學生一開始的思考討論，需要教師引導，此時，學生主動性較小；到之後針對議題的假設推測與預料推理階段，也就是準備行動期，學生的主動性隨之增加，教師只為採取行動給予輔助，

　　最後在實際行動時，學生進行問題的處理及解決，學生擁有最高的主動性，教師只在旁給予學生需要的協助，退為配角。

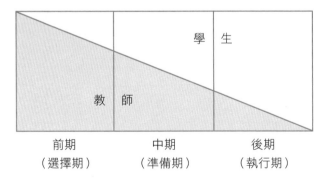

**圖6-4** 師生在行動歷程的角色比例圖

資料來源：陳麗華、彭增龍、張益仁（2004）。課程發展與設計：社會行動取向（頁169）。臺北：五南圖書出版公司。

#  肆 公民行動取向全球議題課程實例
## ——以「愛，讓世界發光」為例

為使學生能了解、探究並關懷全球之飢餓與貧窮議題，筆者與自編教材團隊於 2007 年暑假參加由臺北市立教育大學教育學系課程與教學研究所主辦的「優質教科書編輯工作坊」，透過這項分散式的產出性工作坊的磨練與講師群的指導，設計發展出「愛，讓世界發光！」課程方案。本課程方案有兩大特色：其一，以全球議題「飢餓與貧窮」為主題，課程內容涵蓋全球觀教育的三大面向——全球觀知識、全球觀態度及全球觀行動；其二，以公民行動取向為課程設計的模式，除了培養學生的全球觀知識與態度，更著重公民行動的實踐（陳達萱，2009）。茲將「愛，讓世界發光！」課程方案之內涵詳述如下：

## 一、設計理念

### (一)強調實踐行動的教學目標

此教材希望透過「覺知與關懷」、「探究與增能」以及「公民行動」三個面向的教學歷程，使學生在了解世界的飢餓貧窮之後，能檢視自己的生活，察覺自己的幸福；進而認識一些大愛不分國界的組織，使學生知道解決飢餓貧窮的良方就是「愛」，只要人間有愛，世界的飢餓貧窮總有解決的可能；最後，使學生付出行動改變自己的想法，也改變世界。

### (二)強調「體驗」之教學，使學習更易內化

本課程方案主題為「飢餓與貧窮」，以「飢餓五小時」與「一公分鉛筆芯」等體驗，使學生親身體會「飢餓與貧窮」的人們之痛苦，將關懷內化，付出實際行動。

### (三)課程涵蓋多領域的學習

本課程涵蓋社會、語文、綜合三大領域與重大議題（人權教育），希望學生能藉由此課程「覺知與關懷」、「探究與增能」及「公民行動」三方面的學習，了解自己身為世界公民的責任，關懷世界的飢餓與貧窮議題，付出實際行動，改善世界的貧窮。

### (四)課程內容設計與編排方式採同心圓之方式

此教材的編排由簡單到複雜、由具體到抽象、由近而遠、由個人到社會、由國家到世界，使學生從生活周遭學習，然後再擴展到社會、國家、世界。如此循序漸進，學生的學習更易達成目標。

### (五)課程兼具認知、情意態度、技能行動三個層面的內容

本教材兼顧認知、情意態度、技能行動各層面的學習，尤其強調行動層面，使學生付出行動改變自己，養成惜福愛物的生活習慣，並且舉辦「跳蚤市場」及「我閱讀，您捐款！」的活動募款，將關懷付出行動。

### (六)完整又豐富的教學資源

本課程是成套教材（learning package），提供學生手冊、教師手冊及相關影片。學生手冊內含課文與學習單，使學生可以做課前預習、課後複習，並在課後習寫學習單作為自我評量及對課程的回饋；教師手冊將課程內容說明清楚，提供相關資源網站資料，如：臺灣世界展望會、慈濟基金會、美國小牝牛 Heifer 網站，使課程實施者得到完整又豐富的教學資源；相關影片，如：大愛電視臺：地球的孩子、大愛小記者、大愛全紀錄等節目影片，使學生看到真實狀況，更能啟發孩子的關懷之心。

## 二、課程架構

本課程方案名稱為「愛，讓世界發光！」，共分成「從幸福中覺醒」、「解決飢餓貧窮的良方」、「走入感恩付出關懷」三大單元，內含八課課文。茲將本課程方案課程架構詳列於圖 6-5：

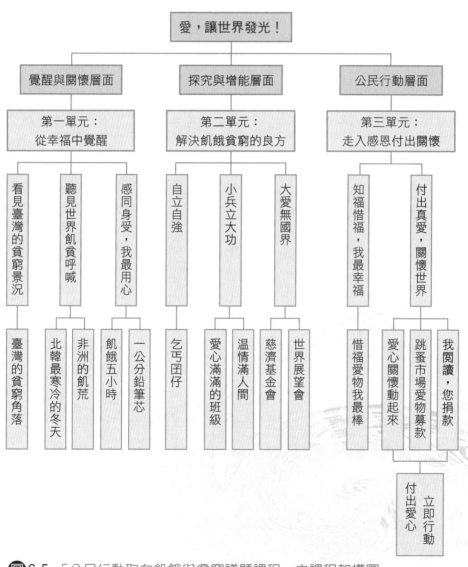

**圖 6-5**　「公民行動取向飢餓與貧窮議題課程」之課程架構圖

## 三、教學設計綱要

「愛，讓世界發光！」每個單元依課次及節次所進行的教學活動、教學評量方式及所配合的學習單，詳見表 6-10 之教學設計綱要表：

表 6-10 「愛，讓世界發光！」教學設計綱要表

| 單元主題 | 課次 | 實施節次 | 教學活動 | 教學評量 | 配合學習單 |
|---|---|---|---|---|---|
| 第一單元：從幸福中覺醒 | 【第 1 課】看見臺灣的貧窮 | 1. 臺灣的貧窮角落 | ・影片觀賞<br>・討論<br>・心得分享 | ・討論<br>・分享<br>・學習單 | ・學習單 1：我的覺醒 |
| | 【第 2 課】聽見世界的飢貧呼喊 | 2. 北韓寒冷的冬天<br>3. 非洲的飢荒 | ・「你很幸福」簡報欣賞<br>・發表、討論 | ・發表<br>・討論<br>・學習單 | |
| | 【第 3 課】感同身受我最用心 | 4. 飢餓五小時<br>5. 一公分鉛筆芯 | ・「一公分鉛筆芯」、「鐵道邊緣的人生」影片<br>・討論、體驗 | ・心得發表<br>・討論<br>・學習單 | ・學習單 2：感同身受我最用心 |
| 第二單元：解決飢餓貧窮的良方 | 【第 4 課】自立自強 | 6. 乞丐囝仔 | ・《最想做的事》繪本<br>・小組討論<br>・心得發表 | ・學習單<br>・小組發表 | ・學習單 3：自立自強 |
| | 【第 5 課】小兵立大功 | 7. 愛心滿滿的班級<br>8. 溫情滿人間 | ・「合心做志工」影片<br>・討論<br>・主題探究 | ・學習單<br>・心得發表<br>・討論 | ・學習單 4：小兵立大功，大愛無國界 |
| | 【第 6 課】大愛無國界 | 9. 慈濟基金會<br>10. 世界展望會 | ・小組討論<br>・心得分享<br>・主題探究<br>・《剛達爾溫柔的光》繪本 | ・討論<br>・分享<br>・資料蒐集<br>・學習單 | |

| 第三單元：走入感恩付出關懷 | 【第7課】知福惜福我最幸福 | 11.惜福愛物我最棒 | ・自我檢核<br>・「我要活下去」影片<br>・小組討論<br>・心得分享<br>・體驗 | ・小組討論<br>・實際執行的情形<br>・學習單 | ・學習單5：惜福愛物我最棒（一）<br>・學習單6：惜福愛物我最棒（二） |
|---|---|---|---|---|---|
| | 【第8課】付出真愛關懷世界 | 12.、13.愛心關懷動起來<br>14.、15.、16.、17.跳蚤市場愛物募款<br>18.我閱讀，您捐款！<br>19.、20.「我閱讀，您捐款！」募款契約執行心得分享與募款結果 | ・「紐約的冬天」簡報<br>・小組討論<br>・心得分享<br>・合作學習：<br>　1. 海報製作<br>　2. 跳蚤市場義賣分工<br>・體驗 | ・小組討論<br>・實際執行跳蚤市場義賣與「我閱讀，您捐款！」募款的情形<br>・學習單 | ・學習單7：付出真愛關懷世界<br>・學習單8：愛心跳蚤市場義賣PART1<br>・學習單9：愛心跳蚤市場義賣PART2<br>・學習單10：「我閱讀，您捐款！」<br>・學習單11：「我閱讀，您捐款！」募款單 |

資料來源：陳達萱（2009）。公民行動取向「飢餓與貧窮」議題之課程實施歷程與成效——以「愛，讓世界發光！」課程方案為例。臺北市立教育大學課程與教學研究所碩士論文。頁121-122。

## 四、公民行動取向全球觀教育「愛，讓世界發光！」課程內涵分析

「愛，讓世界發光！」是公民行動取向之全球議題課程，表10-11將其在公民行動取向各層面之教學目標及各單元在全球觀教育之教學目標，詳列於下：

表 6-11 公民行動取向全球觀教育「愛，讓世界發光！」課程內涵分析表

| 單元名稱 | 公民行動取向 | | 全球觀教育內涵及目標 | | | |
|---|---|---|---|---|---|---|
| | 層面 | 目標 | 全球觀教育教學目標 | 對應主題 | 類目 | 全球觀內容 |
| 第一單元：從幸福中覺醒 | 覺知與關懷 | 了解全球飢餓與貧窮之後，能檢視自己的日常生活，察覺自己是幸福的，並關懷此議題的成因及所引發的問題。 | 了解世界如地球村，各國彼此相互依賴。 | 地球村 | 全球體系 | 全球觀知識 |
| | | | 了解世界飢荒的成因及其可能的解決之道。 | 糧食問題 | 全球問題 | |
| | | | 了解不同種族或國家的人都有免於飢餓貧窮的權利。 | 人權問題 | | |
| | | | 能關心當前國際問題，如：飢餓與貧窮，思考解決的辦法及我們能做的努力。 | 關懷人類福祉 | | 全球觀態度 |
| 第二單元：解決飢餓貧窮的良方 | 探究與增能 | 探索並研究全球飢餓與貧窮的解決良方。 | 了解世界如地球村，各國彼此相互依賴。 | 地球村 | 全球體系 | 全球觀知識 |
| | | | 了解國際性組織（慈濟基金會、世界展望會），以及國際間的合作。 | 其他 | 全球問題 | |
| | | | 認識平等的真諦，肯定生命的基本價值，不會因種族、性別、膚色、社會地位等的不同而有負面的態度或待遇。 | 培養平等的全球觀 | | 全球觀態度 |
| | | | 能體會大家分工合作、互相幫助，社會才能進步繁榮，全世界發揮互助精神，才能維持地球永續發展。 | 培養互助合作的全球觀 | | |
| | | | 能關心當前國際問題，如：飢餓與貧窮，思考解決的辦法及我們能做的努力。 | 關懷人類福祉 | | |

| 第三單元：走入感恩付出關懷 | 公民行動 | 與人合作付出行動，解決全球飢餓與貧窮的問題並幫助世界上因飢餓貧窮而受苦的人們。 | 認識平等的真諦，肯定生命的基本價值，不會因種族、性別、膚色、社會地位等的不同而有負面的態度或待遇。 | 培養平等的全球觀 | 全球觀態度 |
| --- | --- | --- | --- | --- | --- |
| | | | 能體會大家分工互助，社會才能進步繁榮，進而願意貢獻一己之力和班級團體、學校、社區合作，甚至擴大到社會、國家、世界，以發揮團體精神，維持地球永續發展。 | 培養互助合作的全球觀 | |
| | | | 能關心當前國際問題，如：飢餓與貧窮，思考解決的辦法及我們能做的努力。 | 關懷人類福祉 | |
| | | | 能學會如何付出關懷的方法，與同學一起討論並決定捐款對象。 | 個人或與人合作決定適當的行為 | 全球觀行動 |
| | | | 能在日常生活中養成節約、愛物惜福的習慣，藉由愛心捐款、募款、微笑以及關懷他人等方式，付出愛心，付諸行動改變世界。 | 藉由特殊的方法在全球事物貢獻一己之力 | |
| | | | 能開擴內心世界，了解公民行動的意涵，並經由討論、溝通、分享觀點，形成共識，參與送愛到世界的活動。 | 珍惜各種參與民主歷程的機會 | |

資料來源：陳達萱（2009）。公民行動取向「飢餓與貧窮」議題之課程實施歷程與成效——以「愛，讓世界發光！」課程方案為例。臺北市立教育大學課程與教學研究所碩士論文。頁 117-118。

## 五、「愛，讓世界發光！」課程的實施與成效

這套自編教材曾在一個小學的四年級班級裡進行 17 節課的課程實驗，採不等組前後測準實驗設計，並以「國小中年級公民行動取向全球觀量表」與「課程回饋意見表」為前後測工具，教學歷經五個月的時間。輔以觀察、訪談、文件分析等方法，進行資料分析與交叉檢驗，以探討課程實施歷程及實施成效（陳達萱，2009）。

研究結果顯示：

(一)「國小中年級公民行動取向全球觀量表」之統計分析結果

「國小中年級公民行動取向全球觀量表」之編製過程如下：

1. 研擬量表初稿：首先以公民行動取向課程的覺知與關懷、探究與增能、公民行動等三層面為縱軸，以及全球觀教育之知識、態度與行動等內涵為橫軸，形成問卷的概念架構以及雙向細目表（參見表6-12），使完成的「國小中年級公民行動取向全球觀量表」初稿，能兼顧公民行動取向與全球觀教育的核心概念及目標。

2. 建立專家效度：邀請6位學者專家評估本量表之適切性，並提供修正意見，以建立專家效度。所邀請的學者有3位，包括課程與教學、全球教育、測驗評量方面的專家，以及現場專家教師3位，包括社會學習領域輔導團員、教科書編寫者，以及碩士論文以全球議題為主題的專家教師。所蒐集到的意見經歸納後，共分為15項意見，經與指導教授一一討論後，進行適度的修正。

3. 預試建立信度：以130位國小三年級學生為受試者進行預試，回收130份，回收率100%，扣除資料填答不完整者15份，合計有效樣本為115份，可用率88.5%。經過預試篩選有鑑別度之題目，並計算出全量表以及「覺知與關懷」、「探究與增能」、「公民行動」等分量表之內不一致性信度，分別獲得Cronbach $\alpha$ 係數為.88、.70、.75、.79。可見本量表的信度良好。茲將正式問卷之內容架構與題號呈現如表6-12。

由表6-12看出：此量表分成「覺知與關懷」、「探究與增能」及「公民行動」三個向度，共計30題，其中6題為反向題，其計分方式為：勾選「非常符合」得分為4分，勾選「符合」得分為3分，勾選「不符合」得分為2分，勾選「非常不符合」得分為1分；反向題則相反計分。總得分愈高者，代表其公民行動全球觀「覺知與關懷」、「探究與增能」、「公民行動」三方面的知能愈高，態度與行動愈正向積極。

以此量表先以相依樣本t考驗分析實驗組前後測的差異，並對實驗組與控制組進行前後測，以單因子共變數分析比較實驗組與控制組在後測的得分差異，以了解本課程的實施成效。得到結論如表6-13。

表 6-12 「國小中年級公民行動取向全球觀量表」內容分析表

| 全球觀教育內涵<br>題號<br>公民行動課程 | 全球觀知識 | 全球觀態度 | 全球觀行動 | 小計 |
|---|---|---|---|---|
| 覺知與關懷 | 1、2、**6**、7、8 | 3、4、5、9 | | 9 |
| 探究與增能 | 10、11、13、14、15 | **12**、16、**17**、18、19、**20** | | 11 |
| 公民行動 | | **23**、26 | 21、22、24、25、27、28、29、30、 | 10 |
| 小計 | 10 | 12 | 8 | 合計30題 |

註：題號加粗者為反向題。

表 6-13 「國小中年級公民行動取向全球觀量表」之統計分析表

| 研究工具 | 研究方法 | 研究分析層面 | 研究結果 |
|---|---|---|---|
| 國小中年級公民行動取向全球觀量表 | 相依樣本 t 考驗 | 覺知與關懷 | 後測＞前測<br>P＜0.01*** 　達 0.01 顯著水準 |
| | | 探究與增能 | 後測＞前測<br>P＜0.01*** 　達 0.01 顯著水準 |
| | | 公民行動 | 後測＞前測<br>P＜0.01*** 　達 0.01 顯著水準 |
| | | 整體層面 | 後測＞前測<br>P＜0.01*** 　達 0.01 顯著水準 |
| | 單因子共變數分析 | 覺知與關懷 | 實驗組＞控制組<br>P＜0.01*** 　達 0.01 顯著水準 |
| | | 探究與增能 | 實驗組＞控制組<br>P＜0.01*** 　達 0.01 顯著水準 |
| | | 公民行動 | 實驗組＞控制組<br>P＜0.01*** 　達 0.01 顯著水準 |
| | | 整體層面 | 實驗組＞控制組<br>P＜0.01*** 　達 0.01 顯著水準 |

資料來源：筆者自行整理

由表6-13可看出：實驗組「國小中年級公民行動取向全球觀量表」後測的得分，在「覺知與關懷」、「探究與增能」、「公民行動」及總體層面皆顯著優於控制組，表示接受實驗課程「愛，讓世界發光！」之教學，有助於提升實驗組學生在全球議題公民行動取向「覺知與關懷」、「探究與增能」、「公民行動」及總體課程各方面的能力。同時，實驗組本身前後測填答分數之差異，在「覺知與關懷」、「探究與增能」及「公民行動」三個分量表及整體層面皆達顯著差異，因而可知實驗組學生在「覺知與關懷」、「探究與增能」及「公民行動」及整體的學習成效顯著。

(二)「課程回饋意見表」之統計分析結果

課程實施後，讓學生填寫「課程回饋意見表」，以了解學生對於「愛，讓世界發光！」課程的整體意見、心得與學習成果，以作為日後課程修正的參考，並幫助筆者分析課程實施成果。茲將實驗組學生「課程回饋意見表」的填答結果，分析整理如表6-14。

由表6-14可看出：學生在「覺知與關懷」、「探究與增能」及「公民行動」三方面的教學目標皆已高度達成，學生喜歡「愛，讓世界發光！」這個課程。同時，在課程實施後，學生更具全球觀，能關懷世界之飢餓與貧窮，並透過課程探究飢餓與貧窮議題，增加付出行動的能力，在日常生活中展現正向積極的行動力。

# 伍 結語

從本節探討之內容可以看出，公民行動取向課程設計模式是由社會行動取向課程設計模式發展而來，其立論基礎為社會重建論與關懷倫理學。在社會行動取向課程的教學歷程中，藉由社會重建論的再概念化與本土實踐，產生雙螺旋的學習動能，培育具有公民知能與社區行動的公民；並且透過社區學習、探究及行動的課程發展，結合在地資源，重新建構社區主體意識與本土認同的知識；其後，為使學生行動力能持續，

表 6-14 「課程回饋意見表」之統計分析表

| 研究工具 | 研究方法 | 研究分析層面 | | 研究結果 |
|---|---|---|---|---|
| 課程回饋意見表 | 百分比、文件分析法、觀察法、訪談法 | 達成之教學目標 | | 一、最高前三項為：<br>1.我學到不管年紀大小，每個人都有能力幫助別人。（92%）<br>2.我了解「跳蚤市場愛物募款」的意義和舉辦方式。（92%）<br>3.我學會付出關懷有很多方法，如：微笑、關心、捐款。（84%）<br>二、各單元教學目標皆高度達成：<br>單元一：從幸福中覺醒（100%）<br>單元二：解決飢餓貧窮的良方（98.7%）<br>單元三：走入感恩付出關懷（100%） |
| | | 收穫與看法 | | 一、最高前三項為：<br>1.上完課，我覺得自己原來是很幸福的。（96%）<br>2.付出行動幫助所有飢餓貧窮的人，讓我很快樂。（88%）<br>3.我會更珍惜自己所擁有的一切。（88%）<br>二、各層面的課程目標皆高度達成：<br>覺知與關懷層面（99%）<br>探究與增能層面（98.7%）<br>公民行動層面（96.8%） |
| | | 對課程之意見 | 喜歡的部分 | 1.只有0.4%的比例勾選不喜歡課程，顯示學生喜歡此課程的比例很高。<br>2.最喜歡的課依序為：「付出真愛關懷世界」、「小兵立大功」、「自立自強」三課。<br>3.有96%的學生學到更多課本沒有教他的內容，而且如果有類似課程還想再上。 |
| | | | 建議 | 1.有學生建議內容再多一點，才能學得更多。<br>2.有學生認為不要一直看影片，用別的方法也很好。 |
| | | 學生之改變 | | 1.學生更會關懷國際的問題，更有全球觀。<br>2.學生更懂得如何付出行動幫助他人。<br>3.學生更願意付出關懷幫助他人，展現積極的行動力。<br>4.學生更能與人溝通協調、尊重與自己不同的意見，與人合作完成任務。<br>5.學生更能惜福愛物，在日常生活中實踐。<br>6.學生更能珍惜食物不浪費。 |

資料來源：筆者自行整理

加入關懷倫理學的核心概念，希望學生藉由幫助他人成長與自我實現，維持自己的行動力並自我實現，同時具備全球觀的視野，形成公民行動取向課程模式，結合理性正義與感性關懷之雙核心價值，涵養學生良好的公民素養，進而體現地球村民的責任，成為世界公民的中堅份子。

公民行動取向課程模式在第一層面的「學習與覺知」階段，引發學生關懷周遭、關切世界的情懷；在第二層面的「探究與增能」階段，針對某一全球議題加以深入探究，進行深刻又有意義的學習，同時，幫助學生透過第一手資料不斷反省、實踐、修正，建構全新的知識，提升學生學習與解決問題的能力；在第三層面的「公民行動」階段，使學生在自主思考下，理性的訂定計畫、熱情的付出行動，不因自己的力量微小而自輕，在關懷之中，達到自我的實現，在實踐行動的同時，體現世界公民的責任，提升世界公民的效能，改造世界，讓世界更美好。而在課程實施時，必須進行「高學習」與「高服務」的優質行動方案，同時在實施歷程中，師生角色隨課程的實施階段而有所消長，學生的主體性到最後會增到最高。

檢視現今的教育，不僅缺乏全球觀的視野，對公民素養的加強也顯薄弱，在公民行動方面，更是付之闕如，公民行動取向課程模式正好可以彌補這些不足。本文所介紹的實驗課程──「愛，讓世界發光」，就是依公民行動取向設計，並且以全球議題「飢餓與貧窮」為主題，希望引導學生以全球觀視野，關懷世界的飢餓與貧窮，並且透過增能的階段，給予學生能力解決所探討的問題，主動的訂定計畫改善世界的飢餓與貧窮，盡世界公民的一份心力。

# 參考文獻

## 中文部分

方志華（2004）。關懷倫理學與教育。臺北：洪葉文化。

方德隆譯（2004）。Allan C. Ornstein & Francis P. Hunkins 著。課程基礎理論。臺北：培生教育出版。

王鳳敏（2001）。「互動俗民誌」取向在班級課程研究的應用。課程與教學季刊，5（1），103-124。

王鳳敏（2003）。社區行動課程之建構——互動俗民誌取向（下）。教育資料與研究，55，1-15。

李涵鈺、陳麗華（2005）。社會重建主義及其對課程研究的影響初探。課程與教學季刊，8（4），35-56。

林俐君（2004）。社會教科書中社會行動教材的評鑑規準之建構。臺北市立師範學院課程與教學研究所碩士論文。

林淑華（2005）。中年級社會教科書中社會行動取向教材之分析研究。臺北市立師範學院課程與教學研究所碩士論文。

許瑞文（2007）。高年級社會教科書中社會行動取向教材之分析研究。臺北市立教育大學課程與教學研究所碩士論文。

馬康莊、陳信木譯（2003）。George Ritzer 著。社會學理論。臺北：巨流。

陳達萱（2009）。公民行動取向「飢餓與貧窮」議題之課程實施歷程與成效——以「愛，讓世界發光！」課程方案為例。臺北市立教育大學課程與教學研究所碩士論文。

陳麗華（2005）。課程本土化與全球化的辯證——以社會重建主義課程的實踐為例。載於《社會價值重建的課程與教學》。課程與教學年刊，94，151-174。

陳麗華、彭增龍、張益仁（2004）。課程發展與設計：社會行動取向。臺北：五南圖書出版公司。

陳麗華、彭增龍（2007）。全球觀課程設計的新視野：公民行動取向。教育研究與發展期刊，2（3），1-18。

程繼隆主編（1995）。社會學大辭典。北京：中國人民出版社。

## 英文部分

Barr R., Barth J., & Shermis S.（1977）. *Defining the social studies*. National Council for the Social.

Bloome, D.& Egan-Robertson, A.（Eds.）（1998）. Introduction. In David Bloome & Ann Egan-Robertson, *Students as researchers of culture and language in their own communities*. N.J.: Cresskill, Hampton Press, INC., xi-xxi.

Cogan, J. J. & Derricott, R.（Eds.）（2000）. *Citizenship for the 21st century: An international perspective on education*. London: Kogan Page.

Curry, T. & Bloome, D.（1998）. Learning to write by writing ethnography（Eds.）. In David Bloome & Ann Egan-Robertson, *Students as researchers of culture and language in their own communities*（pp.37-58）. N.J.: Cresskill, Hampton Press, INC.

Merryfield, M. M., Jarchow, E., Pickert, S.（1997）. *Preparing teachers to teach global perspective: Handbook for teacher educators*, pp.1-23. Thousand Oaks, Calif: Corwin Press.

Merryfield, M. M. & Wilson, A.（2005）. *Social studies and the world: Teaching global perspectives*. NCSS Bulletin103. USA: National social Studies.

# 第 7 章

# 系統化教學設計

林政逸
國立臺中教育大學進修推廣部編審
鄭秀姿
臺中縣大肚鄉追分國民小學教師

## 本章綱要

## 壹 前言

　　有效的教學,必須事前經過慎密的規劃、仔細的評估和設計,教學中選用適當的教法以及安排妥適的教學活動,教學後還必須進行整體性的評量和修正。Gagné 與 Briggs(1979)即認為一套好的課程通常是以系統化的方式設計出來,經過系統性的教學設計過程,才能達到預期的教學目標。因此,以系統化教學設計的方法來進行課程的規劃,方能設計出一套好的課程,達到預期的教學目標。本文擬針對系統化教學設計進行介紹,首先探究系統化教學設計的意義與特性;其次,分析系統化教學設計的理論基礎;再次,說明系統化教學設計的步驟;最後則說明系統化教學設計的模式。

## 貳 系統化教學設計意義與特性

### 一、系統化教學設計意義

　　關於系統化教學設計的意義,學者提出諸多看法:例如徐照麗(2000)認為系統化教學設計建構的是一個開放的學習系統,不僅是從教學者的觀點來進行課程規劃,也重視學習者的特性、需求的分析,其理論基礎極具包容性,可以因應知識快速發展的資訊社會需求。

　　張秀毓(2007)強調系統化教學設計是以系統線性、邏輯性的方式來解決問題。它是一個分析教學問題、設計解決方法、對解決方法進行試驗、評量試驗結果,並在評鑑基礎上修正方法的過程,以一套具體的操作程序,解決問題的系統化歷程。換言之,教學設計是運用系統方法解決問題的過程,這個過程由一系列環節構成,從分析教學問題、設計解決方法、付諸執行,並進行評鑑與修正,每一環節都需要相互關聯,力求周延審慎達成教學目標要求。這個合乎科學邏輯的過程,呈現教學

設計工作的系統性，使教學過程中發生具體效應，達到最佳教學方法和最佳學習效果。為系統化教學所做的一切準備、考量及安排工作，即為系統化教學設計。

另外，Mannaz（1998）則指出系統化教學設計是指幫助教師有系統地思考，及計畫教學方式與教學內容的一種方法。

從以上學者的觀點，可以歸納出系統化教學設計其意義有以下重點：

### (一)以系統線性、邏輯性的方式來設計教學

系統化教學設計主要的目的在於先訂定一個教學目標，接著提供方法以檢查完成後的結果是否達成此目標，在分析與教學的歷程中，持續不斷的進行修正教學工作。

### (二)有固定遵循的邏輯順序及運作的程序

系統化教學設計在每一個步驟皆有固定遵循的邏輯順序及運作的程序。同時，其相當注重教學過程的每一個環節，以教學目標的達成為依歸的觀念，對所有可能影響系統化教學運作的因素作通盤性考量，以及系統化安排所做的教學準備工作。

## 二、系統化教學設計特性

徐照麗（2000）指出系統化教學設計可視為一種有系統地整合各種與學習活動有關的理論與方法，並將各類教學資源作整體的規劃與運用，使學習者能有效地達到預期學習成果的一種教學設計。由於系統化教學設計結構嚴謹，重視學習者的個別差異，且運用合乎邏輯的順序和方法，來訂定、發展和評鑑教學，以達到預期的教學目標。

朱湘吉（1994）認為系統化教學設計具有以下特色：

### (一)目標導向

界定系統化教學設計之目的，在於界定一個設計目標後，提供方法

以檢查是否已達成此目標，因此系統化教學設計是以教學設計目標作為導向。

### (二) 強調邏輯性

系統化教學設計十分重視線性之流程順序及方法，以明確地進行每一個階段之步驟（step by step），故又稱為程序性法則。

### (三) 以任務分析為工具

系統化教學設計係將教學活動中的所有教學任務（instructional task）依簡單至困難加以分析並進行順序之排列，以先學得的部分作為之後所學的基礎。

中華民國成人教育協會（1995）則認為系統化教學設計具有以下特性：

1. 考慮學習者的特性及學前知識。
2. 訂定明確的教學目標。
3. 依課程性質、目標及學習者的需求，擬定教學內容。
4. 以學習心理學與教育傳播的理論為基礎，實施教學活動與媒體選擇。
5. 注重設計過程的評估工作，並以學習活動的評量結果作為教學改進的依據。

綜觀學者的看法，系統化教學設計不僅重視教學前的分析工作與教學後的評鑑，並且在分析與教學的歷程中，仍持續不斷的進行修正教學工作，以求有效達成教學目標與產生最好的學習結果。

## 參 系統化教學設計的理論基礎

系統化教學設計發展至今，其理論基礎含括的範疇相當廣泛，至少含括系統論、學習理論、教學理論和傳播理論（朱湘吉，1994；Gagné & Briggs, 1979）。系統化教學設計是以傳播理論、學習理論和教學理論為基礎，應用系統科學理論的觀點和方法，分析教學中的問題和需求，確定

教學目標,建立解決問題的步驟,選擇相應的教學活動和教學資源,評價其結果,從而使學習者能有效達到預期學習成果的一種設計模式(中華民國成人教育學會,1995)。

教學設計觀念發展的背景與行為學派有關。知名的行為主義學家 B. F. Skinner 首先將該學派的刺激與反應(s-r)學習理論應用在教學上。此理論主張應當把學習內容分成許多小步驟,每個小步驟的學習結果如果是滿意正確的,應當立即有獎賞,這就是工具制約(operant conditions)系統中的回饋和增強作用的實際應用(中國視聽教育學會、中國視聽教育基金會,1995)。

Skinner 的觀點帶動了編序教學法(programmed instruction)的潮流,並促成教學設計觀念的萌芽及發展。行為主義的教學設計(instructional design)指一套經由系統化策劃的程序與步驟,且不斷地找出教學的問題和需要,並提供解決的方法的過程,此過程與方法,稱為系統化教學設計(蘇郁惠,2007)。

Skinner 最大的貢獻還包括影響了近年來教學理論的發展,促成教學設計觀念的萌芽與發展。學者們努力研究系統化教學設計過程中的主要因素:明確目標的撰寫、課程內容的組織和分析、教學資訊的處理和符號的運用、理想學習情境的安排、確認視聽教材及其他教學科技對教學和學習的貢獻、設計自學和自調式的教材和方法,以及學習成效的評鑑(中國視聽教育學會、中國視聽教育基金會,1995)。

「系統理論」是系統化教學設計的另一理論基礎。系統化教學設計的理念,源自於系統理論的應用。系統化是一種科學的方法,將系統性的理念應用到教育中,並解決學習的問題。徐照麗(2000)認為依系統理論的觀點,所謂的「系統」是由無數相關的「元素」所共同組成,各個元素間彼此相互依存,互為消長,所有元素的運作是以組織的目標為共同的目標,任何一個元素的變化,都會影響到整個系統的進步與發展。Dick 與 Carey(1996)認為若以系統的概念來看,教學也可以視為一系統,在教學的系統中,牽涉許多的因素,至少包括教師、學生、教材和環境等等,這些因素彼此間相互依存與運作的目的,即在於達成預期的教學目標。

## 肆 系統化教學設計步驟

有關系統化教學設計步驟，學者提出的觀點略有不同。Gagné 與 Briggs（1974）指出系統化的教學設計在教學上必須包括以下步驟（引自林進材，2005）：

1. 確認與分析教學現實上的各種需要。
2. 確定教學的一般性目標與特殊目標。
3. 設計教學診斷與評估的程序。
4. 形成教學策略及學習環境的條件：包括分析學習者起點行為與目標之間應有的學習表現、人力資源、教學媒體等。
5. 發展、預試新編或經修正的教材。
6. 教育環境的設計及管理程序。
7. 教師訓練教材的準備與訓練工作。
8. 小規模的實驗、形成性評量及修正。
9. 大規模的測試、資料蒐集及報告計畫的特性及效果。
10. 正式的實施及推廣。

張祖忻、朱純、胡頌華（1995）認為教學系統的設計，包含以下四個基本的要素：

1. 分析教學對象：了解教學對象的特徵。
2. 訂定教學目標：精確表述教學目標。
3. 選用教學方法：教與學、媒體、活動方面的選擇與設計。
4. 實施教學評量：修正教學系統設計的實際依據。

林佳旺（2003）認為一般而言，系統化教學設計因設計理念或目的的不同，模式發展情形因而略有差異，但大致可分為「分析」、「設計」、「發展」和「評鑑」四個主要階段，而各個階段可再細分成幾個步驟：

1. 「分析」階段：包括對於教學目標、教學內容、學習者特性、學習者背景、環境的分析。
2. 「設計」階段：依據第一階段分析的結果，再訂定學習目標，教

學流程和安排適當的教學活動。

3.「發展」階段：包括教學策略的擬定，教材與評量工具的製作或選擇。

4.「評鑑」階段：包含形成性評鑑和總結性評鑑。形成性評鑑實施時間通常在課程進行中，其目的是要了解並改進教學；總結性的評鑑通常在課程實施結束後進行，目的是用來評估教學的整體成效，其結果可作為下一次教學設計或進一步改進教學的依據。整個系統化教學設計的過程，透過每個階段所進行的形成性評鑑，每個教學設計的環節都可以發出「回饋」的訊息，讓課程在實施之前有「修改」的機會，以促進教學過程的順利運作。因此，系統化教學設計的步驟可視為一個連續循環的系統。

莊雁茹（2003）認為教學本身就是不斷的分析教學問題、設計各種解決方案、付諸實踐並進行評量與修改，直至問題獲得解決的系統化歷程。因此，教學設計自然也因應系統化的原則，來考慮影響學習與教學過程中的各項因素。系統化教學設計的模式眾多，其階段與步驟主要可分成五個階段：

1. 分析：界定教學目標、分析教學內容、分析學習者特性。
2. 設計：分析教學資源、訂定教學目標。
3. 發展：發展教學策略、製作教材、發展評鑑工具。
4. 應用：展現學習活動。
5. 評鑑：形成性評鑑、總結性評鑑。

上述有關系統化教學設計步驟，學者提出的觀點略有不同，有些學者提出 4 個步驟，也有學者提出 5 個步驟，其中以莊雁茹（2003）所提之 5 個階段與步驟較為詳細與完整，以下歸納此 5 個步驟與其內涵：

1. 分析階段：界定教學目標、分析教學內容與分析學習者特質。
2. 設計階段：分析教學資源、訂定教學目標。
3. 發展階段：設計或選定所需要的教材內容、發展教學策略、製作教材、發展評鑑工具。
4. 應用階段：展現教學活動。
5. 評鑑階段：教學過程中實施形成性評鑑，以了解教學成效以及評

量學習者的學習成果；教學活動結束後進行總結性評鑑，評估教學目標達成程度。

## 伍 系統化教學設計模式

「系統化教學設計」的流程，強調以系統的方法來監控整個過程。發展至今，系統化教學設計模式在軍方及企業界的應用最廣。近年來，開始受到更多的重視，也普遍應用於各個層面。就教育的領域而言，已有不少學者專家針對不同的情境及需求，發展出上百種的模式，其中最廣為人知的有三種：ASSURE 模式、Kemp 的環形教學設計模式、Dick 與 Carey 的系統化教學模式（林佳旺，2003；張秀毓，2007）：

### 一、ASSURE 模式

「ASSURE」模式是由 Heinich、Molenda、Russell 和 Smaldino（1996）所提出。ASSURE 的涵義分別代表以下六個教學階段：

A：分析學習者的特質（analyze learners）
S：陳述學習目標（state objectives）
S：選擇方法、媒體與教材（select methods, media and materials）
U：使用媒體與教材（utilize media and materials）
R：要求學習者的反應（require learner response）
E：評量與修正（evaluate and revise）

ASSURE 模式主要是針對教師在教學上有效使用媒體所做的系統規劃，此模式主要著重於實際教學情境的運用，故大規模教學設計包括的需求分析、內容分析、實際驗證與系統實施的步驟，在此一模式均付之闕如。因此，此一模式在分析、實施、評鑑的規模均較小，其應用以實際課堂、傳統教室教學為限（李宗薇，2000）。

## 二、Kemp 的環形教學設計模式

Kemp 環形教學設計模式是由 Jerrold E. Kemp 在 1985 年所提出，包含十個要素（中國視聽教育學會、中國視聽教育基金會主編，1995）：

1. 評估學習需求與確立教學目的。
2. 選定教學主題和教學目標。
3. 了解學習者特性。
4. 進行主題內容與工作分析。
5. 訂定教學目標。
6. 規劃設計教學與學習活動。
7. 選用適當教學資源。
8. 考量經費、設備、人員等教學支援服務。
9. 進行學習評鑑。
10. 進行預試。

以上十個要素以圓形循環方式呈現，亦即，每個教學設計的起始點並非一成不變。

此模式主要特色是其教學設計沒有特定起點與終點，各要素之間無順序，而是彼此循環與互動，教學設計可自任一階段開始，增加使用的彈性，且十個要素並非都要用上，可視個別需要加以選擇，較能適應突發狀況或環境改變，此模式多適用於大規模教育訓練的課程設計（張霄亭、朱則剛、張鐸嚴、洪敏琬、胡怡謙、方郁琳、胡佩瑛，2001）。

## 三、Dick 與 Carey 的系統化教學模式

與 Kemp 的環形教學設計模式過程中，許多步驟可視個別需要加以選擇相較，Dick 與 Carey 的系統化教學模式提供完整明確的設計過程，並可隨時修正，因此適用範圍最廣，也最具代表性。此模式包含評估需求與確定目標、學習者與環境分析、進行教學內容分析、撰寫學習目標、設計標準參照測驗、發展教學策略、選擇與製作教學媒體、設計並進行形成性評鑑、設計並進行總結性評鑑九個相互回饋循環的步驟，其

間的相互關係如圖 7-1 所示。

Dick 與 Carey 的系統化教學模式提供教師一個明確且循序漸進的系統化設計過程，不僅重視教學前的分析工作與教學後的評量，且在分析與教學的歷程中，持續的進行教學修正的工作，因此有極強的因應性，可產生最好的結果（李宗薇，2000）。因此，以下針對 Dick 與 Carey（1996）的系統化教學模式執行步驟進行探究（實線代表連續步驟之關係，虛線代表修正教學）。

(一) 確定教學目標（identifying instructional goals）

此階段的主要工作是要確定教學要達成什麼樣的目標。確定教學目標一般是根據課程的需要、學生特質與教學者的教學經驗。唯有確定了教學目標，才能決定提供什麼樣的教學內容。教學設計者透過需求分析（needs analysis），了解實際教學所碰到的困難與遭遇的狀況，來決定什麼樣的教學內容，是學生在教學完成後可以學到的。

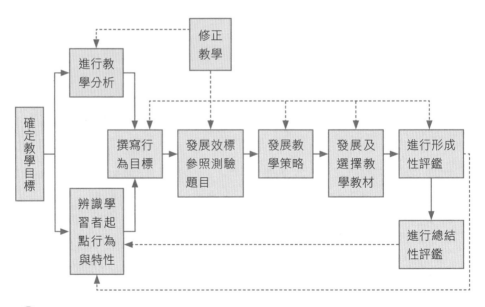

**圖**7-1　Dick & Carey（1996）系統化教學模式

資料來源：Dick, W. & Carey, L.（1996）

## (二)進行教學分析（conducting instructional analysis）

　　教學是以學習者為中心，透過學習者與環境分析找出學習者的先備知識、技能、態度等起點行為，以及年齡、工作、文化背景、社會經濟因素等背景資料分析，以確定教學起點，有助於教學方案的設計。教學分析的主要目的，在分析教學目標所包含的相關能力，將之分類歸納，以利達成教學目標。

## (三)辨識學習者起點行為與特性（identifying entry behaviors and learner characteristics）

　　此階段必須分析學習者的先備能力，也就是學習新經驗之前所必備的基礎經驗，透過學習者分析的技術，了解學生的起點行為，如此方能選擇適合教學對象的教材內容。而除了分析學習者之外，同時也要進行教學環境的分析，了解所有的人力、物力以及財力後，才能夠設計出最適當的課程設計模式。

## (四)撰寫行為目標（writing performance objectives）

　　此階段要將所欲達成之教學目標，依據前述的教學分析與學習者分析，轉化成具體可觀察及測量的行為目標，訂定學習者在完成教學後應該有的表現。明確的學習目標，對老師來說，可以改進教學的品質；對學習者來說，學習目標可以幫助了解學習內容及明確的學習重點。

## (五)發展效標參照測驗題目（developing criterion-referenced tests）

　　效標參照測驗指評量題目的類型和標準是依據哪些規準，作為參考判斷的依據（沈翠蓮，2001）。此階段要發展出相對應的形成性評鑑和總結性評鑑的評鑑內容，而這些內容必須和行為目標緊密切合。

## (六)發展教學策略（developing instructional strategy）

　　教學策略是實現教學目標的手段，是用來達成教學目標的過程與方

法，它的設計主要解決「如何教」的問題。教學策略的設計，著重在如何透過教學活動讓學習者能夠達成教學目標。

(七) 發展及選擇教學教材（developing and selecting instructional materials）

此階段要根據學習目標來設計或選定所需要的教材內容，並要發展、運用適合該教學內容所需要的教學媒體。教師在發展與選擇教材形式時需要依據教學目標、教學策略，並斟酌教材的適用性。

(八) 進行形成性評鑑（developing and conducting formative evaluation）

評鑑的目的之一在蒐集、描述和解釋各類訊息，並針對教學設計各階段活動進行價值判斷。形成性評鑑乃於教學過程中實施，教師可了解教學成效，以及評量學習者的學習成果、進步情形與優缺點。在教學未完成前，可就部分已初步完成之內容先行評鑑，而此時所進行的評鑑過程即是形成性評鑑，其主要目的在修正或增進教材設計所需的內容。

(九) 進行總結性評鑑（developing and conducting summative evaluation）

總結性評鑑適於教學活動結束後所進行的，主要評估教學目標達到的程度、教學方法是否有效以及評定學生學習的結果。

Dick 與 Carey（1996）提出總結性評鑑教學的四個層面：(1) 教學內容和需求與目標的一致性；(2) 教學內容的完整性；(3) 教學設計符合學習、教學和媒體使用的原則；及 (4) 教學內容是否使學習者滿意。張秀毓（2007）認為評鑑的目的不只是評量學習者的學習成效與學習歷程，也是評量教師所設計的教學計畫、教學方法、教學媒體與教學評量是否適當，課程實施結束後作為回饋與修正用，在自我省思的教學過程中，作為改進教學活動參考之依據。

上述九個階段，可歸納為以下五個步驟：

1. 分析階段：確定教學目標、進行教學分析、辨識學習者起點行為與特性。
2. 設計階段：撰寫行為目標。
3. 發展階段：發展效標參照測驗題目、發展教學策略、發展及選擇教學教材。
4. 應用階段：展現教學活動。
5. 評鑑階段：教學過程中實施形成性評鑑，以了解教學成效以及評量學習者的學習成果；教學活動結束後進行總結性評鑑，評估教學目標達成程度。

另外，在教學過程中，並非線性單向的歷程，而是不斷循環的歷程。在教學歷程中遇有問題，便要回復至前面的步驟重新檢視並加以修正。

# 陸 教學示例

| 臺中縣○○國民小學教學單元活動設計 | | | |
|---|---|---|---|
| 單元主題 | 地圖上的家鄉 | | |
| 設計者 | 鄭秀姿 | | |
| 教學時間 | 120 分 | 適用年級 | 四年級 |
| 能力指標 | 1-2-1 描述地方或區域的自然與人文特性。<br>1-2-4 測量距離、估算面積、使用符號繪製或閱讀簡略平面地圖。 | | |
| 教學目標 | **一、評估需求，確立教學目標**<br>1. 能學會閱讀地圖<br>2. 能認識比例尺與測量距離<br>3. 能繪製家鄉地圖 | | |

| | |
|---|---|
| 學習者與教材分析 | **二、進行教學分析**<br>教材分析：地圖是兒童探索外在世界的良好媒介，本教材探討「人與空間」能力指標後，選擇相關性的能力指標形成單元主題，透過閱讀地圖與繪製地圖的活動，【地圖觀察員】讓孩子學會閱讀地圖、認識方位，【我把家鄉變小了！】認識比例尺與測量距離，【畫我家鄉】則實際繪製家鄉地圖。<br>**三、學習者分析**<br>7 到 11 歲的兒童，屬於運思前期到具體運思期階段，對於方位概念清楚，具有「投影幾何空間」的概念，能以透視的觀點了解不同的位置物體的出現，所以在地圖教育的教學活動上，可做多方面的發展，脫離「上下左右」的使用方式，進入「東西南北相對位置」的概念，設計較實用的課程如：從地圖中測量方向與測量距離。 |
| | **四、撰寫表現目標**<br>如：能分辨普通地圖與主題地圖。<br>**五、發展評量工具**<br>各組討論學習單。<br>**六、發展教學策略**<br>小組討論、上臺發表、個別發言……<br>**七、發展和選擇教學資料**<br>翰林出版社四年級上學期社會課本<br>康軒出版社四年級上學期社會課本<br>**八、發展並進行形成性評量**<br>透過小組成員上臺報告，以了解教學成效及評量學習者的學習成果。<br>**九、發展並進行總結性評量**<br>透過學生作品發表，以實際了解教學目標達成程度。 |

### 教學活動流程

| 單元目標 | 教學活動 | 教學資源 | 教學評量 |
|---|---|---|---|
| 能分辨普通地圖與主題地圖 | 【地圖觀察員】<br>**一、導入活動**<br>（引起動機）<br>教師提問並呈現實物：現在科技發達，有沒有發現汽車內裝多了一樣特別的東西？<br>想像一下，它和什麼東西很像？<br>**二、發展活動**<br>1.請同學拿出蒐集的各種地圖。 | 教師：<br>PowerPoint 製成的各種地圖照片<br>臺灣行政區域圖<br>臺中縣地圖<br>學生：<br>蒐集的各種地圖 | |

| | 2. 教師提問與全班討論： | | |
|---|---|---|---|
| | ・你看到地圖上有什麼？ | | |
| | 3. 教師呈現各種地圖的 PowerPoint。 | | |
| | 4. 教師說明地圖可分為普通地圖與主題地圖。 | | |
| | 5. 請學生發表自己帶來的地圖是屬於普通地圖或 | | 學生 |
| | 　 主題地圖。 | | 發言 |
| | 6. 教師呈現臺中縣地圖，說明地圖的要素有： | | |
| | ・地圖名稱 | | |
| | ・圖例 | | |
| | ・方向標 | | |
| | ・比例尺 | | |
| 能說出 | 7. 請學生猜一猜圖上的符號分別代表什麼，猜完後 | | |
| 地圖的 | 　 教師說明所代表的意義。 | | |
| 要素 | 8. 請學生在臺中縣地圖上指出自己家鄉。 | | |
| 能說出 | 9. 請學生說出家鄉鄰近的鄉鎮。 | | |
| 地圖上 | 10. 請學生依據方向標，說出家鄉的位置。 | | |
| 家鄉的 | | | |
| 位置 | 【我把家鄉變小了！】 | 教師： | |
| | 一、導入活動 | 臺中縣大甲鎮地 | |
| | 教師呈現臺中縣大甲鎮地圖，與學生一起討論發 | 圖 | 學生 |
| | 表： | 學生： | 發言 |
| | 1. 這是一張普通地圖或主題地圖？ | 圓規 | |
| | 2. 請說出這張地圖名稱。 | 尺 | |
| | 3. 說一說圖例中的符號，分別代表的意義。 | 細繩 | |
| | 4. 請依照方向標，指出地圖中的北方。 | 鉛筆 | |
| | 5. 比例尺 0———3公里 在圖上是 1 公分，實際的長 | | |
| | 　 度是多少？ | | |
| | 二、發展活動 | | |
| 能說出 | 1. 教師以 PowerPoint 呈現測量地圖上距離的步驟。 | | |
| 地圖上 | 　 步驟一：確認地圖比例 | | |
| 各種符 | 　 步驟二：測量間距倍數 | | |
| 號的意 | 　 步驟三：計算實際距離 | | |
| 義 | 2. 學生拿出圓規和直尺操作。 | | |
| | 3. 教師請學生拿出影印好的臺中縣大甲鎮地圖。 | | 小組 |
| | 4. 請學生估算圖上下列兩地間距離： | | 討論 |
| | ・日南車站←→鎮瀾宮 | | |
| | ・文昌祠←→鐵砧山風景區 | | |

第 7 章 系統化教學設計

161

| | | | |
|---|---|---|---|
| 能使用測量工具測量地圖上的距離 | ・日南車站←→苑裡車站<br>5.教師請學生發表其他測量方法。<br><br>【畫我家鄉】<br>**一、導入活動**<br>教師請學生發表住家附近的環境有哪些主要道路、建築物、公共設施。 | 學生：<br>圖例設計學習單<br>八開圖畫紙<br>畫圖用具 | 學生發言 |
| 能運用地圖提供的比例尺估算實際距離<br><br>能夠描繪居住地方的大致輪廓<br><br>能以各種符號標示所繪主要地物的位置 | **二、發展活動**<br>1.教師以 PowerPoint 呈現繪製地圖的步驟。<br>　步驟一：仔細觀察環境<br>　　（提示）除了登高望遠觀看環境外，也可利用<br>　　　　　　筆記本或相機記下所看到的道路與景物。<br>　步驟二：畫草圖<br>　　（提示）繪製草圖時，要先確定方向。<br>　步驟三：討論圖例符號<br>　　（説明）各組報告完圖例設計學習單後，全班<br>　　　　　　討論並選出較適當的。<br>　步驟四：加入圖例符號<br>　　（提示）大部分地區都有的景物，所使用的圖<br>　　　　　　例符號大致相同。<br>　步驟五：標示名稱<br>　　（提示）為了避免看不懂圖例符號，可在景物<br>　　　　　　的符號旁標示名稱。<br>　步驟六：全班分享各組完成的地圖<br>2.學生開始繪製地圖。<br>3.教師批閱或行間巡視後，提醒學童修正草稿地圖。<br>4.分享各組完成的地圖。 | | 各組討論學習單 |
| 參考資料 | 翰林出版社四年級上學期社會課本<br>康軒出版社四年級上學期社會課本 | | |

## 柒 結語

　　系統化教學設計不僅從教學者的觀點來進行課程規劃，也重視學習者的特性、需求的分析，整個過程由一系列步驟構成，從分析教學問題、學習者特性、設計解決方法、進行教學，並進行評鑑與修正，每一環節都相互關聯，力求周延審慎以達成教學目標，非但合乎科學邏輯的過程，亦呈現教學設計工作的系統性，使教學過程中發生具體效應，達到最佳教學方法和最佳學習效果，教師如能善加運用，對於教學成效的提升將有莫大的助益。

## 參考文獻

### 中文部分

中國視聽教育學會、中國視聽教育基金會主編（1995）。**系統化教學設計**（第五版）。臺北：師大書苑。

中華民國成人教育學會（1995）。**成人教育辭典**。臺北：作者。

朱湘吉（1994）。**教學科技的發展理論與方法**。臺北：五南圖書出版公司。

李宗薇（2000）。**教學設計理論與模式的評析及應用：以師院社會科教材教法為例**。國立臺灣師範大學教育研究所博士論文，未出版，臺北市。

李明芬（1999）。系統思考的再思與教學系統設計的轉化。**教學科技與媒體**，*48*，40-50。

沈中偉（2005）。**科技與學習——理論與實務**。臺北：心理。

沈翠蓮（2001）。**教學原理與設計**。臺北：五南圖書出版公司。

林佳旺（2003）。**國小網路素養課程系統化教學設計之行動研究——以「六年級網路互動安全課程」為例**。國立嘉義大學教育學院教育科技研究所碩士論文，未出版，嘉義市。

林進材（2004）。**教學原理**。臺北：五南圖書出版公司。

徐照麗（2000）。**教學媒體：系統化的設計、製作與運用**。臺北：五南圖書出版公司。

莊雁茹（2003）。**書法教學 *e-learning* 教材之設計與發展——以國小高年級為例**。屏東師範學院教學科技研究所碩士論文，未出版，屏東市。

趙美聲、陳姚真編譯（1999）。**遠距教育：系統觀**。臺北：松崗。

張秀毓（2007）。**系統化教學設計模式應用在成人藝術教育之行動研究**。國立中正大學教育學研究所碩士論文，未出版，嘉義縣。

張祖忻、朱純、胡頌華（1995）。**教學設計基本原理與方法**。臺北：五南圖書出版公司。

張霄亭、朱則剛、張鐸嚴、洪敏琬、胡怡謙、方郁琳、胡佩瑛（2001）。**教學原理（再版）**。臺北：國立空中大學。

蘇郁惠（2007）。***Moodle* 網路學習平臺線上音樂課程發展之研究——以「直笛 *E* 學園」之建置與教學應用為例**。國立新竹教育大學人資處音樂教學碩士班，未出版，新竹市。

## 英文部分

Dick, W.,& Carey, L.（1996）. *The systematic design of instruction*（4th ed.）. New York: Harper Collins Publishing.

Gagné, R. M. & Briggs, L. J.（1979）. *Principles of instructional design.* New York :Holt, Rinehart & Winston.

Heinich, R., Molenda, M., Russell, J. D., & Smaldino, S. E.（1996）. *Instructional media and technologies for learning*（5th ed.）. New Jersey: Prentice-Hall, Inc.

Mannaz, M.（1998）. An expert teacher's thinking and teaching and instructional design models and principles: An ethnographic study. *Educational Technology Research and Development, 46*（2）, 37-64.

# 第 8 章

# 圖像組織教學法

林香廷
彰化縣二林鎮萬合國民小學教師

賴苑玲
國立臺中教育大學社會科教育學系教授

## 本章綱要

## 壹 前言

　　圖像組織（graphic organizer）是指將知識或訊息的重要層面加以視覺化的表徵方式，並非單指某一種圖形，包含概念圖、網狀圖、框架表、次序圖、維恩圖與魚骨圖等多種圖形。對於社會學習領域而言，圖像組織更能呈現社會學科知識概念間的關聯，如：類別、階層、差異、順序、因果與影響等，強化學生對學科知識的學習理解與意義。圖像組織在社會領域中是能有效提高學習動機、學習成效及學習滿意度的教與學之策略，依據社會領域的學科知識特性，選擇適合之圖像組織以建構學習內容，將能使學生達到精熟主題內容或概念深化的有意義學習。本章旨在闡述圖像組織的意涵、理論基礎、種類及教學原則。

## 貳 圖像組織的意涵

　　Novak 與 Gowin（1984）依據 Ausubel 有意義學習理論所發展的概念圖，是讓教學者有效組織教材、學習者有效學習的視覺化工具。Bromley、Irwin-DeVitis 及 Modlo（1995）將知識或訊息的重要層面加以視覺化的表徵方式稱為圖像組織（graphic organizer），並闡釋圖像組織並非單指某一種圖形，概念圖及網狀圖、框架表、次序圖、維恩圖與魚骨圖等均包含在內。黃永和及莊淑琴（2004）更明確定義圖像組織是一涵蓋性用語，藉由節點（nodes）、關係連結（links）與空間配置（spatial configuration）的安排，以視覺化方式來表徵知識或訊息的重要層面。簡單的說，圖像組織是將語意圖像化或視覺化，可同時表達一個或多個主體概念的結構與相互關係的知識表徵工具。

　　圖像組織的使用時機多元，能作為教學起點行為的評量策略，是教學中發展多元概念或資訊的絕佳教學策略，更能作為學習效果評鑑之工具（陳麗華，2002）。李欣青（1997）指出，視覺上的刺激較能在短時間內帶給人們情感上的反應，也可呈現真實生動的影像，並以具體的方式呈

現文字和語言難以表達或釐清的抽象概念，幫助學習者組織資料和建構知識，對學習有很好的增強效果。當學生以視覺工具呈現其認知策略的同時就是在練習後設認知（Hyerle, 1996），透過學習者描繪自身如何將知識內容歸類及解決問題之思考歷程，是有意義學習的表現。

##  圖像組織的理論基礎

圖像組織能簡化學習任務、架構學習基模、幫助學習記憶及引導主動學習。以下由基模理論、訊息處理理論及有意義的學習理論分別敘述。

### 一、基模理論

根據 Bruner（1966）知識學習的三個表徵階段，教學時應由直接具體的經驗，到圖像描述的經驗，再到文字符號的表徵經驗。但要使學習者能有效地運用更多的抽象概念，必須先建立許多具體經驗的庫存，才能對抽象符號描述的現實賦予意義。認知心理學基模理論（schema theory）認為個體對環境中事物的認識與了解是學習的必要條件。在個體感官受到刺激後經由注意、辨識、轉換進入短期記憶，經運作記憶後才能被長期記憶保留，再經過解碼過程而能運用及執行。知識若以系統性結構的方式組織與儲存在長期記憶之中，這種系統性的知識結構便是「基模」。個人以既有的基模去架構世界與自己的行為時，若基模與環境產生矛盾，個人須修正基模去同化、調適與統整，並使新概念漸趨向類別化與精緻化，而基模不斷的重組即形成個人的知識及認知結構（張春興、林清山，1987）。國小中年級學童正是從影像表徵時期邁向符號表徵時期，故在社會領域教學中以圖文並茂的圖像組織進行教學，連結學生由生活、學習經驗所建立起的基模中，得以擴展其認知結構並簡化學習任務。

## 二、訊息處理理論

個體接受學習的第一步是接受訊息，如何讓學生專注、選擇、吸收訊息並能進入長期記憶而活用所學，實為教學過程中必須大力關注的部分。Paivio 最早提出雙碼理論（dual-coding），假設人類在訊息處理的過程中，有兩類的系統分別處理不同的認知訊息：一個是一般性記憶庫，為語文系統，主要處理語文方面的訊息，屬左腦優勢；另一個是特殊記憶庫，屬於心像系統，只處理圖形或代表具體物品之文字，屬右腦優勢。這兩個系統的運作各自獨立卻又密切連結而影響人類的認知行為。所以文字與圖形如今被視為傳送知識的兩個不同媒介（Mayer & Anderson, 1992）。而視覺化圖像具有吸引注意、解釋說明與易於記憶等功能，使原本語言性（verbal）的文本訊息具有更好的記憶效果。故將文本文字加以視覺化編碼的圖像組織，不僅能使大量訊息得以有效能的方式被表徵與貯存，同時也提供認知處理與心智思考的運作基礎。陳麗華（2002）分析社會領域的教學特性，包含訊息處理、社會互動及社會行動等三種教學模式，認為在訊息處理教學模式下，圖像組織的教學策略能有效強化社會領域的教學。Jensen（1998）指出當學習者畫出圖像組織，能增加學習意願，並強化學習情境和學習內容的細節（引自梁雲霞譯，2003）。利用圖像組織表徵工具，能讓學生在生動且結構化的情境中學習，而提升其學習效果，並能完整地學習相關學科的概念、知識及知識的運作（林民棟，2006）。

## 三、有意義的學習理論

Ausubel（1963）強調新的學習必須能與個體原有認知結構中的舊經驗取得關聯，此即有意義的學習理論。Ausubel（1968）更明確指出影響學習最重要的因素是學習者現有知識的數量和組織，也就是學習者的認知結構。Ausubel 定義認知結構為個體對某一特定訊息有組織、穩定且清晰的認知，透過不斷的運作整合各種雜亂的次級概念或訊息，使其成為有系統的組織結構。林寶山（1980）闡釋認知同化機轉的定義曾如此

說：當新訊息與個體大腦神經系統中已有之認知結構相關聯，使新訊息能在已存有之概念體系中扎根，起因為認知結構替高層概念提供了「概念駐留」（ideational anchorage）或「概念鷹架」（ideational scaffold）的功能。Ausubel 將新知識包含進入既存的相關概念或命題之下的歷程稱為「含攝學習」（subsumption）（引自余民寧，1997）。強調若學習者無法將新的學習內容與其舊經驗取得關聯，偏重機械式練習、零碎知識的記憶，即使記住所學知識，仍處於孤立的狀態，無法將所學融入原有的認知結構，此即為機械式學習；若能與先備知識取得連結並主動納入認知結構中，則成為有意義的學習。

　　Ausubel（1968）認為影響學習次重要的因素是學習者要去學習的教材。Ausubel 與 Robinson（1969）將類化、通則或命題的學習教材視為最複雜的類別（引自楊龍立，2006）。位於愈上階層的概念之抽象性、一般性和涵蓋性較高，愈下階層的概念則愈特殊、具體（蔡銘津，1996），故學習的方向應由上而下，先學習最高層概念，再學習低層概念、定義與性質等，最後才學習零碎的特殊事物（呂美足，2006）。所以張春興（1994）指出，學生學習新知識的能力與經驗，就代表其認知結構，配合其認知結構，教予新的知識，就會使其產生意義學習。學習內容經由教師組織後，以最後的形式呈現，提供給學習者，則為接受式學習；若是鼓勵學習者自行操作、探索，以發現學科教材所隱含的組織結構，則為發現式學習。「機械的－有意義的」及「接受的－發現的」是連續向度的學習過程，兩者並非互斥，而是兼容於同一個學習過程中（鐘素梅，2005）。當學習者對於所吸收的訊息視為有意義的，則能產生邏輯式的組織訊息，並與原有經驗相關聯，融入其認知結構，則為有意義的接受學習。當學習者獨立發現訊息而進行學習，並與原有經驗相關，融入其認知結構，則為有意義的發現學習。社會領域教學目的在涵養學生的基本學科知識及解決問題的能力，則不能缺少此兩種有意義的學習法。

　　在有意義的學習過程中，教師扮演呈現與講解教材的角色，呂美足（2006）強調教師應用圖像組織方式呈現教材，強調舉例、鼓勵發問與討論。學生則經由反思的歷程將學習轉化為產出性知識，成為教室學習的主人，是知識的生產者而非單純的消費者。故圖像組織不僅能活化學

習者先備知識，使學習內容與先備知識產生連結，並有效進入長期記憶區，是促進學生有意義學習的策略。

## 肆 圖像組織的類型

圖像組織具有許多不同的型態和類型。Bromley 等人（1995）依知識的組織將圖像組織分為四種類型：(1) 階層性（hierarchical）：包含一個主要概念與次概念的層次或等級，強調歸納和分類的能力；(2) 概念性（conceptual）：包含一個中心概念、類別，或是在類別等級下支援的事實、特徵或範例，用來描述、蒐集、解決問題或進行相對比較等學習；(3) 序列性（sequential）：以時間次序來排列事件的優先順序，可呈現事件的因果、過程到結果或是問題與解決；以及 (4) 循環性（cyclical）：此型態描述系列、連續、循環的資訊。

黃永和與莊淑琴（2004）依圖像組織的功能歸納為以下五種：(1) 因果關係（cause/effect）；(2) 比較對照（comparison/contrast）；(3) 時間順序（time order）；(4) 簡單列表（simple listing），以及 (5) 問題解決（problem/solution）。

以往實證研究者進行社會領域圖像組織教學研究時，多以概念構圖稱呼此策略，易使人誤解成 Novak 與 Gowin（1984）所發展的概念圖，故應以圖像組織命名較為合適。而實證研究者對圖形種類的區分，多以洪麗卿（2002）所提社會科圖像組織教學的三類基本構圖方式進行擴充，包含連結相關概念的階層圖及網狀圖、呈現因果關係的因果鏈圖及魚骨圖、評估想法的維恩圖及權衡秤等三類。筆者綜合上述學者的看法及相關的研究，因應社會領域學科知識的類型及圖像組織的功能，將適用於社會領域教學的圖像組織大致分成：連結概念、序列流程、澄清因果及比較權衡等四類。其包含的圖形與其圖形概念的解說及構圖步驟敘述如下：

## 一、連結概念的圖像組織

連結相關概念的圖像組織有許多種,有開放性的網狀圖,有強調上下階層關聯的階層圖與概念圖,以及在進行社會領域專題探究時,連結概念與整理資訊的最佳工具 KWL 表。

### (一) 網狀圖

網狀圖(圖 8-1)又稱網圖、蜘蛛圖與泡泡圖等。網狀圖表徵放射狀思考模式,能擴充概念資訊並統整學習內容。構圖法:中心點以具體的事物或抽象的概念為主題,將支持該主題的分項事實(如:人、事、時、地、物、起因、類型、結果、特徵或屬性)寫出;也可在主要概念外繼續擴充次概念,再使用連結線將概念連結;連結線也可呈交叉連結,用以表徵更複雜的知識網絡。

### (二) 階層圖

階層圖(圖 8-2)指將概念按照由上而下的階層排列方式呈現的圖形。上下階層間具有隸屬關係,上層概念屬一般性、概括性或抽象性的概念,下層概念屬特定及具體的概念、細節或例子。構圖法有兩種,一是由上而下擴展概念的階層,二是由下而上歸納概念的階層。先篩選重要概念,再依抽象度、從屬關係或反應先後排列概念;或者先說出下層例子與細節,再進行概念或類別的歸納。利用簡易階層圖建構主題概念關係,困難度較低,中年級學生亦能上手。

### (三) 概念圖

概念圖(圖 8-3)則是指由 Novak 與 Gowin(1984)所發展,藉由箭頭連結線與連接詞表徵階層的概念命題(proposition)形式。洪麗卿(2002)指出連接詞可表示部分與隸屬、特徵與性質、原因與結果、解釋與定義、功能、例證或類別等意義。構圖的步驟為:(1)篩選重要概念;(2)依抽象度、從屬關係或反應先後排列概念;(3)以適當連接詞說明概念之間的關係;(4)進行概念分支間的交叉連結關係;(5)舉出具體

的例子（林達森，2003）。利用命題形式的概念圖建構主題概念關係，困難度較階層圖高，故較適用於高年級之學生。

　　㈣KWL 表

　　KWL 表（圖 8-4）由 Carr 和 Ogle 所發展，是社會領域進行專題研究時蒐集資訊的最佳方法。構圖方法為：在教學前由學生填寫學生已知（Know）的 K 欄及學生欲知的（What）W 欄，能有效連結學生的先備經驗及聚焦在重要問題上；在專題研究結束時，請學生將習得的（Learn）知識寫在 L 欄，可作為學習成效的呈現或評估。

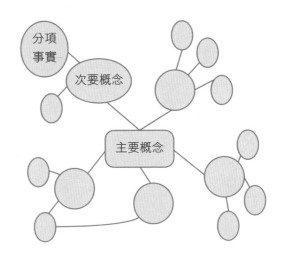

**圖8-1　網狀圖**

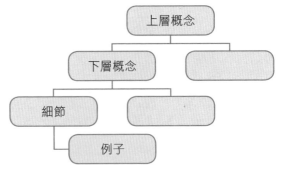

**圖8-2　階層圖**

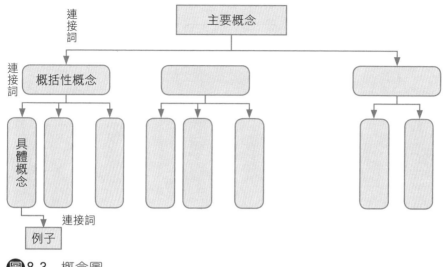

圖8-3　概念圖

| K 欄<br>（Know） | W 欄<br>（What） | L 欄<br>（Learn） |
|---|---|---|
| | | |

圖8-4　KWL 圖

## 二、序列流程的圖像組織

序列性的圖像組織能有效表達社會領域中順序、變遷及發展過程等學科知識內容，包含時間線、次序圖、循環圖及流程圖等。

### （一）時間線

時間線（圖8-5）用以描繪具有時間日期的相關事件，例如歷史大事、校史發展與個人傳記等。構圖時先畫一條數線，將關鍵的時間日期寫在數線上方，依序在下方寫出相對應事件的關鍵詞。

圖8-5　時間線

(二) 次序圖

　　次序圖（圖8-6）表徵完成某一任務或解決某一問題所須依循的步驟。次序圖以帶有箭頭的方格代表事件的發展順序。構圖時先畫出數個箭頭方格，按照次序將關鍵字填入方格中。若事件沒有固定的起始點與終點，呈動態循環發展，則用箭頭將各事件連結，形成一個循環圖（圖8-7）。

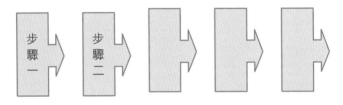

圖8-6　次序圖

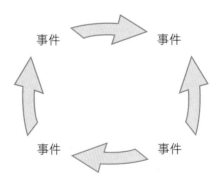

圖8-7　循環圖

（三）流程圖

流程圖（圖8-8）由邏輯學者和早期的電腦程式人員所發展，可清楚呈現程序性知識。構圖時以圓形代表入口，橢圓形代表出口，中間以箭頭連結長方形與鑽石形方框，長方形方框代表各步驟的訊息，鑽石形表示面對二選一下決定的問題，並提供兩條解答途徑，可回溯前面步驟或提供後續步驟的選項。

## 三、澄清因果的圖像組織

澄清因果的圖像組織特色在於檢視事件形成的因果及過程，以及思考問題解決或規劃事情的流程，包含魚骨圖、因果鏈圖等。

（一）魚骨圖

魚骨圖（圖8-9）表示事件的成因及結果，先列出結果再歸納事件可能之主因，主因下可推敲其細項因素，藉此可增進分析歸納之能力。構圖時先畫出一條水平長箭頭代表圖的中心軸（主幹），在箭頭前方（魚頭部分）寫下研究問題或事件結果，沿著魚骨的中心軸寫下事件的主因之類別，主要類別上可再以細線表示更詳細的原因。

（二）因果鏈圖

因果鏈圖（圖8-10）表示較複雜的事件成因及結果，強調思考事件的前後、因果之脈絡。作法為：將前後概念以帶有箭頭的實線作為連結

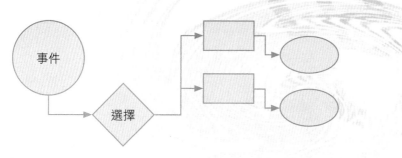

圖8-8　流程圖

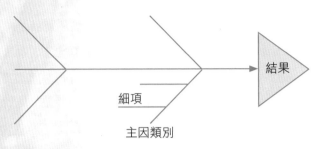

圖8-9　魚骨圖

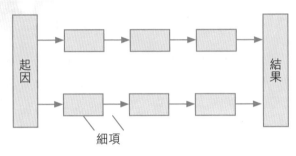

圖8-10　因果鏈圖

線，意指「導致」，前面的概念導引出後面的概念，形成步驟性的因果關係。

## 四、比較權衡的圖像組織

比較權衡的圖像組織能突顯社會領域探討環境與人文之特徵或差異的主題，可描述主題特徵、分析事件；又可比較時間、空間或場合變遷後的異同點，藉此可發展批判思考及價值判斷能力，包含維恩圖、權衡秤及框架表。

### (一) 維恩圖

維恩圖（圖 8-11）由英國數學家維恩（John Venn）所創，發展自數學的集合觀念。藉由兩個重疊的圓，比較兩個抽象概念、事件或物品的異同，兩圓所構成的交集與或非交集的情形，表徵兩者間的共通性與

差異性。維恩圖又稱范氏圖或環扣圖。其構圖法：畫出兩個部分重疊的圓，中間交集處填寫兩個概念的共同點，左右兩邊的圓填寫各概念之獨有特徵。

(二) 權衡秤

權衡秤（圖 8-12）用來評析整理雙方之意見，以評鑑事件的意義，特別適合用於社會領域開放性議題的教學。圖形類似磅秤，構圖時將欲討論之議題寫在中間三角形，左右兩邊的圓形則代表正反兩方之意見，三角形下方之長方形代表最後的決策。

(三) 框架表

框架表（圖 8-13）藉由矩陣形式來組織與表徵知識或概念，呈現結構化及視覺化的資訊，是學生定義型態和關係的最佳工具（李欣蓉譯，2005）。構圖時先畫出數個縱列與橫列，第一欄與第一列先標示概念的分類主題，其餘細格則用以標示與行列分類主題有關的訊息。

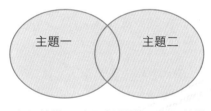

主題特徵　　主題相同點　　主題特徵

圖8-11　維恩圖

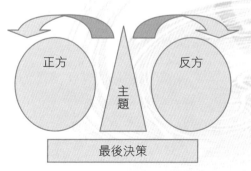

圖8-12　權衡秤

第8章　圖像組織教學法

| 生活方式＼地形 | 平原 | 丘陵 | 山地 |
|---|---|---|---|
| 聚落 | | | |
| 產業 | | | |

 圖 8-13　框架表

　　圖像組織的種類有許多種，黃永和及莊淑琴（2004）指出在實際教學中，師生應依據學習內容與構圖者的需要而進行調整、混合或改變，不必拘泥於特定格式與型態的規範。

# 伍 圖像組織的教學策略

　　透過圖像組織能建構、記憶、溝通、轉換意義、評估和改革具有關聯性的陳述性知識，尤其在建構過程中，能使學習者重新發現一些訊息、想法和遺失在心中深處的舊經驗，找到屬於自己的思考方式（林文真，2004）。以圖像組織為教師的教學策略，引導成為學生的學習策略，透過教師示範構圖、小組合作構圖之後，方能將構圖責任轉移至學生獨立構圖。故圖像組織的教學強調教師示範、誘導、支持與淡出的鷹架歷程，且無法忽視在教學過程中同儕的互動與對話（王明傑、陳玉玲譯，2002）。以下擬從圖像組織的教學原則、圖像組織的教學階段等兩個層面，來陳述圖像組織的教學策略。

## 一、圖像組織的教學原則

　　在教學歷程中，可以在不同的時間點使用圖像組織，例如：教學前用來了解先備知識；教學中用來發展概念資訊；教學後用來回憶評鑑所學。綜合 Bromley 等人（1995）、Hyerle（1996）、黃永和及莊淑琴（2004）與林文真（2004）的看法，說明圖像組織的教學應用策略共有以下六種：(1)教學的規劃與引導工具；(2)摘要、統整、複習與評鑑的

工具；(3) 知識表徵的工具；(4) 激發思考的工具；(5) 師生互動的工具；以及 (6) 分享、討論與溝通的工具。然而，圖像組織的教學歷程中，仍應注意以下之原則：

## (一) 教學目標要明確

概念學習需要完整的建構，若是過分簡化圖形來代表特殊的主題或概念，會讓學生對學習內容產生誤解（黃台珠譯，2002），故應該設定清楚的教學目標，並依據這些目標來決定教學歷程及檢視教學成效。

## (二) 有個別差異

強調知識表徵的方法有許多種，使用圖像組織來表徵知識亦然，學生的學習風格不盡相同，構圖成果必有所差異，故黃永和（2006）指出，教師必須樂於接受學生想法上的個別差異，並有能力及時發現學生構圖中的錯誤進而給予指導。

## (三) 重視實作過程

Egan（1999）曾說教師在教學上應用圖像組織，首先要把握的原則就是要真正踏實地做準備，如果教師只是將圖像組織當作另一個作業，缺乏合適的引導及示範，那對學生反而會造成負擔。教師要親身經歷使用圖像組織的歷程，才能體認內在認知基模的啟動、決定運用哪些訊息、確認所應用的材料以及回顧結果等學習經驗（引自梁雲霞，2003），才具有指導學生進行圖像組織學習的能力。

## (四) 重視分享討論

黃永和（2006）指出，教師在進行示範時若說出自己的思考歷程，包括構圖時遭遇到的困惑、錯誤的嘗試及如何修正的過程，讓學生觀察教師如何作決定，能提高圖像組織教學的附加價值。而建構圖像組織有賴同儕間的分享與討論，透過腦力激盪與溝通討論，不僅能培養分享及協商的社交能力、擴充學生的認知結構外，並能及時發現學生的迷思觀念而給予指導。

### (五) 發展後設認知能力

建立圖像組織是一個動態的過程，能發展用各種感官觀察、質疑並提出問題、了解與同理的心智習性（Hyerle, 1996）。此反省思考的能力即後設認知的能力，故應讓學童了解學習圖像組織的目的，並時時鼓勵學童自省圖像組織對自己學習的影響與效益，培養圖像組織的後設認知能力，能提高其學習成就與動機。

### (六) 需要熱忱與支持

培養學生獨立構圖的能力，需要一段時間的引導及練習，林文真（2004）指出為了開發兒童潛力並培養其問題解決的能力，必須規劃適當訓練課程，不僅需要有「power」的教師，更需要得到行政系統的大力支持。

承上所述，圖像組織能為教學提供多樣的輔助功能，就像地圖指引一樣，讓我們得以鳥瞰知識的構成與型態，而不會迷失於複雜的知識叢林間。

## 二、圖像組織的教學階段

Yelon 指出教師編選教材的三個流程為：萃取精要內容、知識形式與具體實例；進而編選與組織精要內容；再以有組織的方式呈現（引自劉錫麒譯，1999）。教師在教學前將教材組織良好，可以有效運用時間、減輕學生負擔，並能促進較高層次的思考教學。蔡秉燁（2004）更指出教學者必須將教學內容明確且有系統的用圖像化的方式來表示，圖像化結構可有效引導學習者進行新舊概念的連結、進行統整學習，及協助教學者診斷學童之迷思概念。

溫文玲（2005）指圖像化學習的四個步驟，分別是 (1) 圖像輸入：提供各類圖像，吸引學生注意、激發興趣；(2) 觀察與理解：引導學生觀察圖像的內部細節，理解圖像內容；(3) 思考與討論：讓學生思考、討論並分享圖像訴說的訊息；(4) 產生意義：學生了解這些圖形的內容與其代

表意義，並與自己生活經驗做結合，進行價值澄清。若解釋與圖像內容有差異，可回到第二或第三步驟繼續探討。若將圖像組織教學最終目的設定在引導學生能自行建構，Hyerle（1996）則建議，教師須先藉由呈現範例、進行示範及提供程序知識等前置階段教學，讓學生了解圖像組織的建構與使用方式。張瑞芬（2009）、林香廷（2009）在社會領域教學相關研究均證實，圖像組織透過初始階段的教師示範構圖、發展階段的小組合作構圖及成熟階段的個人獨立構圖等三階段的教學模式是可行的。圖像組織教學階段如下：

## （一）前置階段教學

前置階段教學目的在使學生認識圖像組織的使用時機、優點與目的。故針對選用的圖像組織提供至少一個典型的範例，可以一次只教導一種圖像組織，或者將具有相同型態或功能的圖像組織同時教導。而不同的知識類別需要不同的知識結構鏈結設計與學習策略，才能有效達成預定之教學目標，不同種類的圖像組織，可以產生、促進不同的認知處理，如分析、組織、精緻化與整合等，這些認知處理促使概念間的關聯與建構更加容易達成，進而有效幫助學習者組織與類化其所學的內容，故愈複雜的知識需要愈少限制、愈開放的網狀鏈結及以學生為中心的學習活動（陳明溥、莊良寶，1999）。

## （二）教師示範構圖

初始階段由教師示範構圖，應先用學生所熟悉的主題來舉例，引導學生學習直到熟練方法為止（李欣蓉譯，2005；黃永和，2006）。教師示範構圖步驟如下：(1) 依據主題目的選擇適合圖形；(2) 由大標題及文本內容中篩選出 5 至 10 個概念或關鍵詞句；(3) 將概念寫在大卡片上，張貼於黑板；(4) 進行概念分類或概念分層；(5) 連結形成圖像組織；(6) 討論補充增刪其他概念；以及 (7) 修改圖像組織。此階段教師應詳細交代自身的思考歷程外，師生間應持續針對主題概念進行對話與澄清，確定學生均能了解圖像組織的內容與建構原則。

### (三) 小組合作構圖

學生經歷教師示範構圖後，對建構圖像組織稍具概念，可將構圖責任部分轉移給學生，建議採用異質性分組方式進行。初期合作構圖步驟：(1) 教師指定圖像組織類別；(2) 全班共同討論篩選出重要概念或關鍵詞句；(3) 小組分別完成不同細項概念的建構；(4) 小組成果展示及發表；以及 (5) 師生補充與教師解析。合作構圖進行到後期時，可由小組成員自行選定圖像組織類別並完成完整的概念建構，經由發表分享活動可觀摩、比較同儕間的概念建構情形。

### (四) 個人獨立建構

教師示範及小組合作共同建構，對於讓學生獨自建構圖像組織具有重要的引導功能。教師從構圖責任中逐漸淡出，但仍須進行文本導讀及焦點討論，且須適時的給予每個學生回饋，使其能修正所建構的圖像組織。構圖步驟：(1) 篩選重要概念或關鍵詞句；(2) 選定圖像組織類別；(3) 將概念分類或分層；(4) 擴充概念或例子；(5) 發表與分享；以及 (6) 教師解析。課程結束時，讓學生反省與討論該種圖像組織學習經驗與效果，以及在其他學科或生活之中的應用方式，透過此歷程可以培養學生對於圖像組織的後設認知策略之獲得，並對於學習成效進行完整的回顧。

## 陸　教學示例

此教學示例為三年級「校園的自治」主題教學中「開班會」的子題，主要目標在了解開班會的目的與流程，延伸目標為認識選舉活動、表決方式與培養民主的態度。但此主題學生的先備知識具有明顯的城鄉差異，故須提供相關影片及文章作為前導組體，並以圖像組織的學習強化學生對本活動主題的了解。故規劃以概念性圖像歸納自治與選舉兩個概念；以次序流程圖像呈現班會及選舉的順序；以澄清因果圖像探討選舉的起因；以比較權衡圖像分辨各團體的討論提案差異及表決方式的優劣。

| 單元名稱 | 第五單元校園的自治<br>活動二：我會開班會 | 教學時間 | 共 120 分鐘 |
|---|---|---|---|
| 能力指標 | \multicolumn{3}{l}{6-2-3 實踐個人對其所屬之群體（如家庭、同儕團體和學校班級）所擁有之權利和所負之責任。} | | |
| 教學目標 | \multicolumn{3}{l}{1. 認識班級自治的意義。<br>2. 認識班會的意義與功能。<br>3. 明白班會開會的程序。<br>4. 認識選舉的流程及相關活動。<br>5. 辨別不同的表決方式之優缺點與適用時機。} | | |
| 參考資料 | \multicolumn{3}{l}{1. 網路文章——表決方式簡介。<br>2. 說給兒童的臺灣歷史故事，CD 的第 20 片「臺灣新世紀——請投我一票」。小魯出版。} | | |

設計理念<br>與<br>教材分析

目的

民主態度　　流程

選舉花招　　開班會　　討論提案

表決方式　選舉流程

本活動主要在讓學生了解班級自治活動經常透過召開班會來實施，故開班會的目的與流程及延伸的選舉活動、表決方式與民主態度的培養，同為本活動重點。因此活動因應學生的先備知識具有明顯的城鄉差異，故先以相關的開會流程影片暖身，以圖像組織的學習強化學生對本活動主題的了解。故以概念性圖像呈現自治與選舉兩個概念；以次序流程圖像呈現班會及選舉的順序；以澄清因果圖像探討選舉的起因；以比較權衡圖像分辨各團體的討論提案差異及表決方式的優劣。

| 教學活動 | 教學資源 | 評量方式 |
|---|---|---|
| 前導階段教學：<br>了解魚骨圖、網狀圖、次序圖、框架表等圖像組織的建構原則及目的。<br><br>第一節　教師示範構圖<br>※**觀察情境、察覺問題**<br>影片觀賞<br>課文導讀 pp.66-69<br>※**引導討論、確定問題**<br>1. 開班會的目的？<br>2. 誰應該參與班會？<br>創作練習：為何要辦理自治活動？<br>示範步驟：1. 依據主題目的選擇適合圖形<br>　　　　　2. 由大標題及文本內容中篩選出 1 至 10 個概念或關鍵詞句<br>　　　　　3. 將概念寫在大卡片上，張貼於黑板<br>　　　　　4. 進行概念分類或概念分層<br>　　　　　5. 連結形成圖像組織<br>　　　　　6. 討論補充增刪其他概念<br>　　　　　7. 修改圖像組織<br><br> | VCD<br>課本<br><br><br>題目卡<br>空白圖形<br>概念字卡 | 參與討論<br>口頭評量 |
| ※**引導討論、確定問題**<br>1. 什麼叫做「討論提案」？<br>2. 班上有哪些待討論的提案？<br>創作練習：比較家庭會議、班級會議的性質<br>示範步驟：1. 依據主題目的選擇適合圖形<br>　　　　　2. 師生共同討論篩選欄與列的主要分類<br>　　　　　3. 將概念寫在大卡片上，張貼於黑板<br>　　　　　4. 進行概念分類<br>　　　　　5. 討論補充增刪其他概念<br>　　　　　6. 修改圖像組織 | 題目卡<br>空白圖形<br>概念字卡 | 參與討論<br>口頭評量 |

| 性質 / 會議類別 | 參加人員 | 地點 | 討論提案 |
|---|---|---|---|
| 家庭會議 | 全家人 | 客廳 | 假日旅遊地點？<br>家事分配？ |
| 班級會議 | 全班同學 | 教室 | 園遊會攤位類別？<br>缺交功課罰則？ |

**※引導討論、確定問題**

1. 開班會的流程是什麼？

創作練習：班會議會順序，採用次序圖

示範步驟：1. 依據主題目的選擇適合圖形

2. 師生共同討論篩選主要步驟關鍵詞句

3. 將關鍵詞句寫在大卡片上，張貼於黑板

4. 進行關鍵詞句排列

5. 討論補充增刪其他概念

6. 修改圖像組織

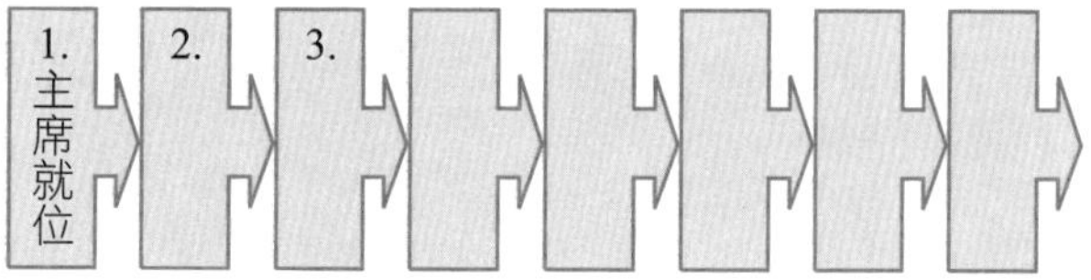


題目卡
空白圖形
概念字卡

參與討論
口頭評量

第二節　小組合作構圖

**※引導討論、確定問題**

1. 說說看舉辦選舉活動時你看到什麼？

創作練習：選舉花招，採用網狀圖

構圖步驟：1. 教師指定圖像組織類別

2. 全班共同討論篩選出重要概念或關鍵詞句

3. 小組完成圖像的建構

4. 小組成果展示及發表

5. 師生補充與教師解析

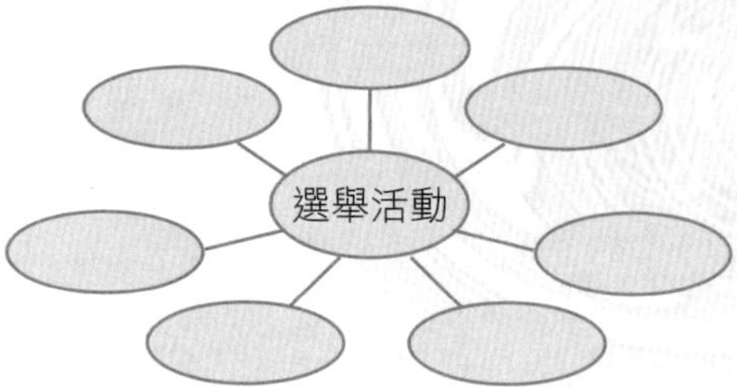


題目卡
空白圖形
概念字卡

參與討論
實作評量

| | | |
|---|---|---|
| ※**引導討論、確定問題** | 題目卡 | 參與討論 |
| 1. 選舉的流程是什麼？以選班級股長為例如何進行？ | 空白圖形 | |
| 創作練習：選舉順序 | 概念字卡 | 實作評量 |
| 構圖步驟：1. 小組自行選定圖像組織類別 | | |
|           2. 小組共同討論篩選出重要關鍵詞句 | | |
|           3. 小組完成圖像的建構 | | |
|           4. 小組成果展示及發表 | | |
|           5. 師生補充與教師解析 | | |
| | | |
| 第三節    個人獨立構圖 | | |
| ※**引導討論、確定問題** | 題目卡 | 參與討論 |
| 1. 常見的表決方式有哪些？ | 空白圖形 | |
| 2. 其優缺點為何？ | 概念字卡 | 實作評量 |
| 3. 如何面對不同的會議表決結果？ | | |
| 創作練習：表決方式的比較，採用框架表【方式、優缺點、適用時機】 | | |
| 構圖步驟：1. 教師指定圖像組織類別 | | |
|           2. 師生共同討論篩選欄與列的主要分類 | | |
|           3. 填寫欄與列其他細項資料 | | |
|           4. 個人成果展示及發表 | | |
|           5. 教師補充與解析 | | |
| ※**綜合評鑑、推廣應用** | 題目卡 | 實作評量 |
| 創作練習：班級自治【成因、方法、成效】 | 空白圖形 | |
| 構圖步驟：1. 選定圖像組織類別 | 概念字卡 | |
|           2. 篩選並擴充重要概念或關鍵詞句 | | 口頭報告 |
|           3. 個人成果展示及發表 | | |
|           4. 教師補充與解析 | | |
| ～本活動結束～ | | |

# 柒 結語

藉由圖像組織的動態教學策略來引導學習，能有效提高社會領域的學習動機、學習成就及學習滿意度（林香廷，2009）。誠如 Hyerle 在 1996 年所相信的「視覺模式的學習有一天會比其他概念學習的評量模式更有效。」身為多元化時代社會領域的教師，應拋棄一本教科書、一枝粉筆及一面黑板的「三一教學模式」來教授社會領域，現代化的學生透過圖像組織能學習整合心智、經驗及提升思考能力，儘早學習如何學習，必能成為學習的主人翁。

## 參考文獻

### 中文部分

王明傑、陳玉玲譯（2002）。**教育心理學**。臺北：學富。

朱南平（2003）。**國小社會科概念構圖教學策略之行動研究**。國立花蓮師範學院多元文化研究所碩士論文，未出版，花蓮市。

余民寧（1997）。**有意義的學習──概念構圖之研究**。臺北：商鼎文化。

李欣青（1997）。**視覺圖像在教學上的設計與運用**。淡江大學教育資料科學學系研究所碩士論文，臺北縣。

李欣蓉譯（2005）。Bromley, K, Irwin-De Vitis, L, & Modlo, M. 著。**圖像化學習：在不同課程領域使用圖像組織**（*Graphic organizers*）。臺北：遠流。

呂美足（2006，8）。發現式學習理論與有意義的學習理論。**彰化縣九年一貫課程電子報**，*138*。2008 年 3 月 12 日，取自 http://enews.trsc.chc.edu.tw/95Webs/95paper3.htm

林文真（2004）。**圖形組織工具訓練方案對國小資優學生問題解決思考歷程影響之相關研究**。國立臺灣師範大學特殊教育學系碩士論文，未出版，臺北市。

林民棟（2006）。**國小高年級學生科技態度之研究**。國立高學師範大學工業科技

教育學系碩士論文，未出版，高雄市。

林香廷（2009）。**圖形組體應用在國小三年級社會領域主題教學之研究**。國立臺中教育大學社會科教育學系碩士論文，未出版，臺中市。

林達森（2003）。概念構圖的理論基礎與應用實務。**花蓮師院學報**，*17*，107-132。

林寶山（1980）。**教學論**。臺北：五南圖書出版公司。

洪麗卿（2002）。**社會科概念構圖教學策略之建構**。國立花蓮師範學院國民教育研究所碩士論文，未出版，花蓮市。

梁雲霞譯（2003）。Eric Jensen 著。**大腦知識與教學**（*Teaching with the brain in mind*）。臺北：遠流。

張春興（1994）。**教育心理學**。臺北：東華。

張春興、林清山（1987）。**教育心理學**。臺北：東華。

張瑞芬（2009）。**組織圖運用於國小社會領域教學之行動研究**。國立臺北教育大學課程與教學研究所碩士論文，未出版，臺北市。

陳明溥、莊良寶（1999）。**全球資訊網學習環境中學習活動型態與學習成效之探討**。1999 年臺灣區網際網路研討會。

陳麗華（2002）。教學特性與策略。載於黃炳煌（主編），**社會學習領域課程設計與教學策略**（頁 199-262）。臺北：師大書苑。

黃永和（2006）。圖形組織作為教學工具的探討與實踐：一個教學實務社群的發展經驗。載於國立高雄師範大學教育學院、教育學系，**教育研究理論與實務之整合學術研討會**，高雄市。

黃永和、莊淑琴（2004）。圖形組體——視覺化教學工具的探討與應用。載於國立臺北師範學院實習輔導處主編，**深耕與創新：九年一貫課程之有效教學策略**（頁 363-392），臺北市。

黃台珠、熊召弟、王美芬、佘曉清、靳知勤、段曉林、熊同鑫譯（2002）。Joel J.Mintzes 著。**促進理解的科學教學——人本建構取向觀點**。臺北：心理。

楊龍立（2006）。講述式教導及接受式學習的實施——前導組織的探討。**科學教育研究與發展季刊**，*2006* 專刊，61-74。

溫文玲（2005）。**透過圖像化學習提升國小學童語文閱讀理解能力之研究**。國立臺東大學教育系碩士論文，未出版，臺東市。

劉錫麒譯（1999）。意義性。載於單文經等合譯（S. L. Yelon 著），**教學原理**（*Powerful Principles of Instruction*）（頁 9-44）。臺北：學富。

蔡銘津（1996）。**文章結構分析策略教學對增進學童閱讀理解與寫作成效之研究**。國立高雄師範大學教育研究所博士論文，未出版，高雄市。

蔡秉燁（2004）。從有意義的學習談教材設計。**教育研究月刊**，*118*，98-107。

鐘素梅（2005）。*Ausubel* 有意義的學習理論之探討。2008 年 3 月 12 日，取自 http://www.nani.com.tw/juniordoc/thesis/thesis.htm.

## 英文部分

Ausubel, D. P.（1963）. *The psychology of meaningful verbal learning.* New York: Grune and Stratton.

Ausubel, D. P.（1968）. *Educational psychology: A cognitive view.* New York: Rinehart and Winston.

Bruner, J. S.（1966）. *Toward a theory of instruction.* New York:Norton.

Bromley, K., Irwin-DeVitis, L., & Modlo, M.（1995）. *Graphic organizers: Visual strategies for active learning.* New York：Scholastic.

Hyerle, D.（1996）. *Thinking maps: Seeing is understanding.* (ERIC Document Reproduction Service No. EJ517901)

Mayer, R. E. & Anderson, R. B.（1992）. The instructive animation: Help student build connections between words and pictures in multimedia learing. *Journal of Education Psychology, 84*（4）, 444-452.

Novak, J. D. & Gowin, D. B.（1984）. *Learning how to learn.* New York: Cambridge University Press.

# 第 9 章

# 問題解決教學法

張淑敏
彰化縣員林鎮育英國民小學教師
薛雅惠
國立臺中教育大學社會科教育學系教授

## 本章綱要

# 壹 前言

九年一貫課程強調培養學生可以帶得走的能力，十大基本能力之一就是獨立思考與解決問題的能力，期望學生在這多元的社會中養成獨立思考及反省的能力與習慣，有系統地研判問題，並能有效的解決問題和衝突（教育部全球資訊網，2009）。Frederiksen（1984）也指出學校教育的主要任務是知識的傳遞與認知技能的教學，而認知技能中最重要的一項無疑是問題解決的能力。

在民主自由、訊息多元的現代社會，學校教育應該讓學生能透過學習活動，去蒐集、整理、分析與運用相關資訊，能獨立思考，並有系統研判問題，有意義的學習。課程內容應由學生具體的感覺經驗和日常生活情境著手，並且配合其認知發展，由其自然的想法開始，逐步連結到形式的知識，養成溝通協調、理性批判事物、容忍不同的意見與反省的習慣，並能有效的解決問題和衝突。現代科技發達，人們雖然能藉助科技的幫助找到答案，但是唯有人類的頭腦和智慧才能思考推理，才能解決問題。我們必須使學生具備「解決問題」的基本能力，也使得他們將來離開學校進入到實際的世界時，會使用這些基本技巧去解決所面對的問題。「獨立思考」和「解決問題」的能力，會幫助學童調整適應多元變遷的社會，使他們成為現代化社會的優秀公民，而能立足於未來的時代（教育部全球資訊網，2009）。人類不斷地克服自然界所帶來的種種困難，且把經驗累積成現代文明，這是人類基本的學習法則，到了 20 世紀末期，各種科技的迅速發展，創造了知識與資訊爆炸的時代，講授式的教學方式已不能滿足學習的要求，以「問題」為中心的學習，更適合知識爆炸時代的學習模式（劉佩雲、簡馨瑩譯，2003）。

社會領域是藉由社會學科知識的教導和文化遺產的傳遞，以培養學生作決定、問題解決和批判思考的能力，使學生能適應未來的社會和潮流。社會學習領域是統整自我、人與人，人與環境間互動所衍生的社會科學知識，涵蓋了人的生存、生計、生活、生命四大層面（陳國彥、吳宗立，2002）。人生活在社會中，每天要面對自我的問題、人與人的問題、

人與環境互動的問題，不計其數，唯有使學生具有解決問題的能力，才能適應這變遷快速的社會。在這個資訊與知識皆呈等比級數增加的年代，只靠學校教育不太可能將所有社會知識全部教給學生，與其給他魚吃，不如教他結網，於是有關「學習如何學習」的研究主題日漸受到重視（呂愛珍，1993）。歐用生（1989）認為兒童每天面臨各種難題，要作許多決定，以解決問題，因此，發展兒童作決定及解決問題的能力是社會領域教學的重要目標，尤其是在解決一些爭執的問題上，價值和知識是解決問題的重要元素。社會領域的兩個關鍵能力就是做決定和問題解決，故在教授有關社會需要探究、討論、思考、做決定、價值判斷的問題時，問題解決教學法是一種適用的教學法，且扮演重要的角色和積極的功能，教導學生有系統、有計畫性的解決問題，成為主動學習、獨立學習，並具有問題解決能力的現代公民，培養學生問題解決能力是必須且刻不容緩的。

## 貳 理論基礎

### 一、問題解決的意涵

　　唐偉成、江新合（1998）指出問題解決所指的「問題」是需要較長時間的醞釀和構思的難題，而不是簡單能馬上做出反應或透過訓練或練習就能精熟的習題，讓學生經由思考解決策略的活動，才能建構新的知識和解決問題的能力。張添洲（2000）指出良好的問題應具有以下特徵：能激發學生思想、範圍明確、語句簡明、切合學生程度、具有重要性及價值、層次井然有序。是故，「問題」是指個人或群體所遭遇到的一種需要解決的狀況，而對於此種困境，沒有明顯的方法或途徑能立刻看出解決的方法。當具認知能力的個體有一個目的，而不知如何去達成目的時，當然有了問題。總之，能使人探究、考慮、討論或決定的便是問題。

吳德邦、吳順治（1989）認為「問題解決」（problem solving）是運用個人的舊經驗、知識以及技巧，以滿足未能解決之情境的要求。許麗玉（1993）認為「問題解決」是想辦法將目前狀態和我們期望的狀態所存在的距離去除，也就是想辦法達到我們所需要的目標。Gagné（1977）則認為「問題解決」是一種歷程，是將以前所學過的規則組合，應用到解決一個曾經發生或不曾發生的問題方案上的歷程。由此可知，「問題解決」是運用個人先前已經擁有的經驗、知識、技能，去擬定有效的方法和策略，以減少目前狀態與目標間的差異，最後達成目標的一種歷程。

從心理學層面來看，問題常被定義成一個情境，在此情境中，人們為了想達到某一目標，但欲直接通往此目標的路已被阻塞不通，因此問題產生了。在尋求答案的過程中必須利用到知識、技能、原理方法等去思考、探索解題策略、方法及其途徑，所以「解題」可視為「人為了達成某種目的而做的一些活動」。又「解題活動」，從社會學層面來看，可視為老師給學生的一項任務。學生在接受此任務時，問題的解決，可當作建構知識的泉源以及進行教學的思考工具（教育部全球資訊網，2009）。

「問題解決教學」是在教學中呈現問題，讓學生學習透過問題解決方案逐步解決問題。主要的教學程序，乃是配合問題解決方案的步驟逐一進行，其最終目的，在於讓學生練習問題解決技巧，增進其問題解決能力（王順福，2003）。張添洲（2000）提出問題解決可分成二大類，是學校教育應重視的教學目標：(1)科學化的問題解決——將概念性的知識導入情境，而不需思考數字上的問題，是較質化的問題解決途徑；(2)數學化的問題解決——是教導學生認知技能的遷移，並運用數字為計算工具，為較量化的問題解決途徑。

周經媛（1990）認為問題解決法的教學適用於處理人際問題，或含有價值觀念衝突的教學目標，於發展兒童解決問題能力的同時，亦養成其社會行為。張添洲（2000）提出問題解決法的優點有：(1)激發學生們求知欲與好奇感；(2)增進學生邏輯推理能力；(3)增進對中心知識的深入了解；(4)增強學生應用周邊知識的能力；(5)適合普通教室情境及具體實際活動之綜合應用。缺點（限制）有：(1)受限個別差異的學生；(2)教師必須具備循序誘導的能力，否則不易實施；(3)無輔助教材，學

生推理觀念及回答能力受到極大的考驗。王春展（1997）認為問題解決的教學就是希望學生能成為有效的問題解決者，從解決問題的生手變成專家。他從基模、知識的組織、問題表徵與解題策略等四個要項歸納分析專家和生手間問題解決能力及作法的差異。專家在基模方面：(1)先前知識（語意、策略等知識）的質量較佳且多；(2)相關解題經驗較佳且豐富。專家在知識的組織方面：(1)系統性組織的統整知識；(2)活用短期與長期記憶機制；(3)有系統結構的大單元串聯。專家在問題表徵方面：(1)問題表徵能力較佳；(2)重視問題的深層結構意義，能理解問題的重心；(3)合適的問題知覺與分類；(4)有效合適的解決問題空間；(5)兼用陳述性與程序性的知識。專家在解題策略方面：(1)能選用適當的解題方法；(2)能進行有效的解題方法；(3)傾向使用順向解題策略；(4)後設認知、類比推理等能力較佳，有利解題。由以上學者的論點可知問題解決教學法的重要性為幫助學生處理人際問題、價值觀念衝突問題、對問題能更深入的了解，並能應用於日常生活中，使他們從解決問題的生手變成專家，提升問題解決的能力。

## 二、問題解決教學法的歷程

解決問題時，涉及人內在的思考歷程，是屬於心智上的一種表現，因此，教師在運用教學策略時，須考慮到學生學習的認知心理，才能有效的達成教學目標。Gagné、Yekovich 和 Yekovich（1993）提出解決問題三個內在思考歷程：形成問題的表徵、搜尋問題空間及解法評估。問題的表徵，指的是解題者對於問題的了解。在初始階段，問題解決者會對該問題形成一個表徵，其表徵的組成可能包含在工作記憶中活化的訊號、其他外在的表徵，以及問題所給「已知」的條件。搜尋問題空間是指在問題解決歷程中，藉由問題表徵的幫助，把在長期記憶區的知識活化，並應用在適當的程序上，開始進行解題的工作。最後評估所選擇出的解決方法是否滿足問題的所有條件。這些歷程在解決問題時，不是一次就完成，可能會不斷的重複，如此的重複動作或循環歷程會一直持續，直到一個問題被解決了，或是放棄了為止（引自范秀汝，2007）。

　　劉佩雲、簡馨瑩譯（2003）指出問題解決教學模式是指依據教學內容和要求，由教師創設問題情境，以問題的發現、探究和解決來激發學生求知欲和主體意識，培養學生的實踐和創新能力的一種教學模式。其中，教師創設問題情境是教學設計的中心環節。在問題情景的引導下，學生蒐集素材、資料，深思醞釀，提出假設，引發爭論，進行批判性思考和實驗探究，得出結論，通過應用又產生新的問題，使學生思維不斷發展、昇華。

　　綜合歸納國內外學者對教學歷程的見解後發現，雖然應用的領域不盡相同，但是問題解決的歷程大致可歸納為五個階段——發現問題階段、界定問題階段、決定策略階段、執行策略及檢驗策略階段。以學生學習的認知心理而言，這五個步驟並不是獨立的，也不是依序完成的，當一個人在解決問題時，在某個階段遇到困難，會回到前面的階段，重新思考是哪個階段出現問題，再去修正想法或計畫；或執行到最後檢驗階段，當問題未獲得解決時，會回頭思考哪個階段出現問題，再從那個步驟出發（如圖9-1）。「問題解決」能力能夠被教，也應該被教！教師必須提供時間與空間，使學生成為優良的問題解決者，並審慎選擇適合

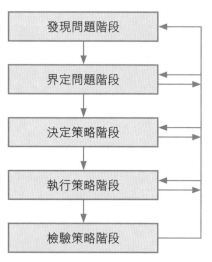

**圖9-1　問題解決的歷程圖**

資料來源：研究者整理

學生程度及感興趣的問題，配合其先前經驗，使學生去思考與探索，以解決問題。教師可以遵循「解決問題」之五大步驟及原則，去培養學生問題解決與思考的技能。茲就「解決問題」的五大階段詳述相關的教學注意事項：

### (一) 發現問題階段

當個體感覺出目前狀態與期望狀態有距離時，問題便被發現，而問題被發現之前的過程，即為發現問題階段。杜威認為這是最重要的一個步驟，如果兒童不能主動發現他感興趣的問題，那麼其他步驟就不具任何意義。可以用實例、故事、圖片、影片等方式呈現問題情境，引起學習者的學習興趣，並刺激學習者發現問題所在（周經媛，1990）。張春興（1999）提出首先要鼓勵學生發覺問題，而不是等待老師指定作業，才按公式解決問題。不論問題來源為何，學生都必須接受老師的輔導，選擇適當的題目，選擇問題應考慮問題適切課程嗎？所需材料找得到嗎？能夠在指定時間完成嗎？（李咏吟、單文經，1997）

### (二) 界定問題階段

問題選擇後，老師可以提出一些問題問學生或直接給予建議使學生具體的認清問題所在，學生才能確實知道他們要發現什麼（李咏吟、單文經，1997）。周經媛（1990）認為引導學生了解問題的性質、當時的情境，問題中所牽涉的人物的想法，得到一個明確的問題，並且給學生機會，用他們自己的方式來表現問題。學生發覺問題存在後，會進一步了解問題的性質、結構，以及自己的知識經驗是否足以解決此問題（張春興，1999）。在這一個階段，學生會應用過去的經驗和知識，搜尋產生問題的可能原因並分析是否有充分資訊來解決問題，最後精確地陳述出問題的內容。也就是教師首先要幫助學生去定義問題，以了解問題的起始狀態是什麼？目標狀態是什麼？問題的性質？能採取什麼行動？有何限制？同時要能質疑所獲得之資訊的可靠性，並且清楚了解問題的哪一部分是資料、哪一部分是推論。讓學生口頭定義問題，是一個很好的方式去判斷他們能否建立一個良好的問題表徵。

### (三) 決定策略階段

策略（strategy）原意係指戰爭時事先規劃軍隊行動的一種藝術，是一種有系統、有計畫，屬於目標導向的決策活動，它必須運用內在心理歷程，以達到解決問題的目的（林建平，1992；陳李綢，1988）。Treffinger、Isaksen 與 Dorval（1994）認為此時要儘可能找出各種點子、替代方法，另種解法，任何新奇或古怪的構想都可接受，然後發展出一套評價標準，並釐清前一階段所得各種點子的內涵，然後使用選定的標準去評估各種點子之優劣與適合性，並選定一個最有用的解決方法。張春興（1999）提出對問題的性質了解之後，進一步蒐集相關訊息：哪些是已知的條件、目的是什麼，尚需哪些訊息等。綜合以上學者見解可歸納出在這個階段教師要鼓勵學生多做計畫或假設，尋找各種不同的解決問題的方法，使學生不僅要注意到現在的問題與過去某些問題的相似處，也要仔細察覺其相異處以思考有效可行的辦法，以形成解決問題的策略。教師可以教導學生對所提出的方法，用一項或多項標準去評鑑其優劣，考驗策略的可行性及有效性的高低，例如：經濟是否許可、資源是否充足、方法是否有創意、時間耗費的多寡、安全性 …… 等等。再來按照實際狀況、個人喜惡及先前的評鑑策略結果來選擇執行的策略，要具體地列出可行的策略及實施步驟。策略的選擇是根據前二個階段而來，如何去選擇一個合適的策略，或去修正所選擇的策略，對學生而言是很困難的，教師可以提供參考的資料、材料或工具。

### (四) 執行策略階段

張春興（1999）認為面對結構性問題，教師可以設法提供類似的問題供學生練習；若是無結構的問題，可將問題範圍縮小，讓學生根據自己的知識經驗求出答案，藉以訓練學生思維能力。周經媛（1990）強調練習的重要性，當學生決定解決方法之後，藉由角色扮演讓學習者練習自己所選擇的問題解決法，並發現這方法是否有效。這個階段學生要依照所設定與決定的策略及方法步驟去解決問題，過程中反省每一個執行步驟，並能證明其正確性，在執行過程中教師應提醒學生隨時隨地去檢核監督解題的歷程。教師也要適時給予回饋，並且引導學生嘗試運用

各種策略，一個方式不成功，嘗試另外的方法或策略。有些問題也許有很多的解答，第一個解答不見得就是最好的。教師要幫助學生評價其答案。教師應小心不要幫學生解決問題，但可以幫助他們找尋線索、指出關係、詢問關鍵性問題等等（李咏吟、單文經，1997）。劉湘川等人（1993）指出教師可訓練學生在解題過程中藉著自我提問「我這樣做對嗎？」「我為什麼要這樣做？」「下一個步驟要做什麼？」等問話，來增強學生後設能力。

### (五)檢驗策略階段

檢討結果時對與錯的答案宜同樣重視，讓學生從問題解決中獲得索解的經驗，才能使學生學到真正解決問題的能力（張春興，1999）。教師應協助學生設立標準，評定問題是否獲得解決，使學生要能依據一些準則，去判定方法的優先順序，例如社會上的問題，必須考量倫理和道德的議題等，這些判定的準則，有時候甚至是矛盾對立的。教師可以提出「這個方法真能達成預期的目標嗎？」「它的結果如何？」「為什麼會有這種結果？」「在這個執行過程中，我做了多少努力？」「以後遇到這種問題要怎麼做才好？」等問題來詢問學生（周經媛，1990），讓學生在心中反問自己，這是一個「後設思考」階段。Dewey（1933）提出學生要能將構思的解題方案，應用在實際的情境上，以解決問題。綜而言之，教師要幫助學生避免僵化，並應重視學生解決問題的歷程，使問題的步驟及方法能內化成自己的一部分，以及未來遇到此類問題知道該如何解決。

## 三、問題解決的教學策略

諸多學者已經提出了嚴謹的問題解決步驟，解決了問題的「經」，也就是骨架，但是想使問題真正獲得解決，還要有豐富的資訊、意見和資源，即是問題解決的「權」，亦即問題解決的策略，才能使問題解決教學法落實到實務的運用（林振春，1993）。以下介紹相關策略，以提供教師在教學時的參考。

　　陳龍安（1997）根據創造性問題解決的內涵及步驟，歸納出以下幾項原則：

1. 不滿原則：對事實或處理方式不滿意，想求改進。
2. 敘述原則：尋求進一步的詳細說明。
3. 分析原則：細分出一個問題的小部分，以便能做細部分析。
4. 開放原則：使用「我可以用哪一種方法？」「還有沒有更好的方法？」等開放性問法。
5. 暫緩判斷原則：暫時保留評斷構想的好壞，所有的念頭都可以接受。
6. 流暢原則：大量想法的產生是獲得精緻想法的最佳法門。
7. 聯想原則：保持思考的多樣性，是一個引起一連串的相關想法。
8. 列表核對原則：是指檢核法之使用。
9. 正確鑑定原則：藉由鑑定的標準以判斷想法的價值及可行性。
10. 預測結果原則：當想法提出時，能預測這些想法可能引起的困難。
11. 有計畫執行原則：仔細安排執行計畫以便能解決問題。
12. 擴展原則：問題解決的每一步驟，都要事先準備充分的資料。

　　Johnson（1987）歸納出問題解決的教學策略，如下所述：

1. 規劃學生能力可及但不熟悉的活動。
2. 提供學生不同類型的問題，注意給學生問題而不只是練習。
3. 教導學生各種解決問題的策略和解決問題的整體計畫。
4. 利用開放式的設備和作業問題使學生有界定和解決問題的經驗。
5. 讓學生在試行解決方案之前先腦力激盪各種可能的解決方案。
6. 鼓勵學生革新性及創造性的構想及解法。
7. 旁觀學生實驗各種技術以解決問題，但在學生面臨大挫折前給予幫助。
8. 詢問可促進學生興趣和參與的引導性問題。
9. 著重較高層次思考能力，如分析、綜合和評鑑的教學。

　　歐用生（1989）認為在處理社會的爭執問題時，可以採取價值分析法協助學生利用邏輯的思考和科學的方法以決定價值問題，要求學生為

其價值立場提出合理的理由和證據。Kaltsunis（1979）的價值教學模式採取以下教學步驟：(1)提出問題；(2)蒐集並討論有關的資料和價值論點；(3)討論並評估所有可能解決問題的方法；(4)從正反兩方面檢討每一個解決方式可能產生的後果；(5)使學生有機會從各種可能的解決方法中作選擇，並證明其選擇為正確；(6)準備行動；(7)付諸行動（引自歐用生，1989）。

　　在很多問題解決情境下，可教導學生利用各種圖表（李咏吟、單文經，1997）或六 W 檢討法──從六個角度（為什麼 why、做什麼 what、誰來做 who、何時做 when、何地做 where、如何做 how）來構想問題解決的策略。視覺符號有助於顯示整個關係外貌與問題結構的關係，可以傳達很多概念，教師在教學的過程中可以運用各種圖表，讓學生把自己的想法記錄下來，幫助學生清楚問題解決的過程。Guerra（2009）設計圖 9-3以幫助及提供個體在自我管理問題解決時的參考，發展學生自我引導問題解決的技能。洪榮昭（2003）認為事情發生常是多元性或路徑性，整理其多元路徑的層級小樹狀圖，魚骨圖（如圖 9-2）可以協助找到問題的真正根源，有助於問題解決能力的培養。將問題（亦即結果）寫在右邊的三角形中，然後在三角形的左邊畫一個很長的箭頭，箭頭指向問題所在，在箭頭兩側列出可能原因的類別，在每個類別下列出可能的原因，將所有原因都列出後，指認一個最有可能的原因（郭有遹，1994）。以下的策略也可以提供給在解決社會領域的問題時加以運用：腦力激盪法、角色扮演、小組討論、訪問、寫報告或做計畫、自由聯想……等等。

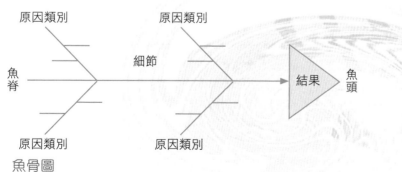

**圖 9-2　魚骨圖**

資料來源：修改自郭有遹（1994）

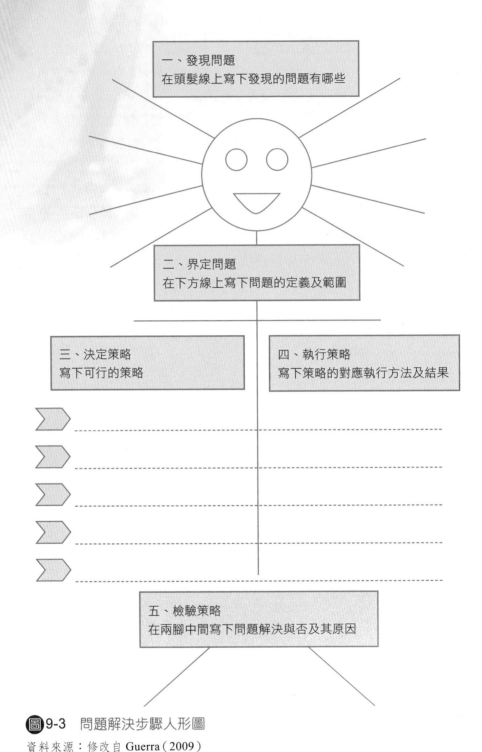

一、發現問題
在頭髮線上寫下發現的問題有哪些

二、界定問題
在下方線上寫下問題的定義及範圍

三、決定策略
寫下可行的策略

四、執行策略
寫下策略的對應執行方法及結果

五、檢驗策略
在兩腳中間寫下問題解決與否及其原因

圖9-3　問題解決步驟人形圖

資料來源：修改自 Guerra（2009）

## 四、問題解決教學法在社會領域的運用

　　社會學習領域不僅是一門綜合各社會學科的學科，同時也是一個教導學生如何轉化、運用所獲得的知識，去解決與社會有關問題的學習領域（張翠倫，2003）。九年一貫課程社會領域課程目標其中之一就是發展批判思考、價值判斷及解決問題的能力。由上可知，在社會領域課程中培養學生思考及解決問題的能力是必要的，課程不能只是知識的灌輸，透過問題解決教學法可以讓學生經由課堂上的練習，熟悉事情的前因後果，增加思考的邏輯性，在遇到問題時能夠冷靜的運用問題解決的技巧和策略去解決社會中多元、複雜的各種問題。在社會領域運用問題解決教學法的方法如下：

### （一）分析能力指標

　　設計教案時列出能力指標之後，加以分析能力指標。由表 9-1 的能力指標舉例中可以發現——有舉例說明差異和相同處、探討關係、分析原因、討論問題、提出解決方案等這些關鍵詞時，就是要培養學生獨立思考與解決問題能力，設計教案時如有這些能力指標就適用問題解決教學法來教學。

### （二）在課程中融入問題解決教學法

　　在設計教案或既有的課程中，教師可以將課本的知識轉化成相關議題，透過問題解決的歷程及教學策略，增加學生練習問題解決的機會及澄清自己的價值觀念。例如在家鄉特產的單元時，可以用問題的方式呈現：如何推廣家鄉的特產？學生就會開始思考特產的意義、家鄉特產的種類、現有的推銷方式、有創意的推銷方式等等，然後擬定策略去解決問題。如在家鄉的古蹟單元時，可以用問題的方式呈現：你是否贊成將家鄉的古蹟拆除蓋摩天大樓？學生會開始思考古蹟的意義、古蹟的價值、古蹟的存廢問題等等，然後擬定策略去解決問題。又如在家鄉的交通建設時，可以用問題的方式呈現：交通建設對我們的生活有什麼影響呢？學生會去思考現代有什麼交通設施、比較現代和古代交通設施的不

同、交通設施與環境的關係等等，然後擬定策略去解決問題。這樣既可以達到既有的教學目標，又可以使學生更深入的思考和主動解決問題。

### (三) 教完教學單元後統整其觀念

在一個單元課程上完之後，運用問題解決教學法讓學生統整這個單元的概念，如本教案示例即是如此。平常上課如果有課程進度的壓力時，至少在一個單元之後要進行此活動，讓學生有練習的機會。如上完家鄉的節慶和民俗活動後，教師可以設定一個情境，讓學生討論祖父母小時候和他們現在的休閒活動有什麼不同？讓學生慢慢界定出問題的定義：家鄉的民俗活動逐漸沒落，甚至消失，該如何解決這個問題呢？學生開始思考民俗活動的定義、民俗活動的價值、民俗活動逐漸沒落的原因、保存民俗活動的方法等等，然後擬定策略並執行去得到這些答案，最後可由教師或共同討論檢驗其答案的可行性及正確性。

**表 9-1** 獨立思考與解決問題能力與社會領域課程中能力指標的對應

| 十大<br>基本<br>能力　　　階段 | 第一階段<br>（1-2 年級） | 第二階段<br>（3-4 年級） | 第三階段<br>（5-6 年級） | 第四階段<br>（7-9 年級） |
|---|---|---|---|---|
| 10.<br>獨立思考與<br>解決問題 | 1-1-1<br>辨識地點、位置、方向，並能運用模型代表實物。 | 1-2-4<br>測量距離、閱讀地圖、使用符號繪製簡略平面地圖。<br>1-2-6<br>覺察聚落的形成在於符合人類聚居生活的需求。 | 3-3-3<br>了解不能用過大的尺度去觀察和理解小範圍的問題，反之亦然。<br>3-3-4<br>分辨某一組事物之間的關係是屬於「因果」或「互動」。 | 1-4-1<br>分析形成地方或區域特性的因素，並思考維護或改善的方法。<br>1-4-2<br>分析自然環境、人文環境及其互動如何影響人類的生活型態。<br>1-4-3<br>分析人們對地方和環境的識覺改變如何反映文化的變遷。 |

| 階段<br>十大<br>基本<br>能力 | 第一階段<br>（1-2年級） | 第二階段<br>（3-4年級） | 第三階段<br>（5-6年級） | 第四階段<br>（7-9年級） |
|---|---|---|---|---|
| | | 6-2-1<br>從周遭生活中舉例指出權力如何影響個體或群體的權益（如形成秩序、促進效率或傷害權益等）。 | 3-3-5<br>舉例指出在一段變遷當中，有某一項特徵或數值是大體相同的。 | 1-4-5<br>討論城鄉的發展演化，引出城鄉問題及其解決或改善的方法。<br>1-4-7<br>說出對生活空間及周邊環境的感受，並提出改善建言或方案。<br>2-4-5<br>比較人們因時代、處境與角色的不同，所做的歷史解釋的多元性。<br>2-4-6<br>了解並描述歷史演變的多重因果關係。<br>6-4-3<br>舉例說明各種權利（如學習權、隱私權、財產權、生存權、自由權、機會均等權及環境權等）之間可能發生的衝突。<br>6-4-4<br>舉例說明法律與其他社會規範的差異及相互關係，以及違反義務或發生衝突時所須面對的法律責任。<br>7-4-2<br>了解在人類成長的歷程中，社會如何賦予各種人不同的角色與機會。 |

| 階段<br>十大<br>基本<br>能力 | 第一階段<br>（1-2年級） | 第二階段<br>（3-4年級） | 第三階段<br>（5-6年級） | 第四階段<br>（7-9年級） |
|---|---|---|---|---|
| | | | | 7-4-4<br>舉例說明各種生產活動所使用的生產要素。<br>7-4-7<br>列舉數種金融管道，並分析其對個人理財上的優缺點。<br>8-4-1<br>舉例說明人類為何需要透過立法管理科學和技術的應用，以及在立法和執法過程可能遭遇的困難。<br>9-4-4<br>探討國際間產生衝突和合作的原因，並提出增進合作和化解衝突的可能方法。<br>9-4-5<br>探討當前全球共同面對與關心的課題（如環境保護、生物保育、勞工保護、飢餓、犯罪、疫病、基本人權、媒體、經貿與科技研究等）之間的關聯性，以及問題可能的解決途徑。 |

資料來源：教育部全球資訊網（2009..9）

說明：表9-1採取舉例的方式來說明其關係，但並不窮盡列舉社會學習領域所有的能力指標。

# 參 教案示例

為了使教學活動進行得更順利，活動的教學目標、活動進行的方式、教學策略、教學方法及評量方式都應先確定設計的理念，活動進行才不會偏離主題，才能有效的進行，本教案教學活動設計理念包括下列幾項重點：

## (一) 依據能力指標來訂定教學目標

國民教育階段的課程設計應以學生為主體，以生活經驗為重心，培養現代國民所需的基本能力，九年一貫課程強調訓練學生能有帶得走的能力，本課程的設計理念與九年一貫課程的理念相符合，所以依據能力指標來訂定教學目標。

## (二) 以學生為主體

九年一貫課程強調學生要具有主動探索與研究的能力，激發好奇心及觀察力，主動探索和發現問題，養成獨立思考及反省的能力並積極運用所學的知能於生活中，學生要能主動發現問題、解決問題，老師只站在引導者的角色，提供學生各項協助。

## (三) 活動多元化

活動設計趣味化、生活化、競賽化 …… 等，交叉運用，來提升兒童學習興趣，但教學目標老師要隨時掌握好。本教案設計多元化的活動來引起學生的學習興趣與動機。

## (四) 課程統整化

黃炳煌（1999）提出統整課程具有意義化的功能、內化的功能、類化的功能、簡易化的功能，這些功能都可以增進學生的學習效果，使學習變得更容易，也更有意義，進而成為個人整體知識系統的一部分，在日後遇到類似情況時，就能加以運用。

（五）小組合作學習

　　林佩璇、黃政傑（1996）提到合作正是我們這個時代和社會迫切需要的，可以導正當前教育的缺失。教育上提到合作學習有兩個主要理由，可以促進學生的合作能力，包含合作的知識、技能和情意等方面；還可以促進全體學生學業上的學習成效。

　　本教案以五個階段依序設計，首先提出一個學生感興趣的情境，以激發學生的學習動力；然後在課堂中教師將一個大問題分析成很多小問題來詢問學生，提供充分討論的機會，讓學生用自己的話來界定問題的意義及性質，並提出各種問題解決的方法，教師在教學過程中扮演引導者的角色，不提供答案；最後檢驗成果是否達到預設目標及學生是否熟悉問題解決的過程。教師可擬出相關的單元作業之議題，以便讓學生能有練習與熟練的機會，如規劃鄉鎮或其他縣市一日遊的旅遊行程。

## 二、教案設計

| 單元主題 | 家鄉玩家 | | |
|---|---|---|---|
| 設計者 | 薛雅惠、張淑敏 | | |
| 教學時間 | 3 節 | 適用年級 | 四年級 |
| 能力指標 | 1-2-7 說出鄉土的交通狀況，並說明這些交通狀況與生活的關係。<br>4-2-1 說出自己的意見與其他個體、群體或媒體意見的異同。 | | |
| 教學目標 | 1. 能觀察地圖，並描述家鄉的交通狀況。<br>2. 能選擇家鄉的旅遊景點，並說明其特色。<br>3. 能舉例說出旅遊的注意事項。<br>4. 能說出選擇的交通工具，並說明原因。<br>5. 能規劃家鄉旅遊一日行程。<br>6. 針對別人的報告內容提出意見。 | | |
| 設計理念<br>與<br>教材分析 | 學生在之前的單元已經學過家鄉的交通路線、名勝古蹟與特產，本單元在引導學生透過問題解決教學法的步驟，以小組合作的方式，讓學生統整之前上過的課程，規劃出家鄉一日遊的行程，藉以培養學生認識家鄉和解決問題的能力。 | | |
| 相關議題 | 資訊議題、環境教育 | | |

| 教學活動流程 | | |
|---|---|---|
| 教學活動 | 教學資源 | 教學評量 |
| 一、發現問題階段<br><br>**活動一　哪裡最好玩？**<br>分享自己在家鄉景點旅遊的經驗。請小朋友回答以下問題。<br>1. 曾經到家鄉哪一個景點遊玩？<br>2. 和自己一起出遊的對象是誰？<br>3. 家鄉景點遊玩的活動內容及時間。<br>4. 活動行程是誰安排的呢？透過什麼方法？<br>5. 老師將這些景點標示在地圖上。 | 家鄉的交通地圖 | 發表<br><br>資料蒐集 |
| 二、界定問題<br><br>**活動二　好好玩一玩**<br>(一) 老師提問及討論<br>1. 進行一日遊的行程，需要規劃哪些要項？<br>　（訂定日期、出發時間、午餐、交通、每個景點停留的時間、景點介紹等等）<br>2. 選擇景點要考慮什麼？<br>　（安全性、經費、教育性、娛樂性等等）<br>3. 旅遊計畫表應包括哪些內容？<br>　（人數、活動費用、交通方式、旅遊景點特色、行程表、活動時間、餐點、地圖、旅遊的注意事項、活動內容）<br>4. 要如何取得旅遊地點的相關資訊呢？<br>　（各縣市觀光局網站、旅遊書籍、電視旅遊節目介紹、訪問家人等等）<br>5. 旅遊時需要注意的事項有哪些呢？<br>　（衣著、安全、應攜帶的物品）<br>6. 旅遊要帶哪些物品？<br>　（視景點的需求）<br>(二) 界定出本次的問題<br>如何完善的規劃家鄉一日遊行程？ | 蒐集交通對生活產生影響的資料 | 發表<br>討論 |
| 三、決定策略<br><br>**活動三　怎樣玩最好玩？**<br>1. 小組討論可能解決問題的策略。<br>2. 小組上臺報告可能解決問題的方法，教師將各種方法寫在黑板。 | | 小組討論情形 |

第 *9* 章　問題解決教學法

可能答案：上網找資料、訪問家人或鄰居、查閱書籍、自己的經驗、實地踏查……等。

3. 全班討論各種策略的優缺點及可行性。
4. 小組決定採行的策略。
5. 小組討論工作內容及工作分配（可以小組一起做或是按照專長和能力來分配工作）。

| 種類 | 工作內容 | 組員姓名 |
| --- | --- | --- |
| 資料組 | 蒐集資料<br>摘要重點 | |
| 海報組 | 製作海報 | |
| 行程規劃組 | 規劃行程 | |
| 報告組 | 上臺報告 | |

四、執行策略

**活動四　我要這樣玩**

1. 訂出旅遊主題。（自然風光、人文古蹟、主題活動）
2. 決定旅遊日期、時間。
3. 決定交通方式。
4. 訂出行程表。
5. 相關景點資料的蒐集及重點整理。
（老師提供相關介紹家鄉的交通、名勝古蹟、特產的網站，讓學生透過各種方法蒐集資料，將資料摘要、剪貼，再以表格分類整理。）

小組內組員工作情形

小組行程安排適切性

| 彰化縣 | |
| --- | --- |
| 種類 | 資料 |
| 名勝 | |
| 古蹟 | |
| 特產 | |

五、檢驗策略

**活動五　大家一起去玩吧！**

(一) 小組報告

請小組將相關資料製作成海報，報告行程的規劃內容及理念。

| 海報內容包括： | 壁報 | 海報製作 |
|---|---|---|
| 1. 行程表 | | 成果 |
| 2. 相關景點的介紹 | | |
| 3. 景點的照片或圖片 | | |
| 4. 美編的製作（可利用電腦） | | |
| （二）由全班學生一起票選心目中最想去的行程，及規劃最好的行程。 | | |

| 參考資料 | 翰林出版社四年級上學期社會課本 自編教材 |
|---|---|

# 肆 結語

　　本章介紹問題解決教學法的相關理論及教學技巧，並按照問題解決的五個階段設計教案，以提供教師在教學時的參考。綜合歸納國內外學者的見解，這五個階段分別為：發現問題階段、界定問題階段、決定策略階段、執行策略及檢驗策略階段，這些步驟不是獨立的，也不是接連依序完成的，在解決問題的過程中會不斷的修正想法或計畫。這五個階段，各有其不同的目標，而且也需要培養相關的技能，才能使學生熟練問題解決的過程和實際解決問題的能力。

　　在設計本教案之前，先審視學生的起點行為，學生在進行本教案之前已對家鄉自然環境、特產、名勝古蹟有基本的認識，進行本教案之後期望學生能由各個景點、透過交通路線的介紹，串起對家鄉了解的線和面，這個活動中家鄉地圖的使用是很重要的。然後透過學生有興趣的旅遊話題，讓學生練習規劃旅遊路線和旅遊計畫，使學生對家鄉由知識層面的了解，激發出主動關懷家鄉、以家鄉為榮的情懷和培養問題解決的能力。透過本教案教學活動，學生可以清楚的了解問題解決的歷程，對於之後遇到個人或團體的旅遊行程問題時，可以依這些步驟去設法解決，養成學生深入探索、主動學習、積極面對問題的態度。

　　本教案以問題解決的五個階段依序設計教學活動，但是必須提示學生在實際解決問題時這五個階段是可以不斷回到前面階段加以檢視，

活動先在教室討論為主，以問題的方式呈現，讓學生了解「玩」不是亂玩，規劃行程要有計畫性，要考慮很多事項，行程才是完善。教師扮演引導者的角色，提供相關訊息及資源，一步一步的慢慢引導學生熟悉問題解決的步驟和釐清本單元的學習重點，教師在這個過程中可以利用各種圖表，如人形圖、魚骨圖、小組工作分配表、景點重點摘要表⋯⋯等，讓學生將想法記錄下來，以幫助學生能更具體的了解自己的想法。接著讓小組討論解決問題的相關策略、分工合作蒐集家鄉景點資料並加以規劃家鄉一日遊的行程。最後用有趣的票選活動讓學生再次的審視哪些組別規劃的行程較為完善，如果能安排戶外教學將票選最高的行程實際走一遍，那是最理想的，學生可以真正了解這個行程的優缺點。這些活動是期望學生對家鄉的景點能有更深入的了解，並提升規劃行程的能力。

現代是一個多元、民主及資訊爆炸的社會，學生必須學習如何去解決問題，學校教學中必須重視培養學生獨立思考的習慣，以及有效解決問題的能力，讓所有的學生都能夠熟悉解決問題的歷程、應用不同的策略並反省其思考過程，形成新的知識。「問題解決」是整合所有學習的過程，學校課程中應該加強這部分的課程，讓學生有機會去思考、擁有解決問題的經驗，成為具有創造性思考的人，能夠綜合其想法，產生創意，以及運用概念，以解決問題。

# 參考文獻

## 中文部分

97 年課綱修訂十大基本能力之獨立思考與解決問題（無日期）。2009 年 9 月 10 日，取自「教育部全球資訊網」http://teach.eje.edu.tw/9CC/index.php

97 年課綱修訂社會領域（無日期）。2009 年 9 月 10 日，取自「教育部全球資訊網」http://teach.eje.edu.tw/9CC/index.php

王春展（1997）。專家與生手間問題解決能力的差異及其在教學上的啟示。**教育研究資訊**，*5*（2），83。

王順福（2003）。**網路「問題解決教學」策略對學生問題解決能力影響之研究——以「自然與生活科技課程」為例**。國立高雄師範大學工業科技教育學系碩士論文。

吳德邦、吳順治（1989）。**解題導向的數學教學策略**。臺北：五南圖書出版公司。

呂愛珍（1993）。**國民小學社會科課程與教材**。臺北：五南圖書出版公司。

李咏吟、單文經（1997）。**教學原理**。臺北：遠流。

周經媛（1990）。解決問題教學法。**國民小學社會科教學法專輯**。臺北縣：臺灣省國民學校教師研習會。

林建平（1992）。學習策略的訓練及其成效。**初等教育學刊**，*1*，133-158。

林佩璇、黃政傑（1996）。**合作學習**。臺北：五南圖書出版公司。

林振春（1993）。問題解決理論在社會教育上的應用。**中等教育**，*44*（1），46-54。

范秀汝（2007）。**創造性問題解決教學對於國民小學低年級學生創造力之影響**。國立臺北教育大學藝術學系碩士論文。

洪榮昭（2003）。**知識創新與學習型組織**。臺北：五南圖書出版公司。

唐偉成、江新合（1998）。以問題解決為導向的教學理念與模式。**屏師科學教育**，*8*，12-28。

張春興（1999）。**現代心理學**。臺北：東華書局。

張添洲（2000）。**教材教法——發展與革新**。臺北：五南圖書出版公司。

張翠倫（2003）。國小學生社會領域學習策略與學業成就關係之研究。屏東師範學院國民教育研究所碩士論文。

郭有遹（1994）。創造性的問題解決法。臺北：心理。

陳李綢（1988）。學習策略的研究與教學。資優教育季刊，*29*，15-24。

陳國彥、吳宗立（2002）。社會領域教材教法。高雄：麗文。

陳龍安（1997）。創造思考教學理論與實際。臺北：心理。

許麗玉（1993）。認知心理學的理論與實際。高雄：麗文。

黃炳煌（1999）。談「課程統整」——以國民教育九年一貫課程為例。載於國立中正大學教育學院主編之「新世紀的教育展望國際學術研討會論文集」。高雄：麗文。

劉佩雲、簡馨瑩譯（2003）。Beau Fly Jones, Claudette M. Rasmussen, & Mary C. Moffitt 著。問題解決的教與學（*Real-Life problem solving: A collaborative approach to interdisciplinary learning*）。臺北：高等。

歐用生（1989）。國民小學社會科教學研究。臺北：師大書苑。

劉湘川、許天雄、林原宏（1993）。問題解決的研究與教學。國教輔導，*33*（2），13-18。

## 英文部分

Dewey, J（1933）. *How to think*. Boston: D. C. Heath.

Frederiksen, N.（1984）. Implications of cognitive theory for instruction in problem solving. *Journal of Educational Research, 54*, 363-407.

Gagné, R. M.（1977）. *The Conditions of Learning*（4th ed.）. New York: Holt, Rinehart & Winston.

Guerra, N. S.（2009）. A graphic organizer to foster self-regulated social cognitive problem solving. *Intervention in School and Clinic, 44*（4）, 229-233.

Johnson, S. D.（1987）. Teaching problem solving, *School Shop, 46*（7）, 15-17.

Treffinger, D. J., Isaksen, S. G., & Dorval, K. B.（1994）. Creative problem solving, In M. A. Runco（Ed.）, *Problem finding, problem solving, and creativity*. New Jersey: Ablex Publishing Corporation.

# 第 10 章

# 歷史教學法

林佳灵
臺中縣大里市大元國民小學教師

許世融
國立臺中教育大學社會科教育學系助理教授

## 本章綱要

# 壹 前言

　　教學是一種藝術，「方法」與「策略」因人而異，並無一成不變的法則。美國教育家杜威曾說：「教材和教法二者是彼此互相聯絡貫串的。」亦即教學方法不能脫離課程，而課程也需要適當的教學方法，才能達成預期的教學目標。因此課程與教學二者之間，相輔相成，不可分離。國民小學社會領域教學亦然，在教學進行中，教師使用的教學策略，不宜太過呆板，必須配合各種會遇到的教學實況（如：不同版本的教材、兒童的學習經驗、能力、興趣、教學環境設備），靈活設計各種合適的教學活動，唯有教學者多「用心」、「用新」，創意點子源源不斷，才能激發學生高昂的學習意願、達成教學目標。

　　九年一貫社會領域課程中，「人與時間」這一主題軸，可說是學生建構歷史知識與培養歷史能力的重心所在，在教育部課程規劃設計下，從國民小學低年級的生活領域，一直到中高年級的社會領域，乃按照「個人」、「家族」、「社區」、「鄉鎮縣市」、「臺灣」的同心圓敘述架構，來編排教材順序。此乃依據學生空間觀念認知發展，而作由近及遠、由具體到抽象的排列，再配合學生認知能力的增長，適時加深加廣課程知

表 10-1 ┃ 國民小學階段九年一貫社會領域「人與時間」主題軸能力指標一覽表

| 指標編號 | 內容 | 適用年級 |
|---|---|---|
| 2-2-1 | 了解居住城鎮（縣市鄉鎮）的人文環境與經濟活動的歷史變遷 | 三、四 |
| 2-2-2 | 認識居住城鎮（縣市鄉鎮）的古蹟或考古發掘，並欣賞地方民俗之美 | 三、四 |
| 2-3-1 | 認識今昔臺灣的重要人物與事件 | 五、六 |
| 2-3-2 | 探討臺灣文化的淵源，並欣賞其內涵 | 五、六 |
| 2-3-3 | 了解今昔中國、亞洲和世界的主要文化特色 | 五、六 |

識。亦即,國小階段的歷史學習,應從認識自己與自己最密切的事物出發,逐次擴展至對世界的了解（吳展良,2003）。

# 貳 歷史教學法的內涵

「以史為鑑,可以知興替」,歷史是人類經驗的寶庫,經由歷史,人們得以了解過去,認識現在,展望未來。長久以來,歷史知識即被視為用以增長智慧、解決當下問題的途徑。一旦學生獲得了歷史知識,也必然會在自己與歷史遺產之間建立一道直接、有意義的連結（林慈淑,2001：147）。

然而九年一貫社會領域展現在「人與時間」主題軸的歷史能力指標,並未將「歷史思考」能力的標準列出。歷史教學必須要站在歷史事件的「時間點」和「空間點」,將不同時間不同空間（如中外、閩客社群）所發生的事情去做背景、原因、人、地、事、時、結果影響（造成的後果）等比較分析,讓學生養成隨機的思考分析判斷能力。國民小學現階段的歷史教學,在臺灣始終都是以講述為主的傳統習慣,已深入教學現場。同時在升學主義掛帥的現實壓力下,有趣的歷史課程,頂多是教師將歷史當作精采的故事來講述,或將歷史事件的因果關係講清楚,從中找到「歷史教訓」告訴學生,課程便告一段落。大多數時候的歷史是與生活無關的科目,歷史教學就是將課本的重點劃線、補充課本沒有的內容、查詢課本中的問題,或寫習作或不斷反覆的小考。此一偏頗的教學方式,再加上九年一貫領域合科教學後,社會領域教學時數普遍減少,而民間出版社所編纂的教科書內容,卻無甚減少的情況下,使得教學不但無法深入,反而更加零碎（宋佩芬,2004）。

是故,要使學生全面、真正而深入理解歷史知識,則歷史學習應至少應包含「歷史事實知識」、「歷史理解」、「歷史解釋」、「歷史探究能力」這四個部分。此四部分能讓歷史的學習具有普遍性的教育價值（陳冠華,2003：120）。至於具體要素,則包括下列五大要素及內涵:

表 10-2　歷史教學基本要素與內涵

| 歷史教學基本要素 | 內涵細目 |
|---|---|
| 1. 時序的概念 | 1-1 使用時間語彙<br>1-2 使用年表<br>1-3 時間的連續性<br>1-4 時間變遷造成的改變 |
| 2. 歷史性理解 | 2-1 掌握歷史知識的基本因素<br>2-2 說明歷史性敘述的中心問題<br>2-3 解釋歷史事件的因果<br>2-4 由歷史情境討論歷史人物<br>2-5 對歷史意義的了解 |
| 3. 歷史的分析與解釋 | 3-1 比較不同歷史解釋的思想與價值觀<br>3-2 分析歷史事件的形成因素<br>3-3 自我建構的歷史 |
| 4. 歷史研究的能力 | 4-1 了解史料的作用<br>4-2 了解史料的來源與作者的動機<br>4-3 設想有意義的問題<br>4-4 根據史料重述關鍵的歷史事實<br>4-5 試著利用史料說出一個故事 |
| 5. 歷史議題的分析與應用 | 5-1 歷史事件中兩難問題的辨析<br>5-2 探討解決一個問題的建議<br>5-3 與現代問題互相對照與比較 |

資料來源：黃道遠（2003）。國小歷史教學的反思、理論與實際。國立新竹師範學院社會科教育學系碩士論文。

　　教學是複雜的動態歷程，在缺乏對歷史知識特質的認知、對教學缺乏反省、政治意識型態的干擾、教科書缺乏實用性、升學掛帥等因素交互作用下，使得歷史教學往往淪為意識型態灌輸與知識灌輸的活動，而突破僵化的教學模式，運用多樣化的教學策略，便成為當前國民小學階段歷史教學的重要方向。相對於國內僵化的講述教學，多樣化教學方式，早已是近年來英美歷史教學致力努力的方向。在英國，歷史教學重視配合學生能力，設計出各式各樣的教學法，如戲劇編排或製作模型等。

同樣的,在美國「全國歷史科課程標準」編製的原則中,即說明歷史教學應該運用各種歷史證據來源、包括書面文獻、口述歷史、大眾文化、文學、工藝品、藝術與音樂、歷史遺址、照片和影片等,來研究與認識歷史事件。此外還提供大量的教學法範例,供教師參考,如讓兒童參觀博物館觀察服飾、房屋、家具以及手工藝品,閱讀歷史小說或傳記,遊覽曾經發生過歷史事件的場所,比較歷史時期的文件、照片、紀錄等等,讓教師明確了解歷史教育可以運用的教材與教法,並可依個人需求加以變化設計。

　　以下是臺灣中部的一所美國學校,在認識「臺灣歷史與文化」課程中,參訪南投縣某所原住民文化的主題文化村,教師所設計的學習單。從中可以看到外國教師引導歷史學習的思維,及學生展現在觀察異國歷史文化、服飾、房屋、工藝品的細微觀察記錄能力。

【教師引導】

Part Ⅰ：Please accurately draw and label a typical house/home
　　　　（floor plan and outside）from this culture. Be sure to
　　　　include design and materials and why each was used.

【學生記錄】

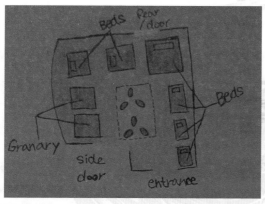

House/Home notes:
Rear door is for women; entrance is for men.

【教師引導】

Part Ⅱ：Please accurately draw and label an important event/ ceremony from this culture. Initiation rites are one of the important events for some tribes.

【學生記錄】

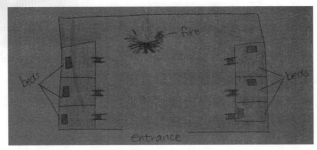

Event/Ceremony notes:

1.Men's meeting house, kuba.

2.Kuba is for parties and men's meetings.

【教師引導】

Part Ⅲ：Please draw and label important tools used by this culture, what tools are made out of, and how they are used.

【學生記錄】

Tool notes：

1.Pan and spoon are used to cook.

2.Used for hunting: sword, bow and arrow, gun.

Part Ⅳ：Please draw and label clothing use and design in this culture（everyday and ceremonial as well as male, female, and child）.

【學生記錄】

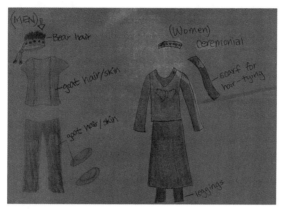

Clothing notes:

1.Bear skin is used for caps and hats.

2.Clothes are usually made of goat skin.

## 參 史料運用與歷史教學

　　相較於其他學科領域，歷史有一項特色，就是研究的對象大都已經不存在了，歷史很難透過直接的觀察進行研究，因此在建立歷史脈絡時所需的證據，便是來自過去所遺留下來的史料。

　　史料與歷史知識是相互依存的，必須擁有與史料相關的歷史知識，處理史料證據的活動才能展開。處理史料對於學生而言具有一定的困難度，Wolfgang Hug 將史料比喻為一堆馬賽克磚石或是挖掘出的碎片，能提供學生更多「探索歷史」的學習機會，學習者需學著將他們拼湊、恢復為一個整體（胡凱譯，1999）。

　　史料包括地方誌書、檔案資料、古文書、契約、家乘譜牒、廟宇沿革誌、匾額楹聯、古地圖、口述歷史紀錄、老照片、碑記、文物、私家宅第、建築內涵、族群聚落與生活上的軟體內涵……等。運用這些史料可以幫助我們了解移民拓墾、社會、政治、經濟、文化教育的活動，教學時妥為運用這些史料，再配合適當的教材加以詮釋、補充，較容易引起學生的興趣。

　　史料是歷史教學重要的教材，在運用上，如果教師扮演的角色只是單純的傳遞知識者，如此一來史料對於學生的價值，將只會停留在記憶與背誦的層次。相反的，如果教師能將各式各樣的史料相關教材做一轉化，讓教科書、教學內涵、史料三者彼此連結，則史料對於教學的意義，將提升至「訓練兒童歷史思考」的境界。

　　使用史料進行教學，是為了讓學生知道歷史從哪裡來，了解如何探究過去的過程，包括何處可獲得證據、如何閱讀與分析文件等，以下將介紹國小教師可以如何選用史料以融入臺灣史教學中。

## 一、歷史相片與教學

　　屬於視覺圖像的相片及圖片，對學生歷史學習具有較大的吸引力及震撼力，透過教師的適當使用與引導，其學習效果往往更甚繁複的文字說明。通常教科書中所使用的相片，出版社礙於版面限制、著作財產權

出處，以及是否具有代表性等因素，在編輯選用上，無法完全符合教學的實際需求，因此教師在教學上，應該適時加以補充與轉換，如此才有助於學生學習，達成教學目標。

國民小學社會領域，在高年級歷史學習的課程安排上，能力指標「2-3-1 認識今昔臺灣的重要人物與事件」、「2-3-2 探討臺灣文化的淵源，並欣賞其內涵」，是教科書編輯的重要參考依據，各出版社也以一整冊的篇幅來介紹「臺灣史」。

以翰林出版社五下，第五單元「日本的殖民統治──種族歧視的差別待遇」為例，教科書中提到：

教育方面，學校分成三類：日本兒童上「小學校」；漢人兒童大都上「公學校」；而原住民兒童上「蕃人公學校」。「公學校」和「蕃人公學校」的師資、設備都比「小學校」差，升學更有種種限制與不公平待遇。

在這個單元的教學設計與討論上，由於距今年代並不算太遙遠，學生可能都聽過祖父輩的家人或親戚，談論過日治時期求學的歷程，因此教師在史料的運用上，不妨可以請學生在家中請教長輩，或以日治時期的相片、賞狀、卒業證書，提出引導性的問題進行史料教學。

例 1：

教師提問：「這張賞狀是做什麼用的？」「公學校是什麼？和小學校、國民學校及現在的國民小學有什麼不同？」「昭和九年

大約是西元幾年？距今多少年呢？」「大屯郡守相當於現在的
什麼行政職務呢？」「賞狀的這個人為什麼喀哩公學校畢業了，
還要再到臺中市村上公學校念高等科呢？念幾年呢？」

**例2：**

教師提問：「道路是什麼材質鋪設的？」
「相片中兩位正要去上學的同學腳上有
沒有穿鞋子？有穿制服嗎？背什麼書包
呢？頭髮的樣式呢？」

　　以上這些問題的解答，對小學五年級的學生來說也許是艱深了些，
但是以歷史教學的目標而言，學生答案的正確與否並不是最重要的，教
師應將教學重點放在引導學生對史料產生好奇，藉由史料的分析、解
讀，進而了解日本殖民統治時的種族差別教育制度。

## 二、歷史文件與教學

　　「2009 年 8 月 7 日，登陸臺灣的莫拉克颱風挾帶大量豪雨，一連
數日的滂沱大雨，造成臺灣南部多處山區土石流肆虐，交通中斷、村毀
人亡，而沿海低窪地區，更面臨百年來最悲慘棘手的淹水災情，「八八
水災」造成全臺人民生命財產極大的損失。」

　　上面這則臺灣天然災害的報導，看似與歷史教學無太大之關聯，但
是教師若能結合時事，並運用所蒐集的史料，在課程設計及學生的學習
上，加以引導說明，做昔日與今日的印證，則歷史將不再只是課本上遙
遠而模糊的記憶，學生將會發現，歷史是與生活如此鮮明的貼近，生活
之中隨處都是歷史，而我們每個人也都正在創造歷史。

　　以下面這一張日治時期的表彰狀為例，可以解讀出距今將近 100 年
的明治 44 年（西元 1911 年），颱風對臺灣所帶來的損害。而當時如同

今日，一樣有許多善心人士樂捐，發揮人飢己飢人溺己溺之精神，救助苦難的同胞。

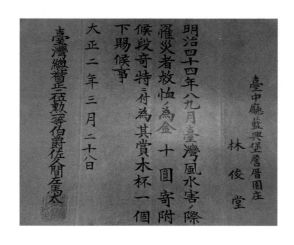

例1：

教師提問：「這份文件內容大意是什麼？」「明治44年大約距今多少年呢？」「捐款人是誰？捐多少錢？」「捐款人住在臺中廳藍興堡，你能從老師提供的地圖中找出藍興堡的位置？」「捐款的金額十圓，你覺得多或是少？」「頒發這張表彰狀的臺灣總督，相當於現在政府什麼職務的人？」

　　教師運用史料應視學生的閱讀能力作適當的改寫，因為學生在閱讀與理解以前的日記、信件、講演、報章雜誌時會遇到困難，以往語言的使用、不普遍的字彙、長而複雜的句子、冗長的文章對學生的經驗來說是陌生的，很難符合學生現存的經驗與興趣，也很難對當時的觀念與事務進行跨時空、文化的想像。而讓原始資料更明顯的方法，是將它調整為學生能夠閱讀，符合學生的興趣與經驗。

　　接續上面所列舉的文件史料應用，以灌園先生日記的使用為例：林獻堂所著的《灌園先生日記》，是日治時期至光復年間，最珍貴的私人資料，多元的內容可說是一部具體而微的臺灣史。日記中除了記錄霧峰林家家族的生活點滴，更有當時豐富的政治、經濟、文化、社會活動的資料。

　　這些珍貴的文字史料，並不是只有碩博士生，在學術研究的殿堂才能接觸與使用。小學教師如果能針對日記內容加以彙整，節錄成符合兒童能閱讀與想像的文字，則對學生歷史認知的建構，將有事半功倍之效。

《灌園先生日記》中有關霧峰附近水患的報導

| 冊數 | 日期 | 頁數 | 內容摘要 |
|---|---|---|---|
| （三） | 1930 年 7 月 28 日 | 250 | 昨夜十時餘降雨頗大，天明稍息，各處被害之消息續續傳來，坑口家屋倒壞者二十餘戶，柳樹湳家屋倒壞者七、八戶，牛欄貢之土地被沙埋沒者甲餘…… |
| （三） | 1930 年 7 月 30 日 | 252 | 視察柳樹湳水害<br>想廿七夜坑口、柳樹湳水漲侵入人家，深有二、三尺，婦人在風雨黑夜之中逃難，其苦何可待言。 |
| （三） | 1930 年 8 月 1 日 | 254 | 視察坑口水害<br>九時陳壽同往坑口，觀被水害之家屋，全倒、半倒計二十餘戶，遇喬松、登輝。喬松、登輝之家屋僅餘一間未倒而已，斷瓦頹垣真是傷心慘目，然夜半洪水驟至，在黑暗之風雨中逃難，而人畜俱無恙，可謂不幸中之幸矣。 |
| （四） | 1931 年 6 月 11 日 | 187 | 蕃薯來報烏溪水從舊社而入，六股十餘戶皆被水包圍，宛如孤島。今夜若再降雨，則數十條生命盡葬魚腹矣！ |
| （五） | 1932 年 8 月 3 日 | 315 | 王宗來，報道六股之田被埋甲餘；樹旺報道草湖之田被埋六、七分；牛欄貢佃人亦來報道崩者一分餘，埋者數分；溪心垻佃人尚未來報告，不知是處有無損害。近午雨霽，與臺中、南投、溪心垻之交通仍是杜絕，無異孤島。 |
| （五） | 1932 年 8 月 8 日 | 322 | ……往觀土城被洪水倒壞之家屋。土城戶口有八十餘戶，倒者三十七戶，真是傷心慘目。 |

例 2：

教師提問：「這些文字主要在描述什麼樣的天然災害？」「這些天然災害發生在哪個年代？」「內容摘要中，描述的人員傷亡或財產損失，有哪幾種？和今日有沒有相同或不同的地方？」

結合照片、文字史料來學習歷史，可以使學生對臺灣歷史的時間概念獲得初步提升。但是這樣的教學模式，並非所有時期的歷史教學均可適用，只能運用在與生活經驗較貼近的部分。但有了較清晰的時間觀念後，學生對於教科書上較複雜的史事也多可舉一反三，觸類旁通。

史料資源浩瀚廣博，對歷史教學而言其價值有高低之別，但卻沒有毫無價值的史料，這些資源的價值隨教學者運用之能力而轉變，教學者若能善加利用，將使歷史教學事半功倍，容易達成教育歷史觀念、培養歷史意識的目標。

# 肆 口述歷史與歷史教學

口述歷史是蒐集歷史資料的方法之一，口述歷史在九年一貫尋求教學活化的氛圍下，已非遙不可及的陌生名詞，在國小教科書的習作當中，也經常出現要兒童訪問家人、社區鄰居或各行各業工作者的設計。

進行口述歷史，事前需做詳盡的規劃與長期的訓練。尤其對於心智發展尚未成熟的小學生而言，他們無法做到像史學家一般嚴謹，歷史教師應將歷史知識轉化為學生所能理解與參與的活動，讓學生透過運用史料探究真實的過程，了解歷史知識形成的過程以及歷史學家治學的態度與方法。

依據社會學習領域分段能力指標的規劃，國小一、二年級生活課程的重點，在於能了解自己家族的定居與遷徙，以及學校、社區今昔的環境變化。至於三、四年級則擴展到以家鄉（學生自己所在的縣市鄉鎮）為範圍，學習家鄉中有關生活、環境、經濟等人文活動與歷史變遷。以南一書局四年級上學期教科書單元的編排為例，口述訪談及調查訪問的

技能培養與實作，在以下單元就顯得相當的重要：

| 單元名稱 | 教學重點 |
|---|---|
| 家族尋根記 | 請教家中長輩、參考族譜，引導兒童進行調查活動。 |
| 您從哪裡來 | 透過訪問及調查，了解居民定居家鄉的原因。 |
| 往事知多少 | 運用各種不同方法（訪問、參觀）蒐集資料，了解家鄉的從前。 |
| 家鄉古今遊 | 整理訪談內容，並與同學分享。 |

　　在進行這些單元的教學時，有些教師可能會有「學生程度不一，不知如何指導訪談與調查」、「教學時間不足，資料蒐集與整理卻又相當耗時費力」的困境。以下提供口述訪談的要點，期望藉由實際的操作與整理，學生的學習會更加深刻。

　　指導學生進行口述歷史工作，可分為三個階段，即訪問前、訪問中、訪問後（王芝芝譯，1997）。

## 一、訪問前

1. 介紹口述歷史：老師必須先介紹何謂口述歷史？該如何進行？工作時會碰到哪些問題？要注意哪些事項？
2. 全班分組合作：簡單的口述歷史可以讓學生個別完成，而較繁複的口述歷史則需要學生分工合作。
3. 決定訪談問題：口述歷史不是天馬行空的訪談，必須要充分掌握焦點與時間。
4. 選擇受訪者：針對研究的主題選定受訪者。
5. 邀請受訪者：由於小學生心智能力尚未成熟，所以老師可先行與受訪者溝通，讓受訪者了解訪談的目的與內容，讓受訪者有所準備，然後再讓學生邀請。教師也可以直接將受訪者邀請到學校，接受學生的訪談。
6. 建立互動關係：身為訪談者需態度恭敬，注重禮節，如約定好時

間後準時赴約，穿著整齊清潔，並在訪談結束後表示感謝，讓受訪者感覺有親切感、受尊重，才能讓訪談工作順利進行。

7. 充實背景知識：學生在訪問前必須充實背景知識，因為訪問是要喚起受訪者的回憶，我們應對受訪者的歷史、社會背景、經驗與可能提供的訊息有所了解。

## 二、訪問中

1. 訪問工具，如：訪談大綱、記錄的工具是否準備就緒。
2. 引導談話內容：訪問者依規劃好的問題進行訪談，引導受訪者針對重點發言，在談話過程中，切忌和受訪者爭論，因為口述歷史訪談就是要聽受訪者說出自己的觀點，如果發現錯誤，可以事後記錄時再加以註解。
3. 將訪談內容記錄：口述訪談的過程中，若有專有名詞或不明瞭之處，可請受訪者加以說明、寫下以供日後討論與整理之用。

## 三、訪問後

1. 轉譯整理資料。
2. 全班進行討論。
3. 學習成果的展現（成果上應填上「受訪者姓名」、「受訪時間與地點」、「訪問者」等註記，培養學生的負責態度）。

上面所述的程序，較為嚴謹與細密，教師可依學生程度作適度的調整與簡化。口述歷史應用於小學階段的教學目標，不同於大學之專業口述人才的培訓，而是作為一種教學方法，教師應該多鼓勵學生主動學習，發揮想像力和培養思考問題的能力。習作或作業中的訪問年長者，也同時讓學生有「社會性的成長」，學習對話和與人相處之禮儀。此外，口述歷史方法幫助學生體認歷史中「變遷」的概念、了解訪談者與受訪者之間的時代落差、理解「過去」、「現在」和「未來」之間的「延續」概念，從實際的訪談中培養出「歷史意識」（吳翎君，2001：157）。

# 伍 校外參訪與歷史教學

「參訪」對歷史教學而言，如要細分，可分為「校外參觀」與「田野訪查」。校外參觀是指到博物館、文物館、文化展館或其他社教機構參觀歷史文物、史料、遺址……等。這是一種將課堂所學，與實際文史資料觀察應證的教學模式，透過這種歷程讓學生的歷史知識學習加深加廣。

田野調查則是教師與學生共同討論，設定主題，到歷史事件發生的地點，蒐集資料並進行調查，如到臺中市惠來遺址、湖心亭……等，然後再回到課堂加以整理、分析，釐清與還原歷史。以上兩種不同的校外歷史學習方式與體驗，能幫助學生更有條理與層次來學習歷史。校外參訪比起在教室中進行教學，更能引起學生的興趣與動機，但是在新奇有趣之餘，教師仍需注意活動設計，是否能達成教學目標。

「參訪」是戶外教學的一種，有的是走馬看花，有的是真正的教學活動，如果是教學活動則必須注意以下事項，這樣分項說明，學生在參訪時才會提神注意。

1. 參訪前的規劃、勤前教育、學生要注意的事項、攜帶的物品、筆記，以及提示教學上預期的目標都很重要。

2.參訪時要注意的事項。

3.參訪後要求的報告或檢討。

　　教師要注意的是，進行歷史教學的校外參訪之前要有前置的研究與準備，因為當學生能夠在這些經驗作適當的準備，他們能對歷史產生更深入的了解。校外參觀或田野調查，假若在課程安排上，一開始就先安排外出參觀，優點是能夠吸引學生學習的興趣，缺點則是學生缺乏基本的知識，在校外的教學現場可能較無法發掘問題提問，對歷史細節較無法留下深刻的印象。因此教師在教學前可以引導學生先行閱讀歷史傳記或小說，讓重要的歷史事件或是相關的人名能做一連結，進而誘導學生對歷史問題的思考及省思。

　　在臺灣中部可進行校外參訪，參觀歷史文物的地點非常多，教師可以視學校所在的區域，選擇讓學生體驗參觀不同的族群及文化特色的展覽館，如：山線地區石岡鄉立圖書館三樓的客家文物館、原劉家伙房 921 地震後改建再利用的土牛客家文化館、昔日東勢火車站改建再利用的東勢客家文物館；海線地區的梧棲農會文化產業大樓四樓農村文物館、五樓漁村展示館、清水鎮公所三樓農村文物館；屯區太平的古農莊文物館、大里杙文化館；和平鄉環山地區平等國小旁的泰雅民俗文物館；臺中市民俗公園、南屯萬和宮文物館；南投中興新村國史館臺灣文

獻館,這些都是規劃完善,適合進行校外參訪的地點。歷史文物的參訪,帶來情感與心靈的悸動,是超越言語的溝通,歷史文物盛滿了老一輩的記憶與感動,當他們逝去的過往記憶與新世代的學生學習,產生重疊呼應,歷史學習因此被賦予了靈魂。

九年一貫課程統整,以及小班教學精神等政策的落實,教師常常需要自行編製或補充教學教材,以改進教科書編印內容不足的困境,透過校外參訪的歷史教學,不僅可以靈活支援教學進度的設計,增進課程單元的內容深度,更能活化實質上的教學效益,達到預期的教學目標。

# 陸 教學示例

## 一、史料教學示例

| 單元名稱 | 相片中的秘密 | | |
|---|---|---|---|
| 設計者 | 林佳灵 | | |
| 教學時間 | 40 分鐘 | 適用年級 | 五年級 |
| 能力指標 | 2-3-1 認識今昔臺灣的重要人物與事件。 | | |
| 教學目標 | 知道何處可獲得歷史證據,並能閱讀與分析歷史文件。 | | |
| 設計理念與教材分析 | 為了讓學生知道歷史從哪裡來,了解如何探究過去的過程。 | | |
| 教學活動流程 | | | |
| 教學活動 | | 教學資源 | 教學評量 |
| (一)教學前準備<br>　　課前請兒童經家中長輩同意,將自己家中年代久遠的器物,如:服飾、貨幣、地圖、照片、文字 …… 等,帶來學校,並分組展示在教室中。 | | 文物史料介紹學習單 | 學生能完成學習單 |

| | | |
|---|---|---|
| (二) 引起動機<br>　1. 教師揭示學校創校前之校地舊照片。並詢問學生：<br>　　(1) 這張照片拍攝的地點在哪裡？<br>　　(2) 相片中的景物，你發現和現在哪裡不一樣？<br>　2. 教師提問：「怎樣才能了解過去的歷史？」 | 校地舊照<br>片 | |
| (三) 發展活動／各種史料的認識與解讀<br>　1. 教師揭示日治時期賞狀。並詢問學生：<br>　「這張賞狀是做什麼用的？」「公學校是什麼？和小學<br>　校、國民學校及現在的國民小學有什麼不同？」「昭和<br>　九年大約是西元幾年？距今多少年呢？」「大屯郡守相<br>　當於現在的什麼行政職務呢？」 | 日治時期<br>賞狀 | 能說出過<br>去與今日<br>變異地方 |
| 　2. 教師揭示日治時期舊照片。並詢問學生：<br>　「道路是什麼材質鋪設的？」「相片中兩位正要去上學<br>　的同學腳上有沒有穿鞋子？有穿制服嗎？背什麼書包<br>　呢？頭髮的樣式呢？」 | 日治時期<br>上學照片 | |
| 　3. 教師揭示臺東史前博物館考古現場挖掘照片。並詢問：<br>　「他們在挖掘什麼東西？」「這些東西可以說明什麼事<br>　情？」 | 考古現場<br>照片 | 能正確回<br>達問題 |
| (四) 歸納統整<br>　1. 教師與學生共同討論，歸納出「如何取得歷史資料？」<br>　　的方式：<br>　　(1) 上網搜尋　　(2) 閱讀相關書籍<br>　　(3) 參觀博物館　(4) 參觀古蹟<br>　　(5) 請教長輩 | 歸納 PPT | |
| (五) 結束活動<br>　教師揭示「教育部歷史文化學習網／線上活動區／歷<br>　史圖片來找碴」（http://culture.edu.tw/flashphoto/index.<br>　php）讓學生分組競賽找出正確答案。 | 教育部歷<br>史文化學<br>習網 | 每組能提<br>出至少二<br>種方法 |
| 參考資料 | 翰林出版社社會領域五下教科書 | |

第<br>*10*<br>章<br>歷<br>史<br>教<br>學<br>法

## 二、口述歷史教學示例

| 單元名稱 | 心事誰人知 | | |
|---|---|---|---|
| 設計者 | 林佳灵 | | |
| 教學時間 | 40 分鐘 | 適用年級 | 四年級 |
| 能力指標 | 2-2-1 了解居住城鎮的人文環境與經濟活動的歷史變遷。 | | |
| 教學目標 | 透過訪問方式，了解家鄉先民的生活情形和當時環境。 | | |
| 設計理念與教材分析 | 幫助學生體認歷史中「變遷」的概念。 | | |
| 教學活動流程 | | | |
| 教學活動 | | 教學資源 | 教學評量 |
| (一)引起動機<br>　1.教師穿著「奶粉罐做成的踩高蹺」從教室外面走進來。<br>　2.教師展示「汽水瓶鐵蓋敲扁」做成的玩具。<br>　3.教師問學生這些是什麼物品？是哪一個年代的玩具？<br><br>(二)發展活動<br>【討論1】<br>　1.教師詢問學生：「要如何知道爺爺奶奶小時候玩的遊戲及玩具？」<br>　2.請學生分組討論，預計要訪問爺爺奶奶小時候生活情形的題目。(訪談大綱)<br>　3.各組報告訪問題目，教師逐一加以調整修正，並將合適的題目彙整於黑板上。<br>【討論2】<br>　1.學生分組討論「訪問時要準備什麼物品？」「訪問時要注意什麼事項？」<br>　2.各組上臺報告，教師加以修正，並彙整於黑板上。<br><br>(三)歸納統整<br>　教師播放訪談的照片及影片，並歸納出口述訪談的流程及需要注意的事項。<br><br>(四)結束活動<br>　教師發給學生每人一張「家鄉故事訪談紀錄」學習單，並指導填寫要領。 | | 30年代童玩<br><br><br><br><br><br><br><br><br><br><br><br><br>歸納PPT<br><br><br><br><br>口述訪談照片及影片<br><br><br><br>學習單 | <br><br><br><br><br><br><br><br><br><br>各組能經討論後列舉至少3個訪談題目<br><br><br><br><br><br><br><br><br><br>知道學習單記錄方法及重點 |
| 參考資料 | 南一書局社會領域四上教科書 | | |

# 三、傳統器物教學示例

| 單元名稱 | 小小文化資產博覽會 | | |
|---|---|---|---|
| 設計者 | 林佳灵 | | |
| 教學時間 | 40分鐘 | 適用年級 | 四年級 |
| 能力指標 | 2-2-1 了解居住城鎮的人文環境與經濟活動的歷史變遷。<br>2-2-2 認識居住城鎮的古蹟或考古發掘，並欣賞地方民俗之美。 | | |
| 教學目標 | 1. 能了解傳統器物的功用。<br>2. 能比較傳統與現代器物的差異。<br>3. 能欣賞傳統的手工技藝。 | | |
| 設計理念與教材分析 | 引導兒童認識古早物的用途，探究以前人們生活情形。 | | |
| **教學活動流程** | | | |
| 教學活動 | | 教學資源 | 教學評量 |
| (一) 教學前準備<br>　1.課前請兒童將自己家中屬於傳統生活的器物帶來學校，並分組展示在教室中。<br>　2.指導學生填寫「生活中的傳統器物調查表」。 | | 給家長的一封信<br><br>生活中的傳統器物調查表 | 能完成調查表 |
| (二) 引起動機<br>　1.「哆啦A夢」卡通影集中，「時光包巾」神奇的功能。<br>　2.提問：有哪些「傳統器物」是我們現在日常生活中，還使用得到的？ | | | |
| (三) 發展活動<br>　1.「說古道今話古物」——分組搶答<br>　　藉由預設的題目及簡報的呈現，讓各組學生腦力激盪，了解傳統器物的名稱及功用。<br>　2.「文化資產博覽會」——欣賞傳統器物及手工藝品<br>　　請學生互相參觀教室中布置的傳統器物及手工藝品，並選擇自己印象最深刻最喜歡的物品。<br>　3.「超級比一比」——傳統與現代器物差異比較藉由預設的題目及簡報的呈現，讓學生了解傳統器物與現代器物功用、材質、價格上之差異。 | | 自製PPT<br><br><br><br>按按按互動式教學系統 | 各組能回答傳統器物功用 |

| | | |
|---|---|---|
| （四）歸納統整<br>傳統器物與技藝，因眾多因素有逐漸失傳的危機，我們唯有把握學習的機會，才能保留祖先珍貴的傳統技藝。<br>（五）結束活動<br>「薪火相傳」──紅龜粿製作<br>1.學生分組，以蒸過的半成品材料包餡並用粿模印製紅龜粿。<br>2.展示與品嚐。<br>3.場地收拾復原。 | CD 音響<br>製粿材料<br>粿模 | 知道紅龜粿製作的步驟 |
| 參考資料 | 康軒出版社社會領域四上教科書 | |

# 柒 結語

　　歷史課程與歷史教學是影響學習成果的關鍵因素，只有合適的課程設計，並藉由教師靈活運用各種教學方法，引導學生經驗教材和探究方法，才能順利達成歷史教育的目標。

　　為避免歷史教學落入意識型態之爭或流於知識的灌輸，國民小學階段的歷史教育，應朝向更民主化與多樣化的方向發展。教師在教學現場，便應該以民主的態度、開放的立場，將歷史多元的觀點呈現出來，讓學生有機會思考、選擇並建構個人的價值觀，切忌勿將教師本身的歷史觀、國家認同觀強加諸於學生身上，甚至主導學生價值觀的形成。

　　同時，為順應學生不同的能力、興趣與需求，歷史教學應走向多樣化，提供多元的學習機會，藉由探索的歷程，跳脫思考的制約，培養學生批判思考與歷史思維的能力，而不只是停留在認知的層次，只將歷史認定為知道或記憶過去發生什麼事而已。

　　國民小學歷史教育的問題，除了在一綱多本，備受討論的教科書內容外，還包括教師教法。然目前仍有教師習慣隱身於自己教室的獨立王國，隱密的運作課程，形成個人主義式的教師文化，在個人主義的藩籬阻隔下，教師在歷史教學上經常不是教學保守難以精進，就是一路嘗試錯誤而後緩慢進步。Mclaughlin（1993）主張學校亟需建立專業社群

（professional community）的教師文化，讓教師們持續對其價值觀進行分享、反省、批判與創新，以提升專業能力。因此，要打破存在於國民小學歷史教學中，獨斷的教學內容與僵化的教學模式，教師不僅需要自省，更需要參與專業社群的對話，進行價值觀的分享、教育目的的思辯、教育現象的批判、教學方法的創新與教學實踐的反省，才能提升臺灣史教學品質並促進臺灣史教師專業成長。

# 參考文獻

## 中文部分

王芝芝譯（1997）。Donald A. Ritchie 著。**大家來做口述歷史**。臺北：遠流。

吳宗立、陳國彥（2002）。**社會領域教材教法**。高雄：麗文文化。

吳展良（2003）。下一代需要什麼樣的史觀。**中國時報**，A15 版。

吳翎君（2001）。口述歷史方法與小學社會科教學。**花蓮師院學報**，*12*，157-172。

吳翎君（2004）。**歷史教學理論與實務**。臺北：五南圖書出版公司。

呂愛珍（1985）。**國民小學社會科課程與教材**。臺北：五南圖書出版公司。

宋佩芬（2004）。社會學習領域中之歷史教學。載於黃炳煌（主編），**社會學習領域之教學內涵及其示例**。臺北：師大書苑。

李緒武（1997）。**社會科教材教法**。臺北：五南圖書出版公司。

沈映汝（2002）。**國小臺灣史教學之質性研究──理想建構與教學實踐的對話**。臺北市立師範學院國民教育研究所碩士論文。

林慈淑（2001）。「學歷史」與「歷史學」之間：九年一貫「人與時間」領域規劃的商榷。**東吳歷史學報**，*7*，139-171。

胡凱譯（1999）。Wolfgang Hug 著。我們的歷史與歷史學習。**清華歷史教學**，*9*，22-33。

陳怡伸（2006）。**國小社會領域實施多元評量成效研究──以臺灣歷史教學為例**。國立臺北教育大學社會科教育學系碩士論文。

陳冠華（2003）。實現歷史教育價值的關鍵：培養歷史科核心能力。**歷史月刊**，*186*，117-122。

陳國彥（2001）。**社會領域課程與教學**。臺北：學富文化。

程健教（1991）。**國小社會科教學研究**。臺北：五南圖書出版公司。

黃炳煌（2004）。**社會學習領域之教學內涵及其示例**。臺北：師大書苑。

黃道遠（2003）。**國小歷史教學的反思、理論與實際**。新竹師範學院社會科教育學系碩士論文。

葉素菱（2006）。**國小社會領域教科書臺灣史教材之內容分析**。國立花蓮教育大學國民教育研究所碩士論文。

歐用生（1984）。**國民小學社會科教學研究**。臺北：師大書苑。

盧富美（1979）。**國民小學社會科教材教法**。臺北：心理。

## 英文部分

McLaughlin, M.W.（1993）. What matters most in teachers' workplace context?

# 第 11 章

# 創新教學法

王嘉新

臺中縣烏日鄉東園國民小學教師

薛雅惠

國立臺中教育大學社會科教育學系教授

## 本章綱要

# 壹 前言

　　民國 91 年教育部公布《創造力教育白皮書》，宣示以創造力教育作為貫穿日後教育改革的重點工作，提升國家競爭力、因應當今知識經濟時代的來臨，刻不容緩的工作就是推動「創造力教育」。一個國家經濟的發展，將逐漸依賴知識生產的水準、知識進步的程度，以及知識創新的能力，而一個知識經濟的精髓，乃在於「創新」與「人力素質的提升」（洪昭榮，2001）。另外，九年一貫課程期望教師們上課時不再只是做單向的講授教學，而應該設計一些具創意的教學活動，讓學生能親自參與並培養一些應有的技能（吳育臻，2006：46-47）。對此，身處教育工作第一線的教師本身是否具有創新教學的能力，或具有創新教學的行為，就成了重要的關鍵。

　　相較於過往時期，教師一人在講臺上唱獨角戲的教學模式已不符合時代需求，現今教學活動之進行已趨於多元化，其內容不僅涵蓋周遭日常生活的新興訊息、時勢相關話題，同時也讓學生在活動中潛移默化的學習到價值判斷與解決問題的能力，這是未來必然的趨勢。教師必須時時精進自己設計與統整課程的能力，讓學生在課堂上獲得最大的學習效益。

# 貳 創新教學法的理論基礎

## 一、創新的意涵

　　「創新」（innovation）一詞，各家說法不一，依《韋氏字典》解釋，具有引進新事物（the introduction of something new）或一個新的概念、方法或策略（a new idea, method, or device）之意思。張世忠（2002）解釋創新是突破舊的方法或事務，開創新的情境。吳思華

（1996）認為創新指的是由天賦的創造力產生創意，將創意實際付諸實行，同時具有「新穎的、貼心和令人驚奇的、有價值的」等三個表徵。李瑞娥（2004）則認為創新是一種新概念或新事物，這種新概念或新事物會隨著認知經驗而改變，並影響組織與個人的價值及行為。林文勝（2006）解釋創新乃是源自於知識與創造力，透過創意的方式將現有的技術、新的技術或新舊的技術結合在一起，並成功的將成果展現出來，為顧客或組織創造不凡的價值。另外，有的學者認為創新是以新思維、新發明和新描述為特徵的一種概念化過程（Hite Doku, 1999；引自葉玉珠，2006）。

綜合上述學者所言，「創新」有著三個重要的元素，首先是「差異性」，指的是伴隨著知識、創意和創造力，不同於以往，具有獨創與突破性，是新穎的、有價值的；第二是「轉化」，指的是能將自發的或是所見所聞轉換成自己能夠重新架構、設計的過程，所以具有出奇致勝、與眾不同的性質；第三是「有效的執行」，能夠按部就班的具體施行，達到預期的目標，所以有著存在的意義與價值。

## 二、創新與創造、創造力、創意的關係

創新（innovation）、創造（creation）、創造力（creativity）、創意（creative idea）等意義的界定與關係之分別，常使人有模糊不清、沒有定論的感覺，有時也有互相替代或是意義重疊的解釋，甚至有混為一談的用法。有些學者認為這些名詞是可以適度通用與替換的，無需做嚴格的區分（Scott & Bruce, 1994）。即使如此，創新教學法的產出卻和這些名詞有著不可分割的關係，彼此可說是相互作用，而且是缺一不可。教育部公布的《創造力教育白皮書》（2002）提到，創造力是創新的知識基礎，創新是創造力的具體實踐，因此創意的產生，有賴於創造力智能的發揮；創意的績效，取決於創新成果的展現。

葉玉珠（2006）認為，「創造」就是將未知因素的欲望予以具體化的行為，而「創造力」就是產生「創造」行為的能力表現；「創意」是將「創造」具體化的手段；至於「創新」則是先前提過的，是以新思維、

新發明和新描述為特徵的一種概念化過程，創新的能力包含創造力，具體的成果就是各領域的創意表現。所以「創造力」和「創新」是一體兩面、相輔相成的，也就是說創造力可以激發創意，創意能產生創新的效果。另外，研究者認為在創新之後應該要有修正的檢視工作，然後再次產生需求，所以會有素材的蒐集，以利再次的創造，其關係如圖11-1所示。

圖11-1中所顯示的創新與創意、創造、創造力的關係，是一個循環式的相關聯體系，即使是一個目前完成的創新點子，若是加入其他觀念、主題，或是表達方式等，也能再次激發另一個創新點子的誕生。例如：進行理財觀念的教學時，我們可以利用郵局、銀行等相關圖片或影像來說明；在結合社區資源的想法上，我們可以帶領學生實地去參訪這些機構；在實際演練的設計上，我們可以進行「大富翁」或是「拍賣現場」的遊戲（事先限定每位學生的虛擬起始財富），讓學生在遊戲中學習取捨與慎用的金錢觀念；在家庭教育的配合上，學生可以藉由學習單去探究家裡的收入與支出情形，進而了解哪些是必要或是不必要的開銷；在時事話題的取材上，可以藉由角色扮演的方式讓學生學習到因應疾病、購物、創業本金、突發事件等情況，而了解到平時儲蓄的重要性……這些教學活動的延伸就是實例之一。

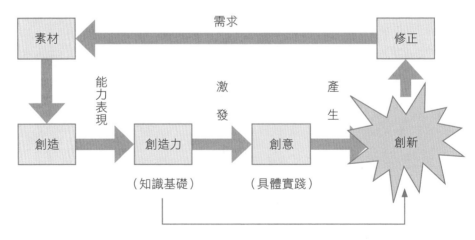

圖11-1　創新與創意、創造、創造力的關係

## 三、創新教學法的涵義

教學需要創意，是目前國內外眾所皆知的一項議題，經由創意塑造教學法的創新，於是有創新教學法的設計。創新教學法的目的，是希望可以促進學生的批判思考、創意思考及自我調節思考的能力（鄭英耀、王文中，2002）。教育部前部長曾志朗（2001）也曾強調九年一貫課程改革的核心精神乃在於「創新教學」，希望透過教育的不斷創新，培養學生具備新世紀所需的創意思考能力。由此可見創新教學的時代迫切性與扮演的地位有多麼重要。

創新和創造、創造力、創意有著密切的相關，加上專家學者們對於「創新教學法」、「教學創新」、「創意教學」、「創造力教學」或是「創意教學策略」、「創新教學行為」等專有名詞的定義雖有不同卻有重疊與相似之處，所以研究者將上述名詞納為同一個範疇來探討，

Starko（2000）認為創意教學是透過創意的教學方法以達到教學的目的。Swartz（2003）則是認為創意教學是運用各種教學方法，讓學生進行變通思考，其目的在提升學生的創意思考能力及機會。兩位學者皆明確指出創意教學是創意教學方法在教學上的運用，以利於教學目的的達成。

國內的學者認為創新教學法是完全以學生為主體目標、以學生為著眼點，同時兼顧學生能產出新思維、新發展；讓學生敢於質疑、善於質疑；鼓勵讓學生自己探索以及動手實踐（吳靖國，2003）。換句話說，學生才是教學活動的主角，教師只是一名引導者。張玉成（2003）闡述創新教學有兩個層面的意義：一是創意性的教學；二是思考啟發的教學。創意性教學是指老師在教學中運用新穎的方法、策略與過程，使教學能夠生動活潑，而且富有變化，藉以引起學生的學習興趣；而思考啟發的教學，則是創新教學不但需要有正向的產出，亦即提高學生的學習興趣，同時還期待學生在心智上有所發展，在激發學生思考、批判的同時，甚至能深入研究的最高理想目標。

創意教學是教師於教學過程中，能夠採用多元活潑的教學方式和多樣豐富的教學內容，激發學生內在的學習興趣，以培養學生樂於學習

的態度和提升學生學習能力（吳清山，2002）。在此處已明確的提到「多元」、「多樣」的關鍵字，顯示創意教學有此特性。陳龍安（1998）認為創造力教學是以增進創造力為目標，同時以學生為主體，相互激盪，讓學生在支持性的環境中思考，並且以創造思考策略啟發創造思考。游家政（2003）就「創新教學」或「教學創新」的字義而言，是指新穎的、前所未有的、不同於傳統的教學方法或策略。但「創新」未必是全然「新創」的，即使是舊有的方法或策略，只要能因時因地因人加以調整、轉化，充分發揮其效用，達成教學者所要的教學目標或教育目的，也是一種創新教學的表現。由此可見，所謂的「創新教學法」不只是從頭到尾都是「原創」的，如果將舊有的方法或策略予以調整，同時讓它能達到所要的目標，這也算是「創新教學法」的一種。

綜合上述學者所言，創新教學法是指教學者使用了具有獨特、創意、多元的教學方法，將其運用在以學生為主體的教學活動上，不只能引起學生的學習動機，同時也能有效的達到教學目標之外，更能讓學生有了加深與加廣的思考、批判能力。

 創新教學法的設計與實施

九年一貫課程強調鬆綁，因此教師可以發揮自己的創意，同時融入教學中。張玉成（2001）曾提到，九年一貫施行後，學校與老師有主動發展課程、自編、選編或改編教材的空間，並能成立教學團隊以利協同與合作教學的施行，同時也能秉持專業自主的精神去研發統整課程與教學。此外，張世忠（2001）也認為教師應在教材上的組織和編排、教學技術的靈活運用，以及教學情境的妥善布置等，都必須具有創新的思維和策略，才能靈活且合適的運用在實際教學情境中。換句話說，教師在課程的統整與設計上必須展現獨特的創意，並和同儕相互合作，同時也要建立良好的教學環境，師生均感自由安全的教室氣氛，是推展創新教學的第一步（張振成，2000）。

目前臺灣的小學在現行七大領域基本教學節數外，尚有彈性教學的節數留給老師自行規劃使用，這是教師發揮創意，以及在教學創新上善加應用的機會。前述中提及創新的三個重要元素：「差異性」、「轉化」、「有效的執行」就是融入創新教學法的最佳參考指標。

## 一、創新教學法的原則

教師在創新教學的設計上並非單單以強調獨創、前衛或新穎為主，有些原則仍須兼顧。就教師而言，創新教學法有下列幾個通用之原則：

### (一)以學生為主體，保有良好互動

創新教學法的第一個原則，就在教學活動中以學生為主體，考量學生的起始經驗、配合學生的思考邏輯來進行，如同服務業的「以客為尊」之精神，教師需滿足學生主動學習的心態，讓學生汲取知識與經驗。同時，調整以往「教師對學生」的單一互動模式，融入「學生對老師」、「學生對學生」的形式。

### (二)放下身段，調整權威角色

教師不是萬事通，有時某些方面是不及學生的。教師應該放下權威的角色立場，主動和學生親近、談話，同時了解他們平時接觸的「人、事、物」，藉以拉近師生距離，這對教師的教學活動助益極大，即使沒有引起動機的教學設計，教師「本身」有時就是引起動機的「移動教具」。

### (三)鼓勵與讚美的正向引導

每個人都是喜歡被讚美的，在教學活動中多給予學生正向、肯定的話語，讓學生能樂於參與教學互動，同儕間也較能養成積極的、主動的、踴躍的表達風氣，教師也較方便從眾多的發表中給予檢定，進而引導至教學的主軸方向。在教師以身作則的潛移默化下，學生也會學習到多以正向的語氣代替負面的指責，同時也樂於給予同學回饋。

## (四) 變化固定的教學方式

若教師能配合教學單元，常常變化其教學方式，例如：上次用配對討論法，這次使用角色扮演法，下次用即興創作法，學生將對教學活動充滿新鮮和好奇感，進而期待下一次的來臨，因為他們不知道教師會帶來一些什麼創新的教材或教法（張世忠，2002）。此外，教師要留意使用何種教學方式，比較能引起學生的學習動機，又能達到最佳效果。

## (五) 結合時事，教學生活化

創新教學法雖然著重創意、創造力是主要的激發來源，對於教材選取的焦點、題材的來源，或是最易讓學生與經驗結合的，莫過於周遭所發生的時事。一來，熱門的話題容易讓學生蒐集、整理相關資訊；二來，取材身邊事件，學生已稍有先備知識，方便引導進入情境；三來，家長也容易融入話題，和孩子進行更深一層的互動與探討，如此，學生也較能有更多的內容和看法來參與回饋。

## (六) 發揮一問多答，暫緩判斷，從做中學

採取開放性的討論較容易引起學生的迴響與發言，同時不要判定學生的發表有無錯誤，在經過三至五名學生回答後再做整理歸納，藉此讓學生傾聽他人意見，進行下一步的交流、互動，達到集思廣益的效果，教師也能從中觀察學生表現，適時的針對學生的發表或回饋，給予實際的操作、體驗，如此有助於學生的學習效果，同時也能加深體驗印象。

## (七) 兼顧教學目標，了解深層因果關係

實施創新教學法不只是為了教學趣味和新穎，同時配合單元設計，兼顧教學目標，才能達到教學效果。對於教學活動的進行，不應只限於表面的欣賞，而是應該引導學生深入了解其事件深層的因果關係、省思其時空因素，還有背後潛藏的衝突為何，例如：「從前的澎湖居民利用築牆，為農作物擋風，是因為珊瑚礁岩空隙形成空氣層，而有保溫作用；這傳統建築在當時很常見是因為就地取材方便之故。至於此建築逐漸消失，其中原因：為保育海洋生態之故，所以禁止開採建築；現代建

築較便利與堅固……等，所以我們應該更加愛護傳統的鄉土文物。」

### (八)應用多元的教學方法與評量

針對學生的個別差異，教師應該靈活運用各種教學方法，善用教學媒體的巧思，即使是一小段影片、一首樂曲，或是一張圖片，將可使創意更多樣化，同時也有加乘作用，學生的思考層面與創意啟發、腦力激盪也將更寬廣、更多元，滿足學生的學習需求，學生也較能觸類旁通、舉一反三。

多元的教學方法，需搭配多元的教學評量才能相得益彰。而多元評量的實施，不限於單一的紙筆測驗，或一個分數呈現，而是應從紙筆方式的評量轉為動態的、真實的、功能的；從單一轉成多樣的、一次總結轉成多次評量的，兼顧學生的學習與生活結合，以及學生的個別差異（陳龍安，2008）。此外，認知、情意、技能的學習效果也需融入教學法的設計，依實際教學情形來給予評量準則。


## 二、創新教學法的策略

「創造力就是競爭力」，這是大家耳熟能詳的話語，為了有效達到教學目標，針對教師在教室的使用情形而言，創新教學法的實施策略上也有著比較常被採用的方式，茲分述如下：

### (一)角色扮演

將生活片段融合教材內容，不管是教師或是學生實際在課堂上演練，透過演出的方式傳達、感受所扮演人物的喜、怒、哀、樂等心情與處境，讓學生去探究所詮釋角色的背後動機與原因，如此可增加本身或是臺下同學的印象，同時能學習該如何面對、處理、解決當下的情境問題。例如「曾子殺彘」所寓含的守信故事，如果換個時空背景或角色，結果還是會一樣嗎？或是有其他的情節發展？故事的結局有時也可以讓學生來決定，同時聽聽他們的理由。

### (二)相互討論法

最常見的方法之一，是由小組討論、分享、依序報告的方式來進行，藉由討論的主題讓學生彼此進行交流與互動，來欣賞不同意見與觀點，同時思索不同立場的衝突或是協調。例如：班上學生依分配到的書籍組別，進行各組的書籍內容與心得討論，最後各組推派代表上臺發表各自組別的總結。

### (三)腦力激盪

教師針對所要討論、解決的主要議題，進行全班一起「動動腦」的討論方式，蒐集或是列出學生們的不同意見，最後找出大家認同、可行的方案，例如：藉由班會制定班規、全班討論戶外教學的地點。

### (四)實物操作

讓學生進行實際的操作，從中去體驗與感受，相較於口頭上的字串講解，學生在實務操作上所學到的更能應用在日常生活中。例如透過地球儀的操作，教導學生相對位置、絕對位置的分別，同時讓學生具體指（找）出位置來。

### (五)列舉法

藉由逐一列舉所要探究的主題意見，讓學生提出改良或改變的構想，針對這些提出的想法去執行。例如學生根據如何讓成績進步的方法進行意見發表，全班再依據可行的數個方法來執行。

### (六)聯想法

又可以說是想像力表達，讓學生以語言、文字、圖畫……等不同的方式，表達出自己內心的意見或是想像力，共同完成一個故事、一幅圖畫或是一個成語，讓學生有參與的樂趣與成就的喜悅，例如故事接龍、超級比一比等活動。

## (七) 善用多媒體設施

藉由聲光媒體的生動刺激來吸引學生的注意力，同時，有些課程的設計無法讓學生身歷其境的去體驗，此時有了多媒體的幫忙可彌補一些遺憾。對於上臺發表的學生也可以讓他們運用多媒體的呈現，增加內容的精彩度，學生彼此也能互相觀摩與學習，增進未來蒐集資料、整理報告、製作多媒體檔案的能力。例如：學生用簡報檔製作與呈現暑假生活紀事的報告。

## (八) 課程設計取向

近年來社會科課程的設計取向，大多著重在多元文化、議題中心、社會行動等三個取向，因為這些取向正是跟學生所接觸的日常周遭生活有相關，所以朝這三方面來設計課程，較能結合學生的經驗。例如：請班上原住民同學介紹自己部落舉辦豐年祭的情形、班上同學討論小林村遷村爭議、學生進行參觀家鄉罐頭工廠的戶外教學。

站在教育工作第一線的教師本身是否具有創新教學的能力，或具有創新教學的行為，是執行或成就這項目標的重要關鍵（教育部，2002）。把握教學原則的精神，有技巧的交互運用各項教學策略，再秉持一個全方位學習的心態，才能發揮創新教學法的最大功效。

# 三、創新教學法的秘訣

教學創新不能僅著重於教學技巧的學習，同時也需要認識自己的人格特質和教學習慣，進而有能力開展自己的創新教學（賴麗珍，2001）；換句話說，教師能了解自己的人格特質與教學習慣對創新教學的施行有所助益。一般說來，成功的創新教學法，需要教師方面的準備與設計方面的完備，詳細說明如下：

## (一) 自我活力的提升

提升個人活力的最好方式，就是養成主動出擊、積極學習的態度，

久而久之，自我的思考邏輯就能保持活躍與流暢，對於創意的啟發也容易產生連結，教學的進行與引導也較能得心應手。一位創意十足的人，其人格特質的共通點都是樂觀進取、主動積極，進而能創造新事物，所以自我活力的提升是創新教學的第一步。

### (二)專業知識的學習

想要有良好的競爭力，專業知識的奠基是不可或缺的，Lundvall（1992）認為發展經濟最基本的資源是創新，而最重要的過程則是學習，相較於創新教學的施行，多元知識的構築也是必須的。多吸收書本的精隨與參加相關的教學研習，透過經驗的累積將有助於創新的聯想，個人教學也將趨於更多元。

### (三)創意訊息的蒐集

創意除了是自發之外，也需要透過蒐集、模仿，或是再轉化而來，對於自己平時的創作，或是日常生活所見所聞的圖像、影音、事件、物品等，當中多少會有不同於一般的「特別」樣貌或形式，教師應該接受這些不尋常的想法、問題或作品，同時應該予以蒐集，對於日後教學的設計或活動將有所助益。

### (四)媒體科技的運用

日新月異的科技帶給人們莫大的方便，而教師應該善用這些技巧輔助教學，讓課程更為生動與多元，同時應教導學生操作運用，近年的電子白板就是互動教學的最好例子；對於不懂的相關物品與訊息，教師也應該和學生交流切磋，所謂教學相長就是如此。

### (五)學生素質的養成

優質的班級經營有助於教學效率的提升，教師個人的創意特質也有利於學生創造力的啟發，學生熟練教學媒體的使用更是有益於課堂上的互動，這些都是教師需要經營的重點，有了正向、優質的教學風氣與環境，對於教學效果的提升將是事半功倍。

### (六) 人際關係的交流

不論是教師個人的嘔心創作或是教學群的集體創作，對於集思廣益的功效是不容忽視的，透過生活周遭親友、同儕甚至是學生間的互動與交流，往往是引發創意的關鍵點，同時藉由同事與學生的回饋也能檢視、修正教學設計的優劣處，進而使教學更完美。

## 四、創新教學法的限制

創新教學法雖然能提高教學效益，但並非所有的創新教學法皆能如此，當中也有事倍功半或事與願違的情形，因此，創新教學法的設計與施行也有某些限制，究其原因，大致可歸類以下幾點：

### (一) 學生起始行為的考量

部分教學活動的設計有時偏向教師的主觀意識，忽略了學生的個別差異，所以往往造成學生的學習動機低落，學習效果不佳，例如城鄉差距、學生家庭社經地位，或是報告與作業的繳交，每個學生所呈現出的程度多少會有差異，為避免加深這方面的差距，創新教學法在設計或施行時，首要留意的第一要素就是學生的先備知識與個別差異。針對學生的程度，設計適切的教學活動，讓學生易於明瞭、樂於參與，進而活絡課堂上師生的互動，達到單元活動的教學效果。

### (二) 教學流程的完備與掌握

教學活動的設計不夠完備，或是課堂的掌控不佳，會讓整個教學活動失焦，導致雜亂無章，甚至發生事倍功半的情形。例如，教師常常受到自身或學生的喜好影響，使得教室變成一般閒話家常的情景。創新教學法在設計時需要兼顧各個流程的連貫性，循序漸進的引導學生，有疑慮的地方應予以剔除並尋求替代方案；同時，需要提升班級經營與教學技巧的能力，一旦發生偏離主題或是活動流程受阻時，教師應有所警覺，將焦點回歸到主題上。

## (三)教學目標為主，延伸學習為輔

早期的闖關式教學活動或是學習單的設計，往往忽略了學習目標而流於表面上的熱鬧、形式上的趣味，導致學生在實質上獲益不多。因此，創新教學法的設計應以教學目標為主，延伸學習為輔，不能本末倒置。

## (四)理想與現實的區別

一般教學活動的設計大多是以單純的校園環境或學生為主體，然而創新教學法的設計大多融入了時事議題，學生在探討與學習的同時，其心智與行為有時不能完全比照實際狀況去進行，教師只能運用模擬、營造、引導，或是同理心的方式來實行，對於活動的結果應告知學生只限於課堂內，無法外推至現實層面，否則學生容易混淆。同時，要教導學生事實的真相為何、此次教學活動設計的目的何在，這些都應鉅細靡遺的告知學生。

## (五)勿為創新而創新

獨特新穎的教學方法固然能引起學生的學習動機，但是過於標新立異、矯枉過正的情形，往往會扭曲教學的本質，猶如「走火入魔」一樣，只注重外表包裝的華麗，而忽略了內在本質的踏實，這就失去教學設計的初衷。所以，在教學上適度的加入創新元素，甚至稍微修正流程或是改變主題，讓學生能主動學習，進而達到教學目標，這樣對學生而言也是創新教學法的設計活動。

多元且創新的教學方式可以激勵學生的學習動機，也可以增進教師的專業技能，對於教學效能的提升也是助益良多。因此，教師需要不斷的自我激勵，以熱忱的心態投入工作，積極規劃課程的設計，以關懷的心與實際教學行動指導學生，如此才能發揮教化學生心靈的效果。

肆 創新教學法課程設計實例
——以「臺灣的自然環境——河川與生活」為例

## 一、課程設計背景

本教學活動是以國民小學社會學習領域五年級上學期之課程——臺灣自然環境為主軸，設計單元是「臺灣的河川與生活」，透過前二個教學活動：「臺灣河川看一看」、「河川功用想一想」的進行，讓學生得知臺灣河川特性、河川利用的情形，以及興建水庫的優、缺點，學生了解主要概念後，進而能順利進行第三個教學活動——「家，太遠了」，讓學生去模擬小林村村民，探討小林村遷村爭議背後所隱含的理由。

## 二、教學設計綱要

在本教學設計「臺灣的河川與生活」中，所進行的教學活動有三：

### (一)臺灣河川看一看

介紹臺灣的主要河川及其特性，同時舉濁水溪為例，說明因季節之故而有豐水期與枯水期的差異性；另外也說明山區與平地地區河川的差異性，人們如何去適應，以及如何去愛護。

### (二)河川功用想一想

說明河川與生活的關係，同時也比較了臺灣地區與其他國家的降雨量和每人分配水量之差別。此外，也說明了臺灣地區的水庫位置與功能，探索興建水庫的優、缺點。

### (三)家，太遠了

以「八八風災」所帶來之損害，探討土石流、潛勢溪、堰塞湖之關係，同時針對小林村遷村之議題進行「魚缸教學法」，讓學生從活動中

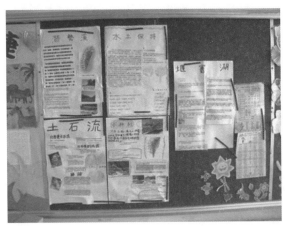 社會領域 教材教法

學習參與討論、發表意見,進而達成共識,解決面臨的問題。

## 三、使用教學法之說明

　　「家,太遠了」之教學活動分為三個部分,第一部分在教學活動前數日,各組將完成的「土石流」、「潛勢溪」、「堰塞湖」、「水土保持」、「小林村」五個主題海報張貼於教室布告欄,讓學生們相互觀摩與學習(如圖 11-2、11-3),同時也根據這些主題海報的內容完成「家,太遠了」學習單。(詳見附錄)

　　第二部分是在教學活動進行時,各組依序上臺報告五個主題內容,教師接著統整學生的報告內容(如圖 11-4、11-5)。

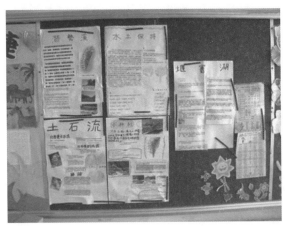
圖 11-2　分組報告張貼情形

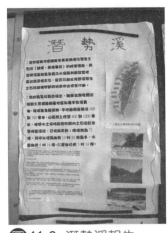
圖 11-3　潛勢溪報告

圖 11-4　分組上臺報告——小林村

圖 11-5　分組上臺報告——土石流

第三部分的教學活動是採用「魚缸教學法」的討論方式，選取的議題是「小林村遷村與否」，詳細說明如下：

### (一)課程設計取向

本教學活動主要是採取「議題中心取向」的課程設計，屬於結構性爭論模式，唯獨不同的地方是在於討論過程中，各組組別內部的立場一致，各組的正反觀點與立場沒有互換。

### (二)魚缸教學法介紹

外圍學生觀察內圈學生的討論情形，就如同我們觀看魚缸內魚群的活動一樣（Grambs & Carr, 1991），此為魚缸教學法的涵義。在議題討論的同時，外圈的學生可以藉由觀察內圈學生的互動，得知自己組別所持的理由有哪些優勢或缺失，接著適時給予更多的資料、數據，或是更有力的說詞，來回饋給自己組別的內圈代表，進而支持自己組別立場和論點的可行性。

藉著魚缸教學法的施行，讓學生學習去了解小林村村民在八八風災後所面臨的衝擊，對於不同立場的理由與觀點也能進行意見的交流與討論。同時，學生也能學習到如何去蒐集、整理相關的訊息與資料，並且透過適切的方式來與不同觀點或立場的人士進行協商和互動。此種循序漸進的方式可以讓學生養成「凡事豫則立」的觀念，對於日後面臨爭議問題時較能有危機處理的概念與技巧。

以「家，太遠了」之教學活動為例，實施的方法與步驟如下：
1. 學生們依各自立場、意見分為五組，分組的組別如下：
    第1組：贊成遷村；理由是擔心相關的災害再度來臨，所以此地不適合再繼續居住。
    第2組：贊成遷村；理由是因為這次災害的關係，土壤與地質已受影響，不適合再繼續居住。
    第3組：贊成遷村；理由是想離開這個傷心地，同時希望被掩埋處能蓋紀念館以供紀念與憑弔。

第11章 創新教學法

　　　　第 4 組：反對遷村；理由是這裡是我們的家園，稍微整建後就能
　　　　　　　　居住。

　　　　第 5 組：反對遷村；理由是這裡是祖先留下來的土地，捨不得離
　　　　　　　　開。

2. 各組的組員集中在一起，同時與他組組別圍坐成一個大圈（如圖
　 11-6）。

3. 每組各派一人進入內圈，這五人各自代表自己的組別，如同進入
　 被觀察的魚缸中。各組代表先進行發表，陳述自己組別的意見，
　 圍坐在外圈的同學進行旁聽。（如圖 11-7、11-8）

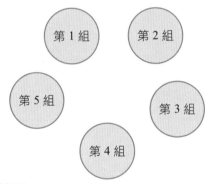

圖 11-6　分組座位情形

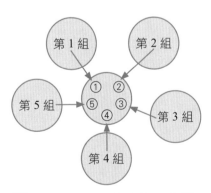

圖 11-7　各組代表座位示意圖

圖 11-8　各組代表圍坐內圈情形

4. 內圈的各組代表在進行一輪發表後，開始討論各組意見的可行性，此時仍由內圈的各組代表進行發言與討論。（如圖 11-9、11-10、11-11）

5. 各組外圈人員可對內圈自己的組別代表提供回饋或是意見，例如提供數據資料或是圖片檔案等，讓各組代表能持續進行發表。（如圖 11-12）

6. 內圈代表可與外圈自己組員換手，再繼續討論。（如圖 11-13）

⑪11-9　內圈代表討論情形

⑪11-10　內圈代表發言情形①

⑪11-11　內圈代表發言情形②

⑪11-12　外圈人員提供回饋、資料

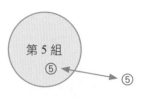

11 -13 以第五組為例，組員換手示意圖

7. 各組人員依此討論方式進行意見交流，最後達成共識。

8. 由優勝意見代表者發表最後決議，同時請其他組員遵行。（如圖 11-14）

9. 教師總結學生討論後的最後決議，並將討論過程中的優缺點表現給予講解說明。

圖11 -14 優勝組別發表最後決議

## 四、教案示例

| 單元名稱 | 臺灣的河川與生活 | | |
|---|---|---|---|
| 設計者 | 王嘉新 | | |
| 教學時間 | 3 節 | 適用年級 | 五年級 |
| 能力指標 | 1-3-9 分析個人特質、文化背景、社會制度，以及自然環境等因素對生活空間設計和環境類型的影響。<br>3-3-4 分辨某一組事物之間的關係是屬於「因果」或「互動」。 | | |
| 教學目標 | 1. 了解臺灣主要河川及其特性。<br>2. 探索興建水庫的優、缺點。<br>3. 體驗河川自然生態與生活的關係。 | | |
| 設計理念<br>與<br>教材分析 | 引導學生認識臺灣的地形、氣候、水資源，建立學生對臺灣自然環境的基本知識；並探究臺灣因應自然環境的方式，了解生活與大自然的關係，進而培養愛護大自然的態度。<br>第三節教學活動中所運用的「魚缸教學法」，是希望學生在協商與討論的過程中，能針對問題進行事前的蒐集、閱讀、整理相關資料等工作，進而提出自我看法、參與討論，最後達成共識，藉此學習處理所面臨的問題與事務。 | | |
| 相關議題 | 資訊教育<br>4-3-2 能找到合適的網站資源、圖書館資源及檔案傳輸等。<br>4-3-3 能利用資訊科技媒體搜尋需要的資料。<br>4-3-4 能針對問題提出可行的解決方法。<br>環境教育<br>1-2-2 覺知自己的生活方式對環境的影響。<br>2-2-1 能了解生活周遭的環境問題及其對個人、學校與社區的影響。<br>時勢相關<br>1.「八八水災」對臺灣的衝擊。<br>2. 小林村遷村爭議。 | | |
| 教學活動流程 | | | |
| 教學活動 | | 教學資源 | 教學評量 |
| 【臺灣河川看一看】<br><br>一、引起動機<br>影片播放：「集水區圖」，告訴學生本節所要訴說的重點是我們生活必需的泉源——河川與水庫。 | | DVD 播放機、投影機 | 觀賞、聆聽 |

| | | |
|---|---|---|
| **二、提示問題**<br>向學生提示待會活動所要討論的問題如下：<br>1. 臺灣河川大多發源於哪裡？<br>2. 臺灣有哪些主要的河川？<br>3. 臺灣河川有哪些共同的特色？什麼原因造成的？<br>4. 比較濁水溪在夏季和冬季的水流量有何不同？這是為什麼？<br>5. 臺灣的河川有哪些污染？我們該如何愛護？ | | |
| **三、問題與討論**<br>教師揭示教具「臺灣主要河川、水庫分布圖」掛圖，向學生提問。<br>1. 臺灣河川大多發源於哪裡？<br>　　中央山脈<br>2. 臺灣有哪些主要的河川？<br>　　濁水溪、高屏溪、淡水河、曾文溪……等。<br>3. 臺灣河川有哪些共同的特色？<br>　　大多是東西流向，地形大多是山地，所以河川流速急、坡度大、長度短、含沙量偏高。<br>　　什麼原因造成的？<br>　　地質脆弱，表面土壤沖刷劇烈導致。 | 臺灣主要河川、水庫分布圖 | 口頭回答 |
| 4. 比較濁水溪在夏季和冬季的水流量有何不同？這是為什麼？<br>＊臺灣河川介紹：濁水溪豐水期與枯水期的圖片比較與解說。<br>　　夏季流量大，冬季流量少。夏季降雨多，尤其是颱風來襲時，使河水暴漲；冬季降雨少，使河川有乾涸現象。<br>5. 臺灣的河川有哪些污染？我們該如何愛護？<br>＊河川污染類型圖片說明。<br>　　河川污染來源：①家庭廢水；②工業廢水；③不當外洩、傾倒；④農、牧、礦廢水；⑤間接污染如：酸雨；⑥有機物質的污染。<br>＊愛護河川之相關圖片與案例。<br>　　如何愛護：①杜絕廢水與傾倒物；②河川整治；③淨河運動。 | 濁水溪豐水期與枯水期圖片<br>颱風來襲圖片<br>河川污染圖片 | 學生發言 |
| **四、總結**<br>1. 臺灣因為河川共同特色與地形之故，使得颱風來襲時，河水容暴漲，在山區與平地皆造成莫大的傷害。<br>2. 當河川受污染時，人類與其他生物也跟著受害，因此人們應好好愛護河川。<br><center>～第一節結束～</center> | 颱風災害圖片 | |

| | | |
|---|---|---|
| 【河川功用想一想】 | 世界各地<br>降雨量與<br>個人分配<br>水量比較<br>圖 | |
| **教學準備** | | |
| \*臺灣河川與生活：臺灣與他國每年降雨量以及全球平均比較；每人每年分配到的水量以及全球平均比較。 | | |
| \*臺灣地區主要河川、水庫分布圖。 | | |
| **一、問答** | | 口頭回答 |
| 教師揭示「世界各地降雨量與個人分配水量比較圖」掛圖。 | | |
| 1.比較圖表中哪個國家的年降雨量最高、哪個最低？<br>　臺灣是 2,500 毫米／年；全球平均是 730 毫米／年。 | | |
| 2.比較圖表中哪個國家的每年每人分配水量最高、哪個最低？<br>　臺灣是 4,348 立方公尺／年／人；全球平均是 28,300 立方公尺／年／人。 | | |
| 3.為什麼臺灣每人可以分配到的水量不多？<br>　臺灣受到氣候和地形影響，河川豐水期與枯水期流量差異大，加上人口密度高，所以每人分配到的水資源不多。 | | |
| 4.為什麼臺灣用水需求量愈來愈大呢？<br>　隨著工商業發展與人口增加，因此，工業用水和民生用水需求量愈來愈大。 | | 學生發言 |
| **二、討論** | 臺灣主要<br>河川、水<br>庫分布圖 | |
| 1.臺灣全年雨量分布不平均對我們的生活有什麼影響？<br>　雨量過多容易淹水，雨量少時容易鬧缺水。 | | |
| 2.臺灣地區的河流短急留不住水怎麼辦？<br>　可以興建水庫或水池來保存。 | | |
| 3.興建水庫的優點及其可能產生的影響？<br>　雨量多時可以儲備水，以供缺水時來使用。 | | |
| 4.如何讓水庫可以永續經營？<br>　做好水土保持是當務之急。 | | |
| **三、影片播放：臺灣水資源（環境與運用發展）** | ＤＶＤ播<br>放機、投<br>影機 | 觀賞、聆<br>聽 |
| **四、總結** | | |
| 1.臺灣地區的雨量分布不均，造成夏季容易氾濫，冬季無水可用的情形，不但不利於農業發展，水資源也無法充分的利用。 | | |
| 2.水庫的優點是可以長期穩定供應用水，還有灌溉、觀光、休閒及發電等功能。至於影響層面是河川生態的破壞、水庫泥沙的淤積，甚至物種的滅亡。 | | |

第 11 章 創新教學法

261

| | | |
|---|---|---|
| 3.為了讓水庫能永續經營，保護集水區，不在集水區蓄養動物、開採、傾倒廢棄物，為的是避免水源遭污染或泥沙淤積，所以開發山坡地須審慎的評估。<br>～第二節結束～<br><br>【家，太遠了】<br>**教學準備**<br>1.請學生事先分組準備好土石流、潛勢溪、堰塞湖、水土保持、小林村等五組相關資料與圖片。<br>2.完成「家，太遠了」學習單。<br>**一、引起動機**<br>1.教師提問：「大家有聽說小林村要遷村吧？為什麼呢？」<br>2.影像播放：「堰塞湖潰堤，小林村瞬間淹沒泥流中」、「臺灣最大堰塞湖141個足球場大」<br>（八八風災、小林村相關報導）<br>3.教師提問：大家從影片中看到了什麼？<br>**二、請學生分成5組，依事先分組指定之題目上臺報告。**<br>1.何謂土石流、潛勢溪、堰塞湖、水土保持、小林村？<br>　土石流：或稱為泥石流，是指大量的鬆散土壤與水之混合體，在重力作用下，沿自然坡面或溝渠由高處往低處流動的現象。<br>　潛勢溪：指具有發生土石流之潛能的溪流。<br>　堰塞湖：由於河川的河道受到阻礙，溪水無法流出，慢慢累積水而形成的湖泊。<br>　水土保持：水土保持與人們生活之關係。<br>　小林村：地理位置、相關新聞等。<br>2.颱風過境會帶來何種影響？<br>　土石流、水災、農作物損失、生命財產的損失、道路毀壞、停課……等。<br>3 小林村發生何事？<br>　因八八風災之故，全村面臨遷村的命運。<br>**三、問題與討論**<br>1.學生依遷村與否之看法及理由分成五組，各組的組員集中在一起，與他組組別圍坐成一個大圈（如圖一）。 | 電腦播放、投影設備<br><br>土石流、潛勢溪、堰塞湖相關圖片、學生製作之相關海報<br><br>計時器（攝影機可視狀況使用） | 口頭報告<br>觀賞、聆聽<br>口頭回答<br><br>學生報告（含資料蒐集、製作）、學習單<br><br>學生發言參與度、發言次數、論點與看法 |

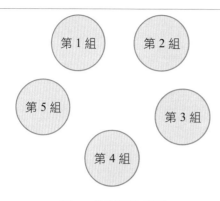

圖一　分組座位情形

2. 每組各派一人進入內圈，這五人各自代表自己的組別，如同進入被觀察的魚缸中。各組代表先進行發表，陳述自己組別的意見，圍坐在外圈的同學進行旁聽。（如圖二）

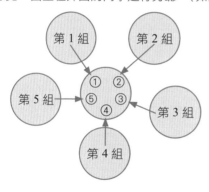

圖二　各組代表座位情形

3. 內圈的各組代表在進行一輪發表後，開始討論各組意見的可行性，此時仍由內圈的各組代表進行意見討論和交流。

4. 各組外圈人員可對內圈自己的組別代表提供回饋或是意見，例如提供數據資料或是圖片檔案等，讓各組代表能持續進行發表。

5. 內圈代表可與外圈自己組員換手，再繼續討論（如圖三）。

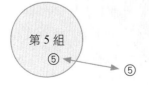

圖三　以第 5 組為例，組員換手示意圖

第 11 章　創新教學法

| | | | |
|---|---|---|---|
| 6.各組人員依此討論方式進行意見交流，最後達成共識，以論點最有說服力者獲勝。<br>7.由意見代表者發表最後決議，同時請其他組員遵行。<br>**四、總結**<br>教師總結學生討論後的最後決議，並將討論過程中的優缺點表現給予講解說明。<br><br>～本單元結束～ | | |
| 參考資料 | 行政院農業委員會水土保持局全球資訊網（2009）。土石流資訊。2009年9月18日，取自 http://www.swcb.gov.tw/<br>土石流防災資訊網（2009）。土石流定義。2009年9月18日，取自 http://246.swcb.gov.tw/School/school-toknew.asp | | |

## 五、教學活動檢討

「家，太遠了」教學活動所使用之「魚缸教學法」，就整體而言，舉凡活動流程、學習評量、課堂間的互動、氣氛營造等，皆有緊密的關聯性，在研究者實際進行教學後，對於本篇教學活動的檢討，有底下幾個層面可以用來說明：

### (一)就教學設計流程方面

為使第三個教學活動——「家，太遠了」能激發學生踴躍發表的氣氛，前二個教學活動的內容必須詳細的教導說明，讓學生了解河川生態與人民生活的關係，同時對於因河川引起的災害能有進一步的認識，並能說出災害發生的前後因果關係，去探究未來的因應之道。

此外，在第三個活動的教學準備，學生事先完成「家，太遠了」的學習單，並依組別準備好土石流、潛勢溪、堰塞湖、水土保持、小林村等五組相關資料與圖片，這五個主題也正好呼應學習單所要探究的題目，目的在讓學生能有充分的時間能對自己組別所要發表的資料有所認知與記憶，如此學生在臺上報告時有比較深刻的印象，同時也較不會怯場，較能言之有物，也因此增強了學生的專注力和參與力。另外，在學習單的部分，內容除了兼顧他組學生所要報告的內容，同時也以「同理

心」的立場，讓學生和家人先行交流與討論，最後回到課堂進入遷村議題的情境，讓學生在「魚缸教學法」中進行意見的溝通。

## （二）就課堂互動方面

在討論法剛開始進行時，部分學生會膽怯或在句意上的表達未能明確，教師需要在旁引導學生說出自己和家人討論過後的立場和理由。學生是面對自己班上的同學在做交談，老師是抽離的，不是主導整個議題的發言，只是在一旁稍作秩序上的維持與記錄學生發言的情形，學生一旦習慣主角是自己時，就能慢慢的積極投入，大力的陳述自我看法，對於他人的意見也能給予反駁、評論，甚至有所爭辯。老師在旁也不宜介入太多，尤其是關於遷村的立場，應該以學生為主導，同時也適時的提示參與發言的內圈學生，自己的外圈組員有意見要回饋；對於發言同學的換手，也要留意其交換時機與話題的接續，學生一旦詞窮時，可以提示其是否要交換組員來繼續討論，此時也能觀察和記錄參與討論的學生是否能提供更具體、更有力的說詞或證據，來說服其他組別。

## （三）就教學時間掌控方面

學生們一旦遇到勝負之爭，彼此的參與度會相對提高，爭論與反駁、激辯的情形也會不斷上演，教師對於過長的言論發表、失控的激烈爭辯、班級秩序的維持，以及對學生表現的分析、講解與記錄等，皆需要花費時間來引導與管理，所以往往會忽略時間的流逝，這時教師就必須適時的介入與主導，同時不要占用太多時間，之後再把主導權還給學生。

## （四）就個別差異的學生方面

對於參與度不高或是低成就的學生表現方面，教師可事先給予一些任務，例如負責自己組別某個部分的發表、報告或是回饋意見，甚至幫忙發言代表手持標語或圖片來進行展示。過程中若有學生分心或是搗亂秩序時，教師可以適時讓其進入內圈來發表。

### (五) 就組別討論結果方面

經過激烈的爭辯，學生的立場與意見中會出現比較具有說服力或是可行性的觀點，此時基於活動時間的考量，老師需要在最後介入裁定討論的結果，贏得可行的組別其理由何在。活動結束後，老師應具體說出各組別的優缺點所在，例如：說法言不及義，言論空泛、不切實際，或是數據有誤、無可行性，甚至準備不充分 …… 等；反之則是數據與資料完備、圖文並茂，作法極具參考和可行性 …… 等，讓學生知道此次討論活動的勝負關鍵點為何，同時也能當作未來報告時的準備參考，

此次教學活動由第一組贊成遷村的組別勝出，在所持理由中，內圈代表利用外圈組員們整理的資料與圖片，明確指出：「遭淹埋的小林村位處崩塌土堆與河床沖刷處，不僅河道已稍有改變，附近山坡地失去樹木的保護，日後遇到大雨時，再次發生土石流的機率極大，所以贊成應該遷村。」對於他組的說法也能予以反駁，所以最後判定由此組獲勝。

### (六) 就評量依據方面

在本次教學活動中的評量依據，有：

**1. 主題報告方面**

各組組員在「土石流」、「潛勢溪」、「堰塞湖」、「水土保持」、「小林村」五個主題報告的工作分配上，分別明訂工作權責，例如：資料蒐集、文字編排、版面美工、上臺的報告說明等。

**2. 課堂發言方面**

針對議題討論進行「魚缸教學法」時，教師依據內圈學生發言次數與外圈學生的參與回饋，作為評量依據，所以在討論進行時教師需在一旁隨時做記錄，其他教師也可進入在一旁協助進行觀察與紀錄，必要時可用錄影機記錄過程，作為事後檢視與評量的參考。

**3. 學習單方面**

教學活動配合「家，太遠了」的學習單進行分組探討，教師可以根據學生對學習單的完成度作為評量依據之一。(參考附錄──學習單)

（七）就實際情形方面

在議題討論完後，需告知學生們對於「小林村遷村議題」的討論結果，只適用於本次的教學活動，實際上小林村村民遷村與否的最終情形仍是取決於當地居民的意見。

經過此教學活動的歷程，學生們在自我的口語表達與資料的整理呈現上，較有所長進，對於日後的報告或分組討論時也能有所概念及了解其準備方向。

# 伍 結語

創新教學法大多能創造師、生雙贏的局面，亦即教師與學生皆能在教學相長中得到最大的滿足，這也是我們所樂見的，只是隨著時代與課程的多元發展，有些癥結點仍是需要教師們有所取捨與妥協，例如：活動設計與課程安排受到教學時數與課程進度的限制，有些不錯的延伸或是補充教材也需要視情況來教導；教學同儕的配合問題，對於評量的標準與範圍之影響；部分家長觀念的配合，也需要進行多次的交流與討論；多元評量所要強調的認知、情意、技能層面該如何兼顧；教師自我創新的動力與來源，該如何持續……等。

上述這些話題皆沒有很明確的解答，但是對一個創新教學法的設計與實行卻有著關鍵性的影響，尤其是課程進度的壓力與家長認於教科書就是聖經的觀念這兩點，常使得教師們面臨兩難的抉擇。深為教育第一線的工作者，除了盡其所能的去發揮自己的功用，也需要不斷調整自己的角色，扮演學習激勵者、人才培育者、終身學習者、行動研究者、知識生產者和知識分享者的角色（吳清山，2001），如此才能有利於創新教學法的實踐，這也是我們共同努力的方向。

# 參考文獻

## 中文部分

王文中（1999）。測驗與評量的意義與趨勢。**教育測驗與評量**。臺北：五南圖書出版公司。

毛連塭、郭有遹、陳龍安、林幸台（2002）。**創造力研究**。臺北：心理。

李瑞娥（2004）。**國民學校終身學習文化、組織學習、組織創新與學校效能關係之研究——學習型學校模型之建構**。國立高雄師範大學／成人教育研究所博士論文。全國博碩士論文資訊網，092NKNU0142009。

林文勝（2006）。**桃園縣國民小學校長轉型領導與學校創新經營關係之研究**。臺北市立教育大學教育行政與評鑑研究所碩士論文，未出版，臺北市。

林偉文（2002）。**國民中小學學校組織文化、教師創意教學潛能與創意教學之關係**。國立政治大學教育研究所博士論文，未出版，臺北市。

吳育臻（2006）。社會學習領域教學的理論與實踐——地理科。載於**中小學社會學習領域之教學與實務**（頁 46-47）。臺北：師大書苑。

吳思華（1996）。**策略九說－策略思考的本質**。臺北：麥田。

吳清山（2001）。知識經濟時代的教師多元進修。**教師天地**，*115*，4-13。

吳清山（2002）。創意教學的重要理念與實施策略。**臺灣教育**，*614*，2-8。

吳靖國（2003）。創新教學如何可能？——從「創造」意涵的哲學思維談起。載於**創新教學的理論與實務**（頁 49-78）。臺北市：師大書苑。

吳靖國（2003）。創新教學的問題與展望。載於**創新教學的理論與實務**（頁 272）。臺北市：師大書苑。

洪蘭（2004，4 月 28 日）。等待的投資。**中國時報**，8 版。

洪昭榮（2001）。**知識創新與學習型組織**。臺北：五南圖書出版公司。

張玉成（2003）。**思考技巧與教學**。臺北：心理出版社。

張玉成（2001）。**創造思考教學在九年一貫課程實施上之應用**。中華創造學會暨創造思考在九年一貫課程之運用學術研討。臺北市師範學院。

張世忠（2001）。**九年一貫課程與教學**。臺北：五南圖書出版公司。

張世忠（2002）。**教學創新應用與實例**。臺北：學富文化。

張政亮（2008）。**創意教學的理論與實踐：以社會學習領域為例**。臺北：頂茂圖書。

張振成（2000）。創造思考的原創與策略。**南一新講臺：九年一貫國中版教育雜**
**誌**，第二期。

張添洲（2002）。**教材教法──發展與革新**。臺北：五南圖書出版公司。

教育部（2002）。**創造力教育白皮書**。臺北：教育部。

教育部（2004）。**社會學習領域基礎研習手冊**。臺北：教育部。

陳龍安（1998）。**啟發孩子的創造力**。臺北：師大書苑。

陳龍安（2008）。**創造思考教學的理論與實務**。臺北：心理。

曾志朗（2001）。教師的專業成長與新使命。文教新潮，6（3），1-5。

葉玉珠（2006）。**創造力教學──過去、現在與未來**。臺北：心理。

鄭英耀、王文中（2002）。影響科學競賽績優教師創意行為之因素。**應用心理研**
**究**，*15*，163-189。

賴麗珍（2001）。**教學創意思考能力的提升策略**。教學創意思考工作坊，臺北：
輔大研習。

## 英文部分

Grambs, J., & Carr J.（1991）. *Modern Methods in Secondary Education.* Fort
Worth, Texas: Rinehart and Winston.

Lundvall, B.（1992）. *National Systems of Innovation: toward a theory of*
*innovation and interactive learning.* London: Frances Pinter.

Scott, S. G., & Bruce, R. A.（1994）. Determinants of innovative behavior: A path
model of individual innovation in the workplace. *Academy of Management*
*Journal, 37*（3）, 580-607.

Starko, A. J.（2000）. *Creativity in the Classroom.* London: Lawrence Eribaum.

Swartz, R. J.（2003）. Infusing critical and creative thinking into instruction in
high school classrooms. In Daniel Fasko. Jr.（ed.）, *Critical thinking and*
*reasoning*（pp. 207-252）. Cresskill, NJ: Hampton press.

*Webster online dictionary*（1548）. Retrieved September 20,2009, form http://
www.merriam-webster.com/dictionary/innovation

Williams, F. E.（1972）. *Encouraging creative potential.* NJ: Educational
Technology Publications.

## 附錄：【家，太遠了】活動學習單

○○國小　　五年____班　　姓名：_____

【2009 年 8 月 8 日，由於莫拉克颱風的侵襲，使得高雄縣甲仙鄉遭受莫大的損失，尤其以小林村最為嚴重，全村被五層樓高的土石流沖毀，將近 400 名村民慘遭活埋，楠梓仙溪左岸多出 100 多公尺寬的「泥地」，上面滿布巨石與漂流木，找不到村落，附近橋樑也不見了。根據村民說詞指出，水災當天小林村上方的獻肚山崩塌，先埋掉部分房舍，土石之後再推向楠梓仙溪，在上游造成堰塞湖，接著堰塞湖潰決，土石泥漿一洩而下將小林村埋掉。災害過後小林村滿目瘡痍、殘破不堪，倖存的村人們對於遷村的議題也是爭論不休……】

◎讀完上面的報導，請回答底下的問題：

1.「泥、砂、礫及巨石等物質與水之混合物受重力作用後所產生之流動體，在重力的作用上，沿坡面或溝渠由高處往低處流動之現象，大多在豪雨期間發生在山坡地或山谷之中，其主要特徵為流速快、泥砂濃度高、沖蝕力強、衝擊力大……」
　　➔ 這段描述最有可能是在指哪種災害？_____。

2.「山崩、土石流或熔岩堵塞河谷或河床，儲水到一定程度便形成的湖泊，通常為地震、風災、火山爆發等自然原因所造成，也有人為因素所造就出的。」
　　➔ 這段描述是在指什麼景觀？_____。

3. 河川或是溪流具有發生土石流情形的潛能時，稱作_____。

4.（　　）小林村遭遇土石流的災害，你認為它的所在位置最有可能是在　①平原　②盆地　③臺地　④山地。

5. 想一想，小林村村民為何要住在這個地方呢？

6. 如果你是小林村災民，對於遷村與否跟家人商量後，你的意見是贊成還是反對呢？（請勾選一項，並說明理由。）

　　☐ 我贊成遷村，理由是

□ 我反對遷村，理由是

6. 如果你是小林村村民，接下來你會怎麼做呢？

7. 我們都知道土石流是很可怕的，為了避免土石流的發生，我們平時該如何做好水
土保持呢？請用文字描述或是繪畫方式記錄下來。

家長簽名：＿＿＿＿＿＿

# 第 12 章

# 資訊融入
# 社會領域教學

呂佳勳
臺中縣大里市立新國民小學教師

賴苑玲
國立臺中教育大學社會科教育學系教授

## 本章綱要

前言

　　21 世紀是高度科技化的時代，隨著資訊科技進步與網路的普及化，緊密地促發學校教育的變革。我國教育部自 1999 年起陸續執行「擴大內需計畫」、「資訊教育納入課綱」及「資訊教育總藍圖」等措施，藉由「擴大內需計畫」將國民中小學的整體「資訊硬體設施」完成基礎性的建置，使全面性的資訊教育成為可能；其次將資訊教育正式「納編」於九年一貫課程之中，讓實施資訊教育有法源依據；三為提出「資訊教育總藍圖」，讓資訊教育整體的配套措施有了完善的規劃。時至今日，資訊科技融入教學已成為現代夫子必備的教學素養，其目的在於協助教師發展多元及創新的教學方法，將大量資料轉化為更生動活潑的教學素材，同時激發學生探究思考的主動學習能力。因此，資訊融入教學所要求的是不僅是資訊科技的融入，更要有相關配套之教學目標與策略，使得資訊科技的使用成為教室中教學與學習活動的一部分，此為教師需要花費更多心力去體認之處。

 理論基礎

## 一、資訊融入教學的定義

　　資訊科技融入教學（information technology integrated into instruction）一詞雖已出現十餘年，到現在國內外許多的文獻和專家學者常使用不同的名詞來定義。

　　國外常用「運用資訊科技教與學」（using information technology in teaching and learning）、「電腦整合教學」（computer integrated instruction）或「科技整合」（technology integration）來強調資訊科技運用在教學的重要性（Dias, 1999; Sprague & Dede, 1999; Ertmer et al., 1999）。國

內與資訊科技融入教學相關的文獻，通常以「資訊融入教學」、「資訊科技融入教學」與「電腦融入教學」等名詞最常被提及與界定，雖然「資訊」、「資訊科技」與「電腦」等詞彙所涵蓋的內涵與意義有所差異，電腦只是資訊科技其中一項產品，但是上述名詞均強調以資訊融入各學習領域的新型態，應當有別於傳統教學方法。

國內學者張國恩（1999）認為，資訊融入教學係指運用學習科技（learning technology）的發展，在建構主義的學習理論架構下，來啟發與輔導學生的學習方式。顏龍源（2000）認為，資訊融入教學是指將資訊科技中可供教師教學與學生學習兩種活動所用的各項優勢資源，適當的放入各學習領域中教師的教學與學生的學習過程中。徐新逸與吳佩謹（2002）則主張，資訊融入教學不只是教師會使用電腦而已，且能夠使用電腦來有效地達成教學目標。在教育或訓練上利用科技提供很多的挑戰，但最大的挑戰是學習者與學習方式而不是科技（Olgren, 2000）。以科技為本位的學習環境可以幫助學生達到成功所需要的知識、技能與態度（Dwyer, 1999）。

因此，概略整理國內外專家學者的見解，所謂資訊融入教學就是將資訊科技應用於教學上，而資訊融入教學活動的時間點可以在教學前、教學中，及教學後的評量上，把資訊科技視為輔助教學的工具，在適當的時機融入各個領域的教學活動當中，提升教師的教學品質與學生的學習效果，培養學生主動求知的能力，使教學與學習的過程均能享受資訊科技帶來的便利性。

教學媒體的發展，一般來說可分為四階段：(1)實物教學階段（objective instruction）；(2)視覺教學階段（visual instruction）；(3)視聽覺教學階段（audio-visual instruction）；以及(4)教學科技階段（instructional technology）（劉信吾，1999）。從 1976 年開始推動電腦輔助教學至今，教學輔助科技的發展已經進入教學科技階段，而教學科技的運用已不僅限於輔助教師教學，更可培養學生的資訊素養及運用科技與資訊的能力。

基本上，「資訊融入教學」是源自於「電腦輔助教學」的概念。然而，在「資訊融入教學」的意涵中，資訊科技只是融入各科教學的輔助

工具,教學時不一定要在電腦教室,只要班級中有一、兩部電腦,隨時都可以進行融入,重要的是教師要有意願而且要能幫助學生拓展學習領域,並以提升學生研究能力為重。因此,凡屬將學生與資訊科技產品間設計一個關聯性的教育互動,以達成學習目標為目的的教育活動,均可謂之為資訊融入教學。

## 二、資訊融入教學的範圍

教學初始首先面臨是選擇教材的問題,資訊融入教學亦不例外。究竟何種教材需要利用電腦來幫助教師教學與學生學習,時常造成教學者的困擾,因此落入「為了資訊融入而強加資訊設備的運用」的窘境,反而使得教學過程與學習目標出現無法對應,學生學習成就因而無顯著進步的情況發生。有鑑於此,張國恩(1999)舉出一些適用於資訊融入教學的教材範圍,主張下列五項特殊教材是實施資訊融入教學的好時機:

### (一)將抽象化的教材轉成視覺化的教材

抽象知識的教材內容學生不易了解,例如自然或數學領域中的運算公式常令學生無法理解,造成學生學習動機低落。將抽象化的教材以視覺化效果展現,能提高學生學習動機和增進學習效果。譬如將數學分數以真實的圖形表現出來,更有助於學生理解,而最好的視覺化展現工具當屬電腦,尤其是電腦多媒體特性,更能以多樣化的方式表達出易於理解的效果。

### (二)需要提供虛擬實境演練的課程

運用模擬軟體可讓學生有不斷練習的機會,例如模擬太陽與月球運行位置軟體可協助學生排除觀察時間的限制、虛擬汽機車駕駛模擬軟體可讓學生練習日常生活中的交通規則等,有些電腦輔助教學軟體屬於此類,因此可以應用到實際教學活動中作為學生自行練習以獲取經驗。

### (三)學校無法提供問題解決的環境

課程中有些重要教學活動會用到校外的資源或不易取得的資源，由於資源取得不易致使老師省略這些教學活動。透過便捷的網際網路環境，教師容易取得學校無法提供的環境資源，這些資源也使得老師容易實施教學活動。

### (四)學校欠缺師資的學科

現代的課程愈來愈多元化與專業化，因此使得學校中有些學科欠缺專業化的師資，利用遠距教學可補足專業師資不足的問題，對學生接受課程的完整性將有助益。

### (五)引導學生學習動機

「九年一貫課程綱要」提到教學與資訊科技的結合時機包括：課程、教材、教法乃至於評量，都可利用資訊科技融入教學。其應用的範圍有教學大綱提示、班級及學生資料管理、虛擬教室、補充教材、學生自學教材、線上測驗與評量、學生作業、競賽活動、師生互動，以及親師溝通等。

除了上述實施的範圍與時機，吳明隆（2004）則建議應用在教學大綱提示、教育素材資源、學生自學教材、師生互動模式、線上測驗評量、線上虛擬教室、學生作業應用、學生資料管理、教室情境布置、線上學習輔導、線上競賽活動等。

## 三、資訊融入教學的方式

如何利用電腦資源將選定之教材後表現出來，或電腦資源如何配合教學活動等皆為融入教學的接續工作。目前一般教師較常使用的方式有三：

### (一)電腦簡報的展示

此種方式如同傳統的投影片教學，但需使用電腦簡報軟體製作。

例如將教學內容以免費的心智圖軟體 FreeMind 製作成組織圖後，以圖片方式輸出，或將教學資源以照片方式蒐集，再以電腦簡報方式呈現等均屬之。雖然簡報軟體可以結合多媒體做多變化的展示，但不適當的簡報方式會造成較差的教學效果，且對中小學學生而言較不習慣。為提高學習動機與教學效果，教材的簡報需結合「有意義的多媒體展示」或「隱喻」（metaphor）效果。有意義的多媒體展示或隱喻效果是指每一媒體的展現皆需包含教學意義，是學生能理解的，而不僅僅是有趣。也就是媒體的展示需對教師有輔助教學的功能，對學生需有認知理解與認知掛鉤（cognition hook）的效果。簡報若使用過多或太過複雜的媒體可能會造成多餘效應（redundant effect）。多餘效應會引起認知負載（cognition load）問題致使學習效果降低。教師也可指導學生使用簡報軟體將所學表達出來，以協助知識建構與重整。

(二) 電腦輔助教學軟體的運用

將抽象化的概念以視覺化的方式表現出來有助於學生觀念的理解，最具體的實例方屬利用電腦輔助教學（computer assist instruction, CAI）模擬軟體建立學習環境，以協助學生操作練習。早期諸多 CAI 軟體使用者需要付費方能使用，但時至今日已有為數不少的免費軟體可供運用，例如 Stellarium 免費星圖軟體，收錄超過 60 萬顆星體資訊，包含各種星座、星雲與真實銀河效果，以擬真化的方式模擬出在野外觀測星空的情境。Google Earth 免費地理資料，除了 3D 空照圖外，也整合了許多道路、旅館、餐廳、邊界等等。適當的 CAI 軟體可幫助教師教學或學生課後學習，此皆為資訊融入教學的模式。然而，市面上的 CAI 軟體種類繁多，大多數重視聽聲光效果，能否有效達成教學目標仍有待探討。一個不具教學理論的 CAI 不僅無教學效果，對學生往後學習還會造成不良影響。因此評估 CAI 是否適用，可從以下幾個方向考量，如是則可考量優先採用，例如：是否結合認知理論的學習環境、是否屬於視覺化或情境化的教學工具、是否屬於微型世界的模擬軟體、是否屬於診斷式評量工具等。

## (三) 網際網路資源的使用

網際網路有如大型教材庫，教材庫的內容多樣化，而且以多媒體的網頁呈現，使得網際網路有如一個不斷更新的教學資源中心。將其擷取整合到教案中，則可相當程度簡化教師備課負擔。教材庫的內容大略可分為下列四項：網頁化書本型態、網路化 CAI 軟體、非同步論壇（如布告欄 BBS，Bulletin Board System）、遠距教學等型態，資料的提供平臺可為學術單位或是網路業者，如教學者以免費的 Moodle、Xoops 等系統平臺整合教學資源，或是利用網路資源業者提供的網路平臺空間等等。

## 四、資訊融入教學的條件

資訊融入教學的前置條件必須成熟，資訊融入教學方能具備成功的基石。一般而言，先備條件包含學校軟硬體設置、行政配合措施與老師電腦素養等，皆會影響電腦融入教學成功與否。為了配合資訊融入教學的實施，學校應有下列配套措施。

### (一) 訓練教師具備基本電腦操作能力

教師是教學課程的核心設計者，倘教師未具備電腦基本操作能力，即便學校資訊設備新穎，亦無法實行資訊融入教學活動，因此學校有責任協助教師具備如以下五種基本能力，包含應用電腦與各周邊的使用能力、中文輸入能力、CAI 軟體評估與使用能力、資料處理能力、網路應用能力等。上述五項基本能力的軟硬體設備隨著時間發展日新月異，但在軟體部分，基本上區分為商業版以及自由軟體兩類，商業版顧名思義需要使用者付費購買使用，而自由軟體則是一種可以不受限制地自由使用、複製、研究、修改和分發，但是必須註明原創者的軟體。

### (二) 規劃人人可上網的環境

除了電腦教室中學生每人一機電腦網路化外，一般教室的網路化也需規劃以利教師教學。為有利於學生分組資訊融入操作學習，e 化專科

教室的規劃也有其必要。倘若學生家裡也能設置上網環境,則對教師課後教學活動也更有幫助。

### (三)各科成立融入教學研究會

融入教學之教材教法設計與老師以往的訓練不同,成立教學研究會可釐訂新的教材教法原理、設計教材教法規範與推廣教案製作。不同科目的教學資源與融入教學方式皆不同,透過教學研究會集思廣益設計融入教學方案,可提供教師事半功倍之效。

### (四)鼓勵老師發展融入教學之教材教法

善用資訊科技設計課程的教師游刃有餘,相對的對於部分教師可能會造成困難而裹足不前。教育行政當局有必要實行配套措施以鼓勵老師發展融入教學之教材教法,例如舉辦研習會推廣電腦融入教學、製作融入教學教案講習、甄選優良的融入教學教案、選擇與補助示範學校開發融入教學教案等。

### (五)培育學生電腦基本素養

正當教師的電腦基本使用能力提升之際,學生也應該具備電腦基本素養,如應用電腦與使用各周邊設備的能力、中文輸入能力、CAI 軟體使用能力、資料處理能力與網路應用能力等。學校應該妥善規劃運用班班有電腦、校校有 e 化專科教室的資源,增加學生操作電腦設備的機會,提升學生電腦基本素養。

## 五、資訊融入教學與數位學習

資訊融入教學牽涉教師的教學與學生的學習活動,數位化的教學活動變成數位化的學習活動。數位學習的發展演變大致可分為四個階段(游曉薇、陳姿香、廖純怡,2005),最早應溯及電腦輔助教學(computer assist instruction, CAI)。Hicks 與 Hyde(1973)認為「CAI 是一種直接運用電腦交談模式來呈現教材,並控制個別化學習環境的教學過程。」

王立行（1992）認為「CAI是以電腦作為教學媒體以協助教師教學，輔助學生學習教材，達到個別化、補救教學或精熟學習的編序教學活動。」CAI是為了教育學習目的，利用電腦程式語言所呈現的數位化學習模式。茲敘述數位學習四個發展階段演變如下：

第一階段約起於1960年代，CAI開始在教育環境中運用，學習者透過讀取電腦中的課程資訊進行學習，因當時網際網路尚未普及發展，因此CAI僅限於單機電腦操作，相關名詞諸如CAL（computer aided learning）、CAT（computer assist training）、CBT（computer-based training）、CBL（computer-based learning）等等都是電腦輔助學習的相似詞（陳立蘋，2006），此時期的CAI利用簡單的音效、圖形、圖片及初階形式動畫呈現教學的內容，屬於單向傳遞課程訊息的輔助學習系統。

第二階段大約在1995年左右，因應網際網路（internet）出現與普及發展，利用網路連線進行學習的型態也孕育產生，線上學習（online learning）為主要代表名稱，網路化學習（web-based training, WBT）為此時期出現的相似用語。Online Learning係指學習者登入教學平臺，透過與教學平臺的互動功能學習平臺上的預設內容。教育資源提供者直接在網路上架設教學網站，製作電腦輔助教學教材，學習內容包含課程教材、互動活動、線上練習、電子布告（BBS）及測驗等，使用動畫、影像、聲音、情境模擬來增加學習者的興趣，此時期開始運用網路資源進行雙向互動的學習。

第三階段大約在1999年左右，Jay Cross提出數位學習（e-Learning）一詞，亦稱為電子化學習。e-Learning指的是結合數位技術與學習，內容比Online Learning廣泛，新增教學資源的管理、分享與學習歷程的紀錄（Cross, 2008）。本階段最顯著的發展就是學習管理系統（learning management system, LMS）的出現，LMS有如一個虛擬教室（virtual learning environment, VLE），不但包含前兩階段數位學習的功能、支援同步與非同步學習活動外，還增加數位合作功能，例如聊天室、討論區等。虛擬教室中的學習情境除了提供學習教材外，進一步發展包含學習評量模組的課程管理系統（course management system, CMS），以滿足特定學習與評量的數位學習需求。此時期網路頻寬發展已能容納較多資

料的傳輸，因此多媒體串流、視訊會議、網路電話、線上指導等高互動性的學習功能陸續出現。

第四階段因網路寬頻及無線通訊產業的發展，數位學習的內容伴隨科技進展分散到各式科技產品上，形成分散式學習（distributed learning）。分散式學習的範圍包含行動電話（mobile phone）、個人數位助理器（personal digital assistant, PDA）、筆記型電腦（notebook computer）及無線網路（wireless network）等環境，數位學習演變成行動數位學習，分散於各種資料相容的學習硬體上，數位學習的地點不再拘限於教室中。

科技的迅速發展帶來學習環境的革新，數位科技也讓學習成為高技術支援與策略設計的整合（Pantazis, 2000）。美國於 1994 年推動「全國學習基礎架構計畫」（National Learning Infrastructure Initiative, NLII），目標是希望透過資訊科技的力量來改善高等教育的教學環境，包含提升教學品質、降低學習費用及提供多元的學習途徑。1997 年美國白宮與國防部共同推動先進分散式學習計畫（Advanced Distributed Learning Initiative, ADL），希望透過「教材再用與共用機制」（Sharable Course Object Reference Model, SCORM）的建立，縮短教材開發時間並降低開發成本，讓美國的公務員與軍事人員未來都能隨時隨地操作業務設

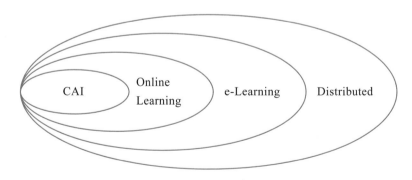

**圖12-1　數位學習演進圖**

資料來源：游曉薇、陳姿香、廖純怡（2005）。數位學習。網路社會學通訊期刊，49。2009 年 9 月 20 日取自 http://mail.nhu.edu.tw/~society/e-j/49/49-10.htm

備，降低政府訓練費用。加拿大於 1995 年推動「Life-long Learning on the Knowledge Highway」計畫，目標為提供更有效的學習環境，減少學校階段到職場之間的學習斷層（黃興燦，2003）。歐盟於 1996 年推出「Learning in the Information Society」行動計畫，目標為提升中小學的科技教育建設（Commission of the European Communities, 1996）。中國大陸 2001 年頒布「遠距教學技術標準 1.0 版」，目的在統一數位學習資源的規格標準，降低不同系統標準轉換造成的損失。國內則有國家科學委員會於 2003 年起推動「數位學習國家型科技計畫」，從社會、產業及學術三方面同步實施，目的在提升全民數位素養以提升國家整體競爭力，擴大數位學習產業經濟規模，並推動臺灣成為全球華文社群數位學習軟硬體研發中心。

　　新科技使得許多新的學習方式變成可能（Chan, Hue, & Chou, 2001），數位學習隨著通訊與資訊科技的發展，從初期的電腦單機學習、網路學習，進一步演變成行動學習，現實的學習社群藉由科技拓展至網路進行（Lazar, Tsao, & Preece, 1999），學習的模式從單向式學習、非同步雙向學習進步到同步多人學習，課程教材美工效果從單純的文字顯示演變成豐富的多媒體影音內容，學習平臺的發展從無到出現 CMS。數位學習成為滿足個人化學習需求，記錄學習歷程的工具，是一種自我導向、全年無休的教育模式。

## 參 教學示例

### 一、教學設計模式

　　本教學設計以資訊素養課程常提及之大六教學法（Big Six）為教學設計模式，於教學活動中運用 Big Six 的六個階段性技能，包括：(1)定義問題的階段：定義問題所在與確定所需要的資訊。如我應該怎麼做？我需要解決什麼樣的困難？我需要回答什麼樣的問題？我需要什麼樣的資訊？我需要多少資訊？當我完成該項作業時，它是如何呈現

的？(2)資訊尋求的策略：包括確定資源的範圍與列出優先順序。如我可能用到的資源是什麼？我會參考書本、網頁、期刊、電視與錄影帶等資源嗎？我應該用什麼樣的索引資料？最適合的參考資源是哪一種？(3)找到與取得資訊：包括找到資訊資源與取得。如哪裡可以找到我最需要的資源？誰可以幫我找到我需要的資料？要如何找到？如果我用的是電子資料，我是要用關鍵詞來查詢或是用主題來查詢呢？(4)利用資訊：包括閱讀資訊與摘要資訊。如哪些資訊是適切的？我要如何記錄我發現的圖形資訊？這些引言是否恰當？如何有效的呈現我的資料？(5)整合資訊：包括組織與呈現。如我如何能從複雜的資源中組織資訊？我能刪除那些不能回答問題的資訊嗎？我將如何呈現我的研究結果？我的結論是什麼？(6)評估資訊：包括評鑑作品與評鑑過程。如我完成作業的需求嗎？是有條理的組織與仔細的校對嗎？這是我最好的作品嗎？下一次做作業時，我會如何改進？(Eisenberg & Berkowitz, 2000)

　　教學活動中所融入之教學軟體包含 Google Earth 及心智軟體兩項，說明如後：

　　Google Earth 是 Google 搜尋引擎公司於 2005 年發布的軟體，其影像處理細緻而豐富，能提供地圖資訊與航空照片。「Google 地球」結合了「Google 搜尋」和衛星圖像、地圖、地形和 3D 建築物的功能，讓使用者須臾間就可盡享世界的地理資訊。例如「飛到您的家」功能中，只要輸入地址後按下「搜尋」鈕，使用者可立即放大所尋找的位置。「搜尋」功能中加入行車路線指示，提供旅遊路線規劃功能，更可用「傾斜」和「旋轉」功能檢視，查看 3D 地形和建築物，或往上探索天際。

　　心智軟體的一大功用在於思緒的整理，可將繪製好的圖表繪出成圖檔（例如 PEG、PNG、SVG、PDF 等）、網頁或是文字檔（OpenOffice）。本文以較具代表性的 FreeMind 軟體為例加以介紹。FreeMind 為一套由 Java 撰寫而成，可用來幫助學習者整理文章架構的工具軟體，可將每一個環節用圖形表示，透過將思路圖形化、結構化，幫助操作者對整個組織運行的了解。FreeMind 支援資料夾的概念，具備快速的剪貼功能，能支援多種文件格式的剪貼編輯。該軟體響應自由軟體的精神，支援不同作業平臺，並且提供多種語言版本。

## 二、課程架構

　　本章教學示例選用課程採翰林版國小五年級上學期社會領域課本，該教材課程架構如下圖所示：

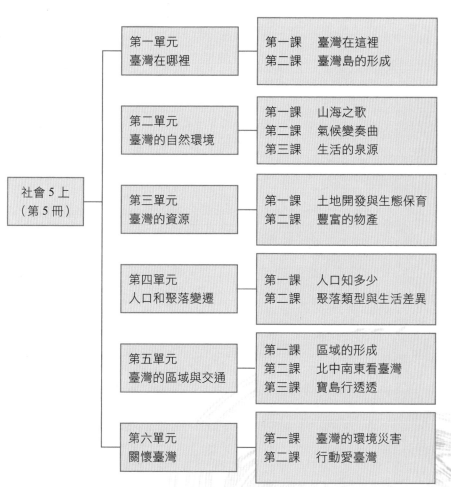

**圖12-2　課程架構圖**

資料來源：翰林我的網（2009）。2009 年 9 月 20 日擷取自 http://www.worldone.com.
tw/index.do?channelTwoNumber=32

## 三、教學設計綱要

　　教學設計選取第五單元第二課「北中南東看臺灣」，該課主要教學單元有四，分別為 (1) 臺北的天空——北部區域； (2) 山清水秀到中部——中部區域； (3) 港都快樂來出航——南部區域； (4) 山海原鄉——東部區域。教學設計綱要如後所示：

### 教學示例

| 單元名稱 | 北中南東看臺灣 | | |
|---|---|---|---|
| 設計者 | 呂佳勳 | | |
| 教學時間 | 3 節 | 適用年級 | 五年級 |
| 能力指標 | 1-3-1 了解不同生活環境差異之處，並能尊重及欣賞其間的不同特色。<br>1-3-3 了解人們對地方與環境的認識與感受有所不同的原因。<br>1-3-7 說明城鄉之間或區域與區域之間有交互影響和交互倚賴的關係。 | | |
| 教學目標 | 1. 能說出臺灣四大區域生活機能的特色。<br>2. 能說明臺灣區域內城鄉關係的類型。<br>3. 能說出區域發展兩難問題。<br>4. 能說出區域發展的趨勢。<br>5. 能分析區域與區域之間關係的類型。 | | |
| 設計理念與教材分析 | 學生已學會依地形及生活區域劃分臺灣四大生活區，然僅為書本上講述之知識，本教學示例透過資訊素養 Big 6 教學的實施，培養學生定義問題後尋找有用資訊、過濾並整合資訊，最後評鑑成果。過程中透過 Google Earth 了解臺灣四大區的分布位置，搜尋並過濾相關有用資料後，再透過心智圖軟體 FreeMind 組織臺灣四大區內包含的行政區、交通、產業及重大都市等資料，最後分組輸出成果，彼此評鑑各組優缺點。<br>選用教材為翰林版國小五年級上學期社會領域課本，教材分析如前段課程架構所述。 | | |
| 相關議題 | 【資訊教育】4-3-2 能找到合適的網站資源、圖書館資源及檔案傳輸等。<br>【資訊教育】4-3-3 能利用資訊科技媒體等搜尋需要的資料。 | | |

| 教學準備 | 【Google Earth】<br>1-1 介紹 Google Earth 軟體，含安裝及基本功能示範。教師進行安裝說明與基本功能「飛到您的家」、「搜尋」、「傾斜」、「旋轉」、「路線規劃」和「景點圖片」示範。<br>1-2 學生分組練習安裝 Google Earth 及操作基本功能。<br>【FreeMind】<br>2-1 介紹 FreeMind 軟體，含安裝及基本功能示範。教師進行安裝說明與基本功能「編輯節點」、「標示圖示」、「變更節點位置」、「設定超連結」、「匯出匯入分支節點」、「節點上放圖片」和「輸出」示範。<br>2-2 學生分組練習安裝 FreeMind 及操作基本功能。 |
|---|---|

## 教學活動流程

| 教學活動 | 教學資源 | 教學評量 |
|---|---|---|
| 【閱讀臺灣】<br>**一、引起動機**<br>閱讀：引導學生閱讀課本第 74-76 頁課文、圖片，和學生課前蒐集的資料，或翻閱教師帶來的舊報紙。了解就讀學校在臺灣四大區域中的位置。<br>**二、學生分組討論**<br>歸納四大區域包含行政區，例如北區包含臺北、基隆、桃園、新竹及宜蘭五縣市，區內有臺北市、桃園市、新竹市等大都市，居民的生活風貌，受到當地氣候和地理景觀影響。新的產業發展，對居民生活品質會帶來改變，帶動區域轉型發展。區域內的重大交通網貫連的方向與鄉鎮區為何等等。<br>**三、學生小組發表**<br>發表：提出具體事例說明，並請小組發表依據的理由。例如中區交通有國道 1 號、國道 3 號、省道 1 號、省道 3 號、省道 12 等，快速道路有省道 74 號、省道 63 號等。<br>～第一節完～ | 準備舊報紙。 | 口頭評量<br>分組評量 |
| 【Google Earth 看臺灣】<br>**一、學生分組並分配北中南東四大區為主題，請學生依據主題：**<br>1. 定義問題：我需要回答什麼樣的問題？我需要什麼樣的資訊？我需要多少資訊？當我完成該項作業時，它是如何呈現的？ | e 化教室或電腦教室 | 分組評量 |

| | | |
|---|---|---|
| 2. 資訊尋求的策略：確定資源的範圍並列出優先順序。如我可能用到的資源是什麼？如何利用 Google Earth 找到我要的參考資源？<br>3. 找到與取得資訊：如何運用關鍵詞來查詢找到所需資訊？<br>4. 利用資訊：包括閱讀資訊與摘要資訊。如哪些資訊是適切的？我要如何記錄我發現的圖形資訊？如何有效的呈現我的資料？<br>5. 整合資訊：包括組織與呈現。如我如何能從複雜的資源中組織資訊？我能刪除那些不能回答問題的資訊嗎？我將如何呈現我的研究結果？我的結論是什麼？<br>6. 評估資訊：包括評鑑作品與評鑑過程。如我完成作業的需求嗎？是有條理的組織與仔細的校對嗎？這是我最好的作品嗎？下一次做作業時，我會如何改進？<br>**二、學生分組蒐集所需資料**<br>學生先行紙筆記錄蒐集之資料。<br>～第二節完～<br><br>【FreeMind 介紹臺灣】<br>**一、學生分組製作心智圖**<br>依北中南東四大區，分別就四大區各別包含的行政區、交通、產業及重大都市等資料，利用心智圖軟體繪製分組報告，並輸出為教師指定格式。<br>**二、分組報告並進行同儕評分**<br>學生分組報告北中南東四區之行政區、交通、產業及重大都市，教師及其他分組學生進行評分。<br>**三、教師講評**<br>教師依據觀察及同儕評分進行講評，並請各組提出改進之處。<br>～第三節完～ | e 化 教 室<br>或電腦教<br>室 | 分組評量 |

# 肆 結語

　　資訊科技產品愈來愈多，教師在課堂上呈現的教學方式也愈多元，評估適當的資訊科技融入教學教材、時機與方式，能有效的幫助學生掌握課程重點，藉由學生的動手操作也能增加學習興趣，提高學習成效。

　　教師在資訊融入教學中除了扮演「使用者」的角色之外，也扮演「引導者」的角色，此處所謂引導者乃是指導學生運用資訊科技的行為。教師需要對教學媒體及資訊科技有一定程度的概略了解，並蒐集現階段各類別教學科技的發展趨勢，方能指導學生使用。

　　在實施資訊融入之前，教師也必須先評估自身教學風格，打破「資訊科技融入教學適用於每位教師」的迷思，資訊科技融入教學的模式未必能帶給學生高於傳統教學的學習成效，必須配合教師的教學風格選擇適當的模式，才能有效提升學生學習成效。

# 參考文獻

## 中文部分

王立行（1992）。電腦輔助教學的理論與實務探討。**資訊與教育雙月刊**，*30*，
　　24-33。

王曉璿（1999）。資訊科技融入各科教學探究。**菁莪季刊**，*10*（4），18-24。

吳明隆（2004）。資訊科技融入學習領域的教學應用。**視聽教育雙月刊**，*45*
　　（4），12-22。

徐新逸、王培卉（2004）。國小教師實施資訊科技融入社會學習領域教學之現況
　　調查與需求評估。**國立臺北師範學院學報**，*17*（1），239-268。

徐新逸、吳佩謹（2002）。資訊融入教學的現代意義與具體作為。**教學科技與媒體**，*59*，63-73。

張國恩（1999）。資訊融入各科教學之內涵與實施。**資訊與教育雜誌**，*72*，2-9。

陳立蘋（2006）。**企業數位學習評鑑指標建構之研究**。國立臺灣師範大學工業科技教育研究所碩士論文，未出版，臺北市。

游曉薇、陳姿香、廖純怡（2005）。數位學習。**網路社會學通訊期刊**，*49*。2009 年 9 月 20 日，取自 http://mail.nhu.edu.tw/~society/e-j/49/49-10.htm

黃興燦（2003）。建構數位化學習的教育環境。**國家教育政策季刊**，*2*（1），120-121。

劉信吾（1999）。**教學媒體**。臺北：心理。

顏龍源（2000）。主題化的電腦融入課程概念。**資訊與教育**，*80*，32-40。

## 英文部分

Chan, T. W., Hue, C. W., & Chou, C. Y. (2001). For spaces of network learning models. *International Journal of Computers & Education, 37*(2), 141-161.

Commission of the European Communities. (1996). *Learning in the information society: Action plan for a European education initiative*, University of Pittsburgh. Retrieved September 26, 2009, from http://aei.pitt.edu/1200/01/education_gp_follow_COM_96_471.pdf

Cross, J. (2008), *Jay Cross*. Retrieved September 27, 2009, from http://jaycross.com/aboutjay.htm

Dias, L. B. (1999). Integrating technology: Something you should know. *Learning & Leading with Technology, 27*(3), 10-13, 21.

Dwyer, C. A. (1999). Using emerging technologies to construct effective learning environments. *Educational Media International, 36*(4), 300-309.

Eisenberg, M. B. & Berkowitz, R. E. (2000). *Teaching information & technology skills: The big6 in elementary schools*. Worthington, OH: Linworth Publishing.

Ertmer, P. A., Addison, P., Lane, M., Ross, E., & Woods, D. (1999). Examining teachers' beliefs about the role of technology in the elementary classroom. *Journal of Research on Computing in Education, 32*(1), 54-72.

Hicks, B. & Hyde, D., (1973). Teaching about CAI. *Journal of Teacher Education, 24*, 120.

Lazar, J., Tsao, R., & Preece, J. (1999). One foot in cyberspace and the other on the ground: A case study of analysis and design issues in a hybrid virtual and physical community. *WebNet Journal, 1*(3), 49-57.

Means, B. & Olson, K. (1995). Beyond the classroom: Restructuring schools with technology. *Phi Delta Kappan, 77*(1), 69-72.

Olgren, C. H. (2000). Learning strategies for learning technologies. *New Directions in Adult and Continuing Education, 88*, 7-16.

Pantazis, C. (2000). Maximizing e-learning to train the 21st century workforce. *Public Personnel Management, 31*(1), 21-27.

Sprague, D. & Dede, C. (1999). If I teach this way, am I doing my job? Constructivism in the classroom. *Learning & Leading with Technology, 27*(1), 6-9, 16-17.

# 第 13 章

# 重大議題融入社會領域教學

韓順進
臺中縣大雅鄉三和國民小學教師
賴苑玲
國立臺中教育大學社會科教育學系教授

## 本章綱要

教育部在 90 年頒布「國民中小學九年一貫課程暫時綱要——六大議題」，其後在 92 頒布「國民中小學九年一貫課程綱要——重大議題」，將六大議題改稱為重大議題，97 年頒布修正總綱在重大議題加入新興議題「海洋教育」。

重大議題係為九年一貫課程當中的一大特色，政府在推行九年一貫課程之際，為了讓我國教育內容與世界潮流和社會脈動相契合，特將環境教育、性別平等教育、人權教育、資訊教育、家政教育、生涯教育，與新起議題等融入各領域教學之中。

重大議題融入課程教學，容易被視為與七大領域學習是主從關係，但是其重要性並未減少，因重大議題是社會脈動表徵，是世界潮流的趨勢，教師掌握重大議題等於掌握環境的脈動與教學的菁華，能適時的彌補教科書適切性之不足。本篇文章試從重大議題的沿革、內容，導引出重大議題融入社會領域教學的目的、模式、評估與採取的教學方法，提供一邏輯性的策略，以供參考。

## 壹 前言

歐用生（1999）九年一貫課程的推動，以學習領域替代科目，國內中小學原有的社會科將轉型為社會學習領域，以統整課程呈現。社會領域在於教導學生熟悉社會科學的知識結構和探究方法，澄清價值，以作理性的決定，並依據這種決定採取行動，使學生在學習過程中獲得經驗。

國外學者 Wegner（1996）也指出，一般來說社會科性質可分為兩類：一是社會科學科知識取向，重點在於了解社會化過程，以適應社會；二是問題解決取向，重點在於了解歷史、地理及各種社會科學的整合知識，達到問題解決的目的（轉引自王麗華、盧東華，2004）。Martorella（1999）認為社會領域長期的目標是培養能反省的、有能力的、關心社會的公民，以協助學生反省思考和作決定的能力。

黃博仁（2001）進一步指出社會領域其目的在將文化和知識的遺產

傳承給下一代、負起公民義務與職責、學習處理社會議題的經驗和方法，來發展作決定的技能以及學習社會上生存所需的技能。

由此顯見，社會領域的學習，經由社會的各種探究方法與積極的行動參與力，及後設認知的反省思考的歷程，對於人生的發展具有深遠的意義。在後現代主義講求去中心化與多元發展的趨勢下，教材教法已呈現多元化，尤其是社會領域，包含了政治、經濟、宗教、哲學、歷史、地理 …… 等，改以接受多元、異向、變化、解構、去集中化，除重視人與己身外，也重視人與他人、人與自然等意識觀點，因此，師生角色有了改變，教師不再是權威式的灌輸知識，而是協助學生搜尋素材、建構自己的知識，由教師以智慧來引導學生結合經驗與知識，開啟學生的潛能。

在瞬間變化萬千的資訊時代，學校課程的教科書素材，常與社會發展的脈動發生脫節，甚至產生價值對立的情形，為彌補此一脫節情形，必須採補救措施，因此教育部除了制定七大學習領域、十大基本能力外，也設計了重大議題，隨時因應社會發展將重大議題融入各領域的教學，以符合課程與社會發展密切的結合。重大議題與社會學習領域生存、生計、生活、生命具有高度的相關，是人類生活的一部分，六大議題融入社會領域學習可以關注時勢生活議題、統整行為與價值的學習、增進公民的能力（湯梅英，2002）。

## 貳　重大議題

### 一、重大議題的沿革與興起背景

教育部於 1998 年 9 月 30 日公布「國民教育階段九年一貫課程總綱綱要」，決議將資訊、環境、兩性、人權等重大課題融入七大學習領域中，同年 10 月 17 日教育部召開「九年一貫課程分科綱要小組召集人聯席會」，決議在資訊、環保、兩性和人權四項重要議題外，增加生涯發展（career development）議題。2001 年續頒布「國民中小學九年一貫

課程暫時綱要——六大議題」將家政議題納入合稱「六大議題」。

其後教育部在 2003 年 3 月 31 頒布「國民中小學九年一貫課程綱要——重大議題」，將六大議題改稱為重大議題。2005 年 3 月 31 日將「兩性議題」修改為「性別平等」議題。2008 年頒布修正總綱在重大議題加入新興議題「海洋教育」，並制定各學習階段能力指標（教育部，2008）。

教育與社會相結合是教育改革的重要課題，社會以教育為基石，教育以社會為導向，這是教育改革必須落實的原則。教育與社會結合的層面與方式是多元的，其重要途徑之一乃是社會重大議題之關注，於課程設計與實施中適時融入，教導學生學習議題有關的知識、技能和情意（黃政傑，2006）。因此教育部在七大學習領域之外，又加入重大議題的學習，這些重大議題與各領域都有密切關系，因此採取融入各領域的教學模式。而社會領域因其學習的特性，與重大議題的結合又是非常需求與契合，其培養的批判思考及解決問題的能力，與面對議題的勇氣和責任，都將是學生成為未來的公民能力之所需。

重大議題可能是社會上頗具爭議與討論的議題，也可能是以前較少被重視，因時空背景的轉移而逐漸衍生為現時社會之重大議題，如人權、性別議題、海洋議題；有些是新興起的議題，如 BOT 議題、新移民議題、外配議題……等。

因此，不論學者專家、實務人員或社會大眾，大家都議論紛紛，難免出現議題分析與處置之對立觀點和意見（黃政傑，2006），若能從教育制度學習如何面對、解決這些議題，將有助於增進社會的和諧與減少因對立造成衝突的社會成本。

## 二、重大議題內容

九年一貫課程綱要除了七大學習領域外，另將與社會脈動緊密連結的資訊、環境、性別、人權、生涯發展、家政與海洋等以議題融入各領域教學，使之除了縱貫的領域學習，也有橫向的跨領域學習。重大議題之理念與社會學習領域之「生命、生存、生計與生活」的內涵相關性相

當高，社會學習領域除了學科的學習，適時的融入重大議題課程，將使教學活動更能反映社會的變遷與統整學科的知識。

茲將依據教育部（2008 年）介紹重大議題的理念與課程目標於下，作為融入社會領域教學之參考。

## (一) 資訊教育

具備資訊科技的能力儼然成為現代國民應具備的第四種基本素養，有利於個人主動學習與終身學習習慣的養成。不當使用則會造成個人的身心傷害、智慧財產權的侵犯，以及利用資訊科技犯罪等。資訊教育重在使學生了解資訊科技與生活的關係，認識電腦硬體及操作環境，學習基本應用軟體的操作、網際網路的使用，以及如何使用資訊科技工具有效的解決問題。課程目標包含：(1) 導引學生了解資訊與網路科技與日常生活的關係；(2) 培養學生使用資訊與網路科技的基本知識與技能。

## (二) 環境教育

環境教育是全球環保的思潮與行動，緊扣著國際環保的思潮和行動，1972 年的聯合國人類環境會議（UN Conference on the Human Environment, 1972）發表「人類宣言」，促使人類注意環境的問題，啟始了人類與自然環境良性互動的新紀元。含括個人發展、社會正義與環境保護的豐富內涵，能讓學生對人與環境的互動有正確的價值觀，並在面對地區或全球性環境議題時，能具備改善或解決環境問題的認知與技能，以建立學習者的環境行動經驗，使之成為一具有環境素養之公民。其課程目標為：(1) 環境覺知與敏感度；(2) 環境概念知識；(3) 環境價值觀與態度；(4) 環境行動技能；(5) 環境行動經驗。

## (三) 性別教育

性別平等教育建基於對多元文化社會所產生的覺知、信念與行動，其目的在於教導學生認知個人的成長發展，與社會文化脈絡有著密不可分的依存關係。破除性別偏見、歧視與刻板化印象，促進各族群的和諧共處。

　　國民教育階段的「性別平等教育」整體課程綱要目標係以「性別的自我了解」、「性別的人我關係」、「性別的自我突破」作為三項核心能力。主要著重於認知、情意、行動三層面。(1)認知面，藉由了解性別意涵、性別角色的成長與發展，來探究性別與社會文化的關係；(2)情意面，發展正確的性別觀念與價值評斷；(3)行動面，培養批判、省思與具體實踐的行動力。

### (四) 人權教育

　　人權是人與生俱來的基本權利和自由，不論其種族、性別、社會階級皆應享有的權利，任何社會或政府不得任意剝奪、侵犯，且應加強種族、族群、宗教、語言群體之間的了解、包容與發展。人權教育即是尊重與包容、自由與平等、公平與正義等。其課程目標即是營造與「經驗式」、「互動式」、「參與式」的教學方法與過程，協助學生澄清價值與觀念，尊重人性尊嚴的價值體系，並於生活中實踐維護與保障人權，其課程目標：(1)認知層面：了解人權存在的事實、基本概念、價值等相關知識；(2)情意層面：發展自己對人權的價值信念，增強對人權之正面感受與評價；(3)行為層面：培養尊重人權的行為，及參與實踐人權的行動力。

### (五) 生涯發展

　　生涯發展從 1850 年代起即被逐漸重視，生涯發展教育（career development education）是全民的教育，從義務教育開始延伸至高等及繼續教育的整個過程，這種教育同時具備學術及職業功能，升學及就業準備，它強調在傳統的普通教育中建立起職業價值，其目標是培養個人能夠創造有價值的人生，這是發揮教育真實價值的整體構想。

　　國民義務教育階段之生涯發展教育重點任務在協助學生做好自我覺察、生涯覺察以及生涯探索與進路選擇之工作，並達成適性選擇、適性準備與適性發展之生涯目標，以充分發揮個人潛能，進而適應社會變遷。其課程目標：(1)了解自己，培養積極、樂觀的態度及良好的品德、價值觀；(2)認識工作世界，並學習如何增進生涯發展基本能力；(3)認

識工作世界所需一般知能，培養獨立思考及自我反省，以擴展生涯發展信心；(4)了解教育、社會及工作間的關係，學習各種開展生涯的方法與途徑；(5)運用社會資源與個人潛能，培養組織、規劃生涯發展的能力，以適應社會環境的變遷。

## (六)家政教育

透過「家政教育」議題的實施，以落實人性化、生活化、適性化、統整化與現代化。統整自然科學、人文社會與藝術知能，以改善生活之實踐教育活動。主要內涵包括「飲食」、「衣著」、「生活管理」、「家庭」四大範疇，透過此四大範疇的認知、體驗與實作等學習，據以達到課程目標：(1)了解日常飲食、衣著、生活管理、家庭生活的實際活動；(2)加強對周遭生活的關懷，促進自己、他人及環境間的和諧關係；(3)陶冶家庭生活素養及建立健康家庭的信心、責任與理想。

## (七)海洋教育

臺灣是個被海洋環繞的海洋國家，國民應具備「海陸平衡」思維，將教育政策延伸向海洋，讓全體國民能以臺灣為立足點，以達「臺灣以海洋立國」的理想──以臺灣為本的國際觀及以海洋為本的地球觀。在國民中小學海洋教育以塑造「親海、愛海、知海」的教育情境為主，其課程目標分為海洋休閒、海洋社會、海洋文化、海洋科學、海洋資源等五大主題軸，涵養學生的海洋通識素養，進而奠立海洋臺灣的深厚基礎。

## 參 重大議題與社會領域之關係

社會領域是一統整課程，跨越科際界線，包括生命、生存、生計、生活等四大學習層面，其內容涵括了道德、宗教、藝術、哲學、地理、歷史、自然科學、經濟、政治、法律、人類文化等社會學科的學習，這些的學習是為了達到九大主題軸之能力指標的學習目標（教育部，

2003）。而這些社會學科看似單獨，卻又是互相關聯，因此將重大議題以融入式社會領域，貫穿各社會學科，使之成為社會學習領域之統整課程。因此，教師透過將重大議題融入教學活動協助學生建構概念，進而建立通則，其重大議題與社會領域之關係如圖 13-1。

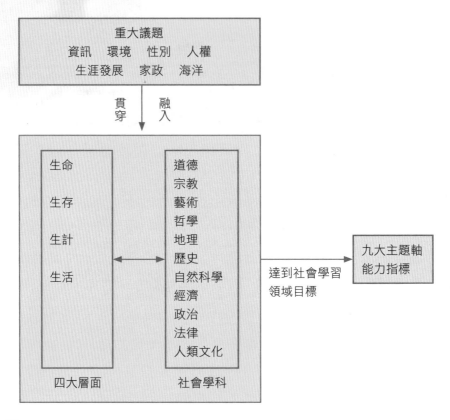

**圖 13-1 重大議題與社會學習領域之關係圖**

# 肆 重大議題融入社會領域教學之目的

教學是師生互動的歷程，在「教」與「學」的活動中，教師透過教材的媒介引導學生學習「概念、通則」，亦即教學活動是在「教材」與「概念」之間的建構。Smith（1987）認為：(1)教學即成功（teaching as success），使學生成功的學習；(2)教學即有意圖的活動（teaching as intentional activity），教師有目標的引導學習；(3)教學即規範行為（teaching as normative behavior），教學活動不能悖離教育規準。

正因為社會的瞬息萬變、資訊的多元，社會領域的教師在教材的準備不能只依靠教科書的內容，如此，將無法適時引導學生在快速變遷的社會環境中作有效的學習，如能適時的加入社會重大議題融入社會領域教學，將有助於社會領域有效的學習。因此將重大議題融入社會領域學習其目的包括：

## 一、具時效性，輔佐社會領域教科書之不足

課程綱要需經過三、四年的研議才能定案，定案公布之後至少需兩年才能正式實施，待實施時已是五、六年前的觀點與重點，而非現在的觀點，因此課程綱要的制定有其時效性的問題，況且是根據課程綱要編輯的教科書呢？

教科書是根據課程綱要編輯，且不是短時間完成所有的教科書，是逐年的編輯完成與實施，因此當教科書編輯完成開始實施時距離課程綱要公布已歷時七、八年，其教科書的時效性必與社會變遷產生脫節，且比課程綱要脫離社會變遷更為嚴重。

在這個情境下，重大議題融入領域教學有其必要，在課程綱要中訂定重大議題，要求學校在各學習領域課程中融入教學（黃政傑，2006）。因此將重大議題融入社會領域教學符合社會變遷的時效性，也正好彌補教科書編修時效性的問題。

## 二、強化社會領域教學信念

社會領域包含九大主題軸，十大基本能力，強調統整概念的學習與應用（教育部，2003），重大議題融入社會領域教學就是為了達到此目標教學的信念，重大議題融合了九大主題軸與十大基本能力，且能將教材以統整的形式呈現，強化統整概念的學習。

堅持此一教學信念會影響教學品質與教學成果和教學行為的表現，教師應從社會領域教學目標、教學內涵、課程設計、教材教法確立正確的社會領域教學信念，在教學的師生互動過程中，由教育信念指引教學行動，使教師教學有效，學生學習成功（吳宗立，2008）。

## 三、發展「融入生活體驗」的潛在課程

學生在學習的環境中終就要回歸現實的社會環境中生活，而其社會學習的四大層面「生命、生存、生計與生活」將面臨事實的嚴峻考驗，重大議題的融入社會領域教學將可縮短與現實磨合的時間，增進學生接近社會的現實層面，發現真實的社會面向與真相，及早培養解決問題的能力，挫折忍受力，因此重大議題融入社會領域的學習是一種潛在課程的學習。

潛在課程在短時間並不易看出效果，而是要經過一段時間日積月累與潛移默化的作用下，才能形成某種觀念與態度，一旦形成就不容易更動，其影響是長期且深遠（陳啟榮，2005）。將正式與潛在課程並重，重視校內外的學習，融入生活實際情境，讓學生在各種議題中探索、體驗，以激發學生學習動機與興趣，持續擴大教學效果（吳宗立，2008）。

## 四、從「事實的認知」至「概念通則」的建構

所謂通則就是指各學科中的原理原則，也有人稱為統念，每一條通則均闡述兩個或兩個以上概念間的關係。歐用生認為，採用社會科學中的通則，為教材發展的依據，可以避免過去只重事實，忽略概念和通則

的缺點，使社會科新課程具有概念課程的特色（陳建利，2009）。

　　重大議題大多是社會現實的議題，教師透過討論、欣賞、發表、創作、角色扮演……等多元的教學活動，提供學生多樣的學習活動，協助學生從認知事實知識為基礎，進而建構概念知識，再形成通則知識，讓學生擁有帶得走的能力（吳宗立，2008）。

## 五、將教育社會化的經驗實踐於日常生活中

　　杜威提出「教育即生活，生活即教育」進步主義教育，強調教育與經驗的結合。重大議題融入社會領域學習可學習很多的寶貴經驗，而這些經驗將提供學生於未來實踐的行動力。學校是小型的社會，而教育是學生社會化的過程，學校是提供社會成員建立的一種特殊環境，它存在的目的是使社會經驗透過教育學習，以使學生實踐在教育場域中所受的社會化經驗。

　　重大議題融入社會領域教學涵蓋許多價值觀判斷，教師在教學活動之餘，應鼓勵學生參與社會各項活動，並從參與活動中分享經驗，力求將行動表現於日常生活中。

## 六、提升教師「增能賦權」的專業成長

　　莊明貞（2002）認為，依「議題」當成課程統整的主題來設計之作法，與傳統課程設計的方式差異相當大，因為統整課程需跨領域設計，既需要縱向的微觀課程設計，也需要橫向的宏觀設計。因此，教師必須要進行增能賦權的專業化發展，除教師本身對社會事件應具有高度敏覺之外，教學策略的真實經驗化、教師教學方法的多元創新也是必要條件。

　　重大議題融入教學皆關注社會議題與統整課程領域的應用，具學理依據且有豐富實徵研究背景支持的議題中心教學模式，可提供教師專業自主成長的機會，使其從中體認教學必須符合社會脈動與課程轉型，有效促進教師主動進行議題融入教學（陳幸苡，2007）。

專業化的社會領域教師需經常不斷的專業成長，以充實教師專業知能，精進教學能力，提升專業地位，使專業自主權的運用有助於教師的教學活動和學生的學習活動（吳宗立，2008）。教師永續的專業成長，才會產生有創意的教學歷程，才會激發出無限潛力的學生。

## 七、豐富學生的文化刺激

Gardner 於 1993 提出多元智慧理論，認為人類的智慧是含認知感受及多元智慧交互統整，是透過豐富的文化營養和多元情境的刺激發展而來，無法以單一的傳授獲得（王國和，2009）。

李家同（2000）認為一個孩子在成長的過程中，受到的文化刺激愈多，將來他的常識愈豐富，視野愈廣闊，成功的機會也愈大；同時也認為鄉下孩子不能靠父母來給他們文化刺激，就只有靠老師了。

城鄉的文化差距是造成學習效果差異的原因之一，重大議題都是社會討論的重要資訊，如果能將重大議題適時的融入社會領域教學，將能及時豐富學生的文化刺激，間接縮短城鄉文化刺激的差距，擴展學生的視野，以達多元智慧的發展。

## 伍 重大議題融入社會領域教學之模式

重大議題融入學校課程的型態較多元，但在教師層級就較少，因為教師層級大多在教室內進行，少了全校性的教學歷程或活動，意即課程設計愈是基層其課程設計的類型則較少變化。因此教師必須了解這些型態，才能做成明智的抉擇。議題融入課程的決定途徑，有的是教育部決定，要求學校必須融入課程之中教學，有的是教育部以外的機關團體或民間組織要求政府需做的重要議題，綜觀之，其影響重大議題的融入，上至教育部的被動要求下至基層教師的主動融入。黃政傑（2006）認為學校自身作為教育機構，有其觀察教育發展和改革的主體性，其主動發現社會新興議題，經一定程序後由教師融入課程中施教，屬於重要的途

徑，議題融入課程的型態需在規劃時應有通盤了解後再作選擇。

　　茲將教育部（2006）重大議題融入課程之模式與黃政傑（2006）社會重大議題的課程融入，整合重大議題融入社會領域教學之模式如下：

## 一、主題式

　　主題式模式呈現之方式相當多元，大多以潛在課程的境教或活動來融入社會領域的重大議題，其方式如下：

1. 主題週或主題月型態：以一月一主題或一週一主題形式，來彰顯重大議題。可將議題轉化為班會討論之提綱，亦可配合主題月或主題週做學校情境之布置。
2. 專欄文章：可利用學校發行之週訊、月刊等書刊雜誌，設置專欄，蒐集相關之資訊與文章。
3. 議題步道型態：學校亦可利用現有之空間設備，做重大議題「境教」之步道，可張貼相關之作品、競賽成果、宣導資料等。

## 二、附加式

　　在現有的社會學習領域或學科內容中加入新興議題作為其中的一部分，可以是一個或幾個單元，可以集中在一個學域或學科，也可以分散在相關的幾個學域或學科。附加的單元可以是認知、技能、情意兼重的，或者是三者分開作為單元重點的。

## 三、融入式（融入正式課程模式）

　　配合課程計畫，檢視社會領域中可融入議題之單元，於課程中融入重大議題，這種型態把新興議題的重要內涵分散得更細緻，更不著痕跡。

## 四、結合式（社會領域重大議題融入非正式課程）

1. 利用週會或其他適當時間，安排專家講座，以增進學生對重要議題之認識。
2. 針對相關議題舉辦體驗營或研習營，讓學生有機會更深入了解各議題之精神與內涵。
3. 活動競賽型態：可用不同型態之競賽來展現，如海報設計比賽、書籤設計比賽、作文比賽、辯論比賽、有獎徵答、漫畫比賽、影音設計比賽……等，均可作為社會領域重大議題融入非正式課程之設計方式。

茲將上述各種重大議題融入社會領域教學模式比較表統整如表13-1。

表 13-1　重大議題融入社會領域教學模式比較表

| 模式 ＼ 項目 | 課程層級 | 融入難度 | 教師自主權 | 學生受益程度 | 評量難度 |
|---|---|---|---|---|---|
| 主題式 | 學校（潛在課程） | 難 | 低 | 高（全校學生） | 較難 |
| 附加式 | 教師（正式課程） | 稍難 | 中 | 高（全班學生） | 易 |
| 融入式 | 教師（正式課程） | 最不留痕跡 | 高 | 高（全班學生） | 易 |
| 結合式 | 學校（非正式課程） | 機會不易 | 低 | 中（有時只有少數學生受益） | 難 |

陸 重大議題融入社會領域教學之評估與教學法

## 一、重大議題融入社會領域教學之評估

重大議題的選擇除了上級教育行政與學校層級外，大多以教師層級為主，而重大議題的選擇關鍵點在於教師的意識和價值觀。黃政傑（2006）指出社會重大議題若能受到教師重視，會由他們針對如何選擇和融入採取行動加以實踐。

因此教師的意識與價值會選擇哪些重大議題融入社會領域教學，如何選擇，除了主觀意識與價值外，還需考慮一些客觀因素，如表 13-2。

上述評估表提供教師在選擇重大議題融入社會領域教學所考慮的因素，除了上述因素外，對於一些爭議性很大的議題，要考慮當時社會、學校或班級的組織氣氛，緊張的氛圍就不要融入太爭議性的議題。

融入議題的選擇權除了行政部門、教師外，也應適當的聆聽學生的需求，因為課程的主角是學生，學生的需求，教師要永遠第一個考慮。

## 二、重大議題融入社會領域之教學法

經其評估後，教師要將重大議題實際進行教學活動，其後的教學歷程直接影響教學成功與否，因此教師必須依其教學經驗、學生先備知識與環境氣氛選擇適切的教學法。

表 13-2 重大領域融入社會領域教學之評估表

| | 素材取得易否 | 時效性 | 重要性 | 影響性 | 融入性 | 是否深具爭議性 | 授課時數是否足夠 |
|---|---|---|---|---|---|---|---|
| 重大議題 | 很難<br>普通<br>容易 | 急迫<br>急<br>沒有時間性 | 很重要<br>重要<br>普通 | 國家層級<br>縣市層級<br>鄉鎮層級<br>學校層級<br>班級層級 | 很容易融入<br>可以融入<br>不易融入 | 爭議性很大<br>頗具爭議<br>不具爭議 | 足夠<br>持平<br>不足 |

重大議題融入社會領域之教法非常多元，在教學現場中較常見的幾中教法介紹如下：

（一）討論法

最常用的方式，教師拋出議題，運用演繹法或歸納法，討論議題的規則性與預衍出其後的行為模式。

1.歸納法（討論通則性）

(1) 提出問題。

(2) 分析問題。

(3) 蒐集資料。

(4) 整理資料。

(5) 綜合結論。

2.演繹法（預衍其後行為模式）

(1) 提出問題。

(2) 分析問題。

(3) 提出假設。

(4) 選擇假設。

(5) 驗證假設。

（二）道德討論法

常使用於兩難議題上，可使學生暢述其不同角度的審度議事。

1.引起動機。

2.兩難問題呈現。

3.學生分組討論提出自己觀點。

4.分組報告。

5.老師講評（並非公布標準答案，而是針對學生所提出之觀點予以釐清，由學生自己判斷應該怎麼做）。

（三）角色扮演法

常運用爭議大的議題，如環保議題、人權議題，讓學生能充分了解

不同角色的觀點。

1. 引起動機。

2. 挑選志願者。

3. 情境布置。

4. 安排觀眾。

5. 演出。

6. 討論評鑑。

7. 角色再扮演。

8. 再討論評鑑。

9. 分享與結論。

角色扮演可依觀點做適當的安排，儘量不要強迫扮演自己不喜歡的角色，造成角色或價值觀混淆。

## (四) 資料蒐集法（Big Six 教學法）

培養資訊能力是世界教育的趨勢，也是未來公民的第四權，資訊議題融入社會領域教學，為使學生達到有效的學習，介紹賴苑玲（2001）「如何將 Big Six 技能融入國小課程大六教學法」，以達事半功倍之效。

1. 定義階段：(1) 定義問題所在；(2) 確定所需要的資訊。

2. 搜尋策略：(1) 確定資源的範圍；(2) 列出優先順序。

3. 找出資訊：(1) 找到資訊資源；(2) 取得資訊。

4. 使用資訊：(1) 閱讀資訊；(2) 摘要資訊。

5. 合成資訊：(1) 組織；(2) 呈現。

6. 評鑑：(1) 評鑑作品；(2) 評鑑過程。

7. 分析與分享。

資訊的蒐集必須是建立在有效的學習，而不是盲目的蒐集資料而已，因此有步驟、有策略的資訊蒐集方法對學生的學習是有非常大的助益。

此外，湯梅英（2002）亦提出重大議題融入教學之教學策略，其教學策略如下：

（一）教學策略

1. 以問題為導向。
2. 提供不同的觀點探討議題。
3. 強調深度學習及社會行動。
4. 提供衝突情境挑戰既有價值。
5. 適時隨機教學。
6. 營造尊重開放的教室環境。
7. 運用資訊科技融入教學。

（二）資源運用

1. 採用既有的教材教學資源。
2. 善用電腦資源。
3. 結合社區資源。
4. 建立教學資源系統。

　　哪一種教學方法較好，並無一定的通則，視重大議題的類型、環境氣氛、教師經驗、學生先備知識、重大議題的素材取得易否、教學設備……等因素而定，較難做出一通則性的教學模式參考。

 教學示例

| ○○○○國民小學教學單元活動設計 | | | | |
|---|---|---|---|---|
| 單元名稱 | 消失中的北極冰塊 | | | |
| 設計者 | 韓順進 | | | |
| 教學時間 | 120 分鐘 | 適用年級 | 六年級 | |
| 能力指標 | 1.社 1-3-3 了解人們對地方與環境的認識與感受有所不同的原因。<br>2.社 1-3-10 列舉地方或區域環境變遷所引發的環境破壞，並提出可能的解決方法。<br>3.環境 2-3-3 認識全球性的環境議題及其對人類社會的影響，並了解相關的解決對策。<br>4.環境 3-3-1 關切人類行為對環境的衝擊，進而建立環境友善的生活與消費觀念。<br>5.環境 4-3-1 能藉由各種媒介探究國內外環境問題，並歸納其發生的可能原因。<br>6.環境 5-3-2 執行日常生活中進行對環境友善的行動。 | | | |
| 教學目標 | 透過環境議題融入社會領域教學，教學使學生了解地球生態的變化與人類過分使用及不當開發地球資源有密切關係，並尋找解決之道，以挽救生病的地球。 | | | |
| 單元目標 | 1-1 了解北極冰塊消失的現象。<br>1-2 各組提出消失的原因。<br>2-1 角色扮演之思辨。<br>3-1 永續經營地球。 | | | |
| 設計理念<br>與<br>教材分析 | 運用環境議題——消失的北極，融入社會領域永續經營課程，使學生透過「消失的北極」這個震撼的訊息，以了解人類對生態的破壞，進而建立永續經營地球的環保概念。 | | | |
| 相關議題 | 環境議題 | | | |

| 單元目標 | 教學活動 | 教學資源 | 時間 | 學習評量 |
|---|---|---|---|---|
| 1-1 了解北極冰塊消失的現象 | 活動一：消失中的北極冰塊<br>1.教師展示北極冰塊的照片，分享這些照片的意義，進一步引導學生探索這些照片的表徵現象。 | | 10分 | 討論發表 |

| 1-2 各組提出消失的原因 | 2. 引導各組討論決定影響北極冰塊消失的原因。<br>3. 討論題目：（異質性分組，採歸納教學法，歸納探究其原因）<br>　（1）自然的因素？（太陽溫度／臭氧層／其他）<br>　（2）人為的因素？（温室效應／氟化物使用／公共場所）<br>　（3）其他因素？（外星人）<br>4. 各組分享結果 | 學習單 | 30分 | |
|---|---|---|---|---|
| | **活動二：腦內大革命** | | | |
| 2-1 角色扮演之思辨 | 1. 教師先做觀點分享：環保與經濟發展孰輕孰重。<br>（教師只做引導，不做價值判斷，學生依如下角色充分發表後，再進行角色扮演）<br>角色1：公司經理主管，其對話以經濟考量為出發點，如何賺更多的錢。<br>角色2：環保人士，其對話為生物的多樣性、環境的保護及環境破壞對生物的負面影響。 | 學習單 | 10分<br><br><br>30分 | 學習單／形成性 |
| 3-1 永續經營地球 | 角色3：新聞記者，其對話為如何取捨報導北極冰塊的溶化，是否要據實報導，以喚起人類對環境的重視；亦或隱惡揚善的報導，避免引起人類重大恐慌。<br>角色4：一般民眾面對這樣的議題，如何取捨分辨資訊的正確性，又如何思考北極冰塊溶化的問題：「贊成經濟發展優於環保或是保護地球但減緩經濟繁榮的期待。」<br>2. 學生發表上述角色觀點後，依其學生觀點安排角色對話，設定題目（中南美洲國家為了增加國家外匯收入，以改善國民生活水準，而砍伐樹林）。 | | 20分<br><br><br><br>20分 | 學習單／形成性 |
| | **活動三：無所遁形**<br>1 角色扮演後，進行分享思辨。（發展經濟一定要犧牲地球資源嗎？是否思考國家經濟發展類型的轉變，由第一級產業轉為第二級或第三級產業發展？）<br>2 運用演繹法，推衍如何永續經營地球的方法。 | | | |

結語

在 e 化的時代，社會變遷非常快速，教育改革經常是迫於環境的需求而作出改變，但課程的設計是需要時間的歷程與沉澱，等到課程已步入軌道，社會又呈現另一種面貌。因此教育的改革永遠跟不上社會的變遷，唯有站在教育最前端的教師能夠及時彌補課程的不足。因此教師的專業成長攸關教育的成敗，而重大議題融入社會領域的教學，更需要教師的專業，唯有專業的教師，才能將重大議題的教材及時性、系統化的編成課程融入社會領域教學，使學生獲得最佳與即時的學習。

## 參考文獻

### 中文部分

王麗華、盧東華（2004）。資訊科技融入社會領域教學之意義與內涵。**國教新知**，*51*（2），41-49。

王國和（2009）。*20 條法則*。理科 *MI* 多元智慧理論與實際。2009 年 6 月 15 日，取自 http://www.likekids.com.tw/MI%E6%95%99%E6%9D%90%E7%90%86%E8%AB%96%E8%88%87%E5%AF%A6%E6%96%BD.htm

李家同（2000）。文化刺激的城鄉差距。**聯合報民意論壇**。2009 年 6 月 15 日，取自 http://www.csie.ncnu.edu.tw/~rctlee/article/890223.htm

吳宗立（2008）。國民中小學社會領域課程綱要內涵分析與實踐。**全國教師在職進修網教師專業發展電子報**，*4*。2009 年 6 月 15 日，取自 http://inservice.edu.tw/EPaper/ep2/indexView.aspx?EID=88

陳啟榮（2005）。潛在課程之分析。**北縣教育**，*53*，51-53。

陳幸苡（2007）。**國小五年級社會學習領域議題中心教學法之協同行動研究**。國立臺灣師範大學碩士論文，未出版，臺北市。

陳建利（2009）。從統整教學實例談國中小「社會學習領域」課程與教學的銜

接問題。**高雄市國民中小學教師專業檔案評量**。2009 年 6 月 15 日，取自
http://www.ceag.kh.edu.tw/art1/6-3.doc

教育部（1998）。**國民教育階段九年一貫課程總綱綱要**。臺北：教育部。

教育部（2000）。**國民中小學九年一貫課程暫時綱要**。臺北：教育部。

教育部（2001）。**國民中小學九年一貫課程暫時綱要——六大議題**。臺北：教育
部。

教育部（2003）。**國民中小學九年一貫課程綱要——重大議題**。臺北：教育部。

教育部（2006）。**普通高級中學課程暫行綱要實務工作手冊**。臺北：教育部。

教育部（2008）。**國民中小學九年一貫課程綱要**。臺北：教育部。

黃政傑（2006）。**社會重大議題的課程融入**。2009 年 6 月 15 日，取自 http://
www.yct.com.tw/life/95drum/drum017.doc

黃博仁（2001）。社會科教些什麼？**國教世紀**，*194*，5-12。

黃能堂、楊明惠、陳燕君（2005）。課程改革中生涯發展議題之意義與融入教學
之建議。**教育研究月刊**，*11*，47-54。

湯梅英（2002）。重大議題之融入。**社會學習領域課程設計與教學策略**，
163-192。臺北：師大書苑。

歐用生（1999）。**國民小學社會科教學研究**。臺北：師大書苑。

賴苑玲（2001）。如何將 Big Six 技能融入國小課程。**書苑**，*48*，25-38。

錢清泓（2001）。九年一貫重大議題課程實施困境之探討。**國教學報**，*13*，
1-17。

## 英文部分

Martorella, P. H.（1999）. *Teaching social studies in middle and secondary
school*. New York: Macmillan..

Smith, B. O.（1987）. Definitions of teaching. In M. J. Dunkin（ed.）. *The
international encyclopedia of teaching and teacher education*. Oxford:
Pergarnom.

# 第 14 章

# 多元文化教育
# 融入社會領域教學

徐郁樺
彰化縣溪湖鎮湖南國民小學教師

李麗日
國立臺中教育大學社會科教育學系副教授兼主任

## 本章綱要

 前言

多元文化教育（multiculture education）啟蒙於 1960 年代美國的民權運動，由於種族之間教育機會的懸殊不均，而引發學者積極熱烈的討論與響應。至今 40 餘年的發展歷程中，由最早僅僅重視不同族群間之包容了解與尊重，逐漸擴充而延伸範圍，進一步強調了在性別、種族、宗教、階級、身心障礙與弱勢族群間之互融學習、尊重理解的層面（林清江，1997）。而臺灣，這個位於西太平洋的婆娑之島，自古以來即為南來北往的交通要塞，由於得天獨厚的地理位置，更使她孕育出多元的文化樣貌與內涵。就歷史的發展來看，史前時代的原住民數萬年前即在此孕育出不同的文化；約莫 400 年前，進入歷史時代後，期間政權更迭，荷西、明鄭、清朝、日治到今日民國，不同族群紛至沓來，來臺墾殖或貿易等更豐富了她的意涵。而近十餘年來，跨國婚姻與外籍勞工絡繹不絕，遠渡重洋來臺生根、發展，更增添了這個島國美麗的風貌。因此，「多元」早已是臺灣社會的一大特徵。

然而，儘管臺灣早已是一個多元族群的社會，但是我們的生活中卻不難發現處處根植著各種偏見或刻板印象，像是「漢人」之於「原住民」、「男性」之於「女性」、「異性戀」之於「同性戀」、「臺灣人」之於「新移民」等，使得原本應是多元並茂的文化特色，卻受到主流文化或強勢族群的壓迫與宰制。在此觀點下，這些次文化或非主流團體全成為「野蠻、低下、劣等、卑微」的代名詞，不僅罔顧公平正義，也失去多元樣貌交互作用的機會。因此，本文將先說明多元文化教育的意涵與目標；其次，探討如何將多元文化教育的課程融入社會領域教學之中；再以新移民議題為例，討論如何落實多元文化教育的教學策略；最後列舉一個教學示例，並提出結論。

# 貳 多元文化教育的意涵與目標

## 一、多元文化教育的意涵

多元文化教育是一個複雜的概念，因其涵蓋的範圍極廣，加上學者們切入的角度也不同，所以對其意涵的解釋也不盡相同。從字面上來看，多元文化教育一詞涵蓋兩大重要概念，一是「多元」，另一為「文化」。所謂「多元」指的是尊重差異，讓各種不同的聲音、看法與價值觀得以展現；而「文化」一詞則意涵廣泛，包括抱持不同世界觀、操持不同的語言以及擁有不同生活風格等都代表著不同的文化（洪泉湖，2005）。若從定義上來看，廣義的多元文化教育是希望透過學校的改革，促進社會正義與公平的一種教育方式；狹義的多元文化教育就是尊重差異的一種泛文化學習的教育（譚光鼎、劉美慧、游美惠，2008）。

朱嫄蓉（2007）歸納國內外多位學者（方德隆，1998；莊明貞，1993；陳麗華，1990；劉美秀，2006；潘榮吉，2006；Banks, 1988；Gollnick, 1998；Tiedt, 1990）意見後，針對多元文化教育的意涵提出下列七點看法：

1. 多元文化教育是基本且普遍的教育。面對多元文化社會的來臨，需結合眾人力量共同努力方能有效落實，而家庭、學校和社會都可以是多元文化教育實施的場所。

2. 多元文化教育是對每個學生都重要的。多元文化教育強調重視個人的獨特性及差異性，並期望讓每個人能以個人學習的速度和方法，來達到發揮個人的潛能。

3. 多元文化教育強調尊重差異。社會中不同文化群體之個體是有差異性的，無關優劣，只是不同，我們應學習相互肯定與包容，共同呈現多元文化之美。

4. 多元文化教育強調所有學生應享有相等的學習機會。多元文化教育是為全體學生規劃的教育，是要讓弱勢族群文化能得到認同，使優勢族群學生不被主流文化價值所規範，學生在各文化體系之間，能有機會進行批判思考。

5. 多元文化教育是追求公平的教育。在此理念下，各種文化的人皆有權力接受適合其能力、背景的教育，也應有權力為其所屬的文化發聲，透過適切的態度、理解和社會行動的發展，來對抗種族和其他文化歧視的不公平態度。

6. 多元文化教育是一種課程設計途徑。透過各種學校措施、課程與教學設計，教師幫助學生從不同的角度去感受、了解文化多樣性，進而能將知識發展成為具體信念和行動，能在任何文化間達到良好的溝通。

7. 多元文化教育是持續不斷的教育改革過程。社會不斷在變革，人們的態度和行為也必須隨之調適，因此多元文化教育是一種持續不斷的發展歷程，要達成教育機會均等及消弭歧視偏見，是需要不斷努力才可實現。

綜觀上述所言，可發現到多元文化教育是一種追求公平、正義，尊重個別差異，並強調所有的學生都應享有均等機會的課程設計方式與教育改革歷程。透過這樣的教育方式與手段，肯定不同文化間的價值，尊重並保障不同族群或團體選擇生活方式的機會與發展，進而促使社會公平與正義的實現。

## 二、多元文化教育的目標

對於多元文化教育的目標，不同學者亦有不同的論述。Banks（1993）認為多元文化教育的目標是：(1)使兩性團體、族群團體等的學生能獲得較平等的機會；(2)幫助所有的學生，啟發適當的知識、態度和技能，使之能在多元化社會中生存與發展；(3)幫助學生發展跨文化能力，啟發其理解異文化的能力，從中學習更廣博的知識與胸懷。而 Gay（1995）則認為多元文化教育的目標包含（引自張家蓉，2000）：(1)使來自不同種族、性別、族群及社會階級背景的學生能發展出基本的學術能力；(2)教導學生尊重及欣賞自己和其他人的文化；(3)克服種族主義及偏見的態度；(4)了解造成現今族群疏離及不平等的社會歷史、經濟及心理因素；(5)對於真實社會的族群、種族和文化問題，提供批判分析以及

明智做決定的能力;(6)幫助學生從較為人性、正義、自由及平等的觀點來看待事情,以及達成此目標的知識和技能。

在國內,學者黃政傑與張嘉育(1998)指出多元文化教育的目標是:(1)改造學校整體教育環境,以符合學生的文化、行為與學習方式,使不同族群學生享有均等的教育機會,提升其學業成就;(2)教導對族群多樣性的尊重,認識文化差異的特性與價值,以促進人類不同生活抉擇的機會;(3)發展學生於多元文化社會所需的知識、技能和態度,促進族群的和諧與共榮共存,進而達成四海一家、世界大同的理想。

而譚光鼎等人(2008)綜合其他學者的意見後,認為多元文化教育的目標可歸納為下列五項:(1)維護教育機會均等的精神:多元文化教育的首要目標在於維護國民受教育的機會一律平等,因此必須保障不同背景學童的入學機會均等,且能受到平等的對待,並得到適性教育的機會。(2)提升弱勢族群學童的學業成就:多元文化教育應了解並掌握弱勢族群學童學業低落的原因,並採取因應的補救措施,使其能適應學校生活,進而提升學習成就。(3)了解與支持文化的多樣性:多元文化教育希望能培養學生的文化意識,透過對傳統文化的認識與接觸,進而認同自己的文化,並願意為保存文化盡一份心力;此外,透過對於異文化的學習,了解到不同族群的生活方式,而能支持文化的多樣性,從容忍、接受、尊敬到肯定多元文化之美。(4)培養群際關係:希望學生透過省思的過程,檢視自己的偏見與刻板印象,並提供學生與不同族群學生合作的機會,進而促進不同文化背景學生相處的能力與關係。(5)培養增能與社會行動能力:多元文化教育希望能培養學生關心族群議題,做出理性的決定,並具有解決族群衝突的能力,能關心弱勢族群的問題,願意與之共享資源與權力;進而肯定人性的價值,尊重人權,培養公民責任感,以期建立開闊的世界觀。

綜觀上述所言,可將多元文化教育的目標歸納如下幾點:

1. 使不同文化、背景的學生均能享有公平的教育機會,獲得適性發展的可能。

2. 透過對異文化認識,讓學生能了解並尊重不同文化間的差異與價值,減低偏見或刻板印象。

3. 使全體學生能獲得生存所需的知識、技能和態度，並能在多元社會中生存與發展。

## 參 多元文化教育課程的融入與實施

那麼，該如何將多元文化教育的課程融入社會領域教學之中呢？從性質來看，社會學習領域是統整自我、人與人、人與環境間互動關係所產生的知識領域（教育部，2003）。根據國民中小學九年一貫課程綱要社會學習領域所訂定之課程目標涵蓋下列十點（教育部，2003）：

1. 了解本土與他區的環境與人文特徵、差異性及面對的問題。
2. 了解人與社會、文化和生態環境之多元交互關係，以及環境保育和資源開發的重要性。
3. 充實社會科學之基本知識。
4. 培養對本土與國家的認同、關懷及世界觀。
5. 培養民主素質、法治觀念以及負責的態度。
6. 培養了解自我與自我實現之能力。
7. 發展批判思考、價值判斷及解決問題的能力。
8. 培養社會參與、做理性決定以及實踐的能力。
9. 培養表達、溝通以及合作的能力。
10. 培養探究之興趣以及研究、創造和處理資訊之能力。

因此，多元文化的課程要融入社會領域必須符合上述要點之精神，學者 Banks（1993）曾提出一套由淺入深、循序漸進的多元文化課程發展模式，具有層級性的課程發展模式（引自湯梅英，2007）茲分述如下：

1. 消除取向：旨在消除學校課程中含有族群偏見或歧視的部分，包含性別偏見、種族歧視、刻板印象、語文偏見、特定種族表徵的忽略或歪曲。對教材中呈現性別角色刻板化的教材作修正，以避免再製造文化偏見。
2. 貢獻取向：藉由對某些少數特定的族群中有所貢獻的英雄人物之事蹟，在特別的假日，節慶或典禮中，加以表揚。

3. 附加取向：採用添加的方式在課程中加入相關議題或概念，但仍是以既有的課程結構為主。例如：在現行課程架構下，融入多元文化重要議題，成為各學習領域活動設計的補充教材。

4. 轉化取向：允許不同族群、宗教團體能從學校課程，學習其固有的風俗習性，且從不同文化、族群的角色來建構自己的概念與觀念。

5. 社會行動取向：除採取轉化取向之外，並增加對種族、性別、階級、年齡等概念及社會論題的省思，注重在議題討論中，澄清自己的價值觀念，在反省思考的決策之後，能採取行動，付諸實現。

6. 整體改革取向：學校是一個完整的系統，因此，實施多元文化教育須改變整個學校環境系統，包含師資、課程、教學、行政、校園環境等，以營造出多元文化的教育情境，讓學生在耳濡目染中學習。整體改革取向強調正式課程、非正式課程和潛在課程的規劃，並顧及學校及其他系統的配合。

而國內學者黃政傑（1990）也統整多位學者的觀點，提出十個多元文化課程的實施模式，分述如下：

1. 補救模式：補救教學模式安排各種補救方法，以提升非優勢族群學生的能力與表現，使其趕上主流課程的要求，而非改變以優勢族群的經驗、觀點和文化為核心的主流課程。補救教學模式認為課程內容是不必要變更的，要變更的是學生的不足之處。

2. 消除偏見模式：消除偏見模式是針對傳統課程中各學科內容的偏見與歧視，例如語文偏見、刻板印象、不均衡、違背現實等現象，詳加檢討過，予以刪除或調整，而非改變傳統的課程結構與主要內容。

3. 人際關係模式：人際關係模式是消除偏見模式的延伸，不單是消極地刪除課程內容之偏見，更積極地納入人際關係的內容，以促進族群間彼此的尊重、關懷和和諧。教師可設計增進人際關係的課程內容，並利用合作學習法、角色扮演和影片欣賞法，促進班級中的人際互動。

4. 非正式課程模式：非正式課程相當於 Banks 的貢獻模式，乃利用課外活動或學校活動的機會，把少數族群團體的節慶、英雄或一些不相關聯的文化片段，如食物、歌曲、舞蹈等加入課程中。

5. 正式課程附加模式：正式課程附加模式包括兩種方式，一種是獨立開設，另一種則是以單元或課的方式而不是融合的方式，將文化的內容，分散到正式課程的相關科目或所有科目中來教授。

6. 族群研究模式：族群研究模式就是正式課程附加模式的第一種方式，也就是在主流課程中，增開一門族群研究的課程。

7. 融合模式：融合模式將族群內容融入相關各科目的各個單元中，看不出族群內容與主流課程內容的明顯區別。

8. 統整模式：統整模式比融合模式更進一步，以社會事件或是歷史事件為核心，替代學科知識的主題，然後探討各族群對該事件的觀點、經驗或感受。

9. 社會行動模式：社會行動模式是以各族群的觀點探討歷史或社會事件，但是，更進一步由學生對此一事件做成相關決定，付諸行動，以協助解決問題。

10. 整體改革模式：整體改革模式旨在改革學校整體模式，以達多元文化教育的目標。改革的項目包括正式課程、非正式課程、潛在課程、教學方法與策略、學校教育人員的信念態度與行動、學校政策、資源分配、學校的規範與語言、諮商輔導與測驗程序、社區參與等。

此外，學者張秀雄（2004）則從學校教育和社會認同的實際面向去闡述多元文化教育的實施：

1. 在學校教育方面：包括民族研究、多元文化、母語課程的開設，以增進學生（少數族群與多數族群）的雙語文化的能力；在教材中介紹各族群的歷史，客觀地呈現族群互動的歷程；探討各族群文化的特色與內涵，認識族群文化的差異，以消除種族偏見，並增進少數族群的自我認同；營造有利於多元文化教育的學校環境、制度等。

2. 在社會認知方面：整體社會的每一個成員，均應培養尊重差異、
   欣賞不同的心態，揚棄內心深處的我族中心主義，永遠根除「非
   我族類，其心必異」的偏見，擴大對文化範圍的認知，肯定文化
   多元的價值，並在制度上提供公平的教育機會，提升少數族群在
   主流社會中的競爭力，促進所有族群的共存共榮，以維繫和諧的
   族群關係。

在課程的融入與實施方面，筆者認為可透過一些教學活動來進行。
例如：在性別議題上，針對教科書上男女生插圖出現的比例、所從事的
職業、人格特質與社會期望等，做一番檢視，以避免文化偏見的再複
製。在節慶教學方面，除了傳統的三大節慶外，教師在提及媽祖遶境、
鹽水蜂炮、東港燒王船、頭城搶孤的同時，亦能對其他族群的文化節慶
多加介紹，如：客家文化藝術節、客家桐花祭或是布農族的射耳祭、賽
夏族的矮靈祭、達悟族的飛魚祭等；還有近幾年來盛行於中和地區、桃
園縣等地的潑水節，此原是泰緬柬等國傣族人的新年，結合浴佛的儀式
以及供奉僧侶、接受僧侶祝福、品嚐特有點心等，固有其神聖莊重的意
涵，教師在課堂上也應詳加介紹，讓學童體認到不同文化樣貌在這塊土
地上多元並陳的事實。

綜觀上述，多元文化教育可透過學校正式課程、非正式課程和潛在
課程，以附加、融合或統整等方式來進行課程的融入與實施。而教師在
課程設計上要特別注意應以所有學生為教學對象，不只是弱勢族群學生
的自我文化認同而已，處於相對優勢文化位置的學生也應去認識異於己
身文化的內涵，拋棄過去主流眼光或父權中心思想的觀點，透過對於不
同文化的學習，及對他族的認識與理解，而能學到如何處理人際或族群
之間文化差異的問題，進而多元的吸收與發展，建立個體的多元文化價
值觀。

## 肆 多元文化教育的觀點──以新移民議題為例

　　如前所述，多元文化教育所涵蓋的範圍相當廣泛，應用的對象也相當多元，筆者現為國小教師，實際在第一線教學現場中所能直接感受及面對到的，就是班級當中新移民子女的人數日益增加。這群婚生子女的父母來自於不同的國度、種族與文化，在這樣不同的家庭背景下，使他們從小所接觸到的語言、教養方式及文化衝擊也有別於往昔，因此談到多元文化的實際教學面，在此受限於篇幅，僅以新移民議題為例，提出如何在學校進行多元文化教育的課程。

　　過去幾年來，以新移民及其子女為對象所進行過的研究為數頗豐。在眾多研究中，以教育部統計處（2005）「外籍配偶就讀國小子女學習及生活意向調查報告」及溫明麗（2006）主持之「我國新移民子女學習成就現況之研究」，係較全面、大型的調查研究，他們的研究都發現新移民子女在各領域的學習成就及生活適應狀況都不亞於同儕。因此，若能提供他們相同的教育機會，則新移民子女在學業上的表現與一般臺灣家庭小孩並無差異，甚至可能會更好（李宗祐，2006）。

　　然而，不可否認的，受到主客觀條件及家庭背景的限制，新移民子女確也面臨到許多的困難與問題。黃馨慧（2005）比較新移民家庭子女與本國籍家庭子女的差異，發現新移民家庭及其子女面臨問題包括：一、家庭生活氣氛影響子女成長；二、父親常在子女教養上缺席，母親教養子女能力不足；三、教養子女缺乏支持系統；四、學校尚未投入更多資源與輔導。而新移民在經濟、文化上多處於相對弱勢，使得新移民子女的文化刺激較為貧乏，其學習自然面臨較多的困擾，儘管對於教師特別信任及依賴，但也由於語言或文化差異造成新移民家庭親師溝通的障礙。劉秀燕（2003）研究發現，新移民子女在行為表現上，負面行為也較多，如：打架、遊蕩等。此外，由於外界對新移民負面印象的結果，使得新移民子女在其價值觀裡，會出現貶抑母親的偏差行為（楊艾俐，2003）。加上長期以來媒體的不當報導及社會上對新移民的偏見，使得外界對新移民家庭產生「標籤化」的心理作用，這樣的結果導致新移

民子女在未進入小學就提前感受到外界異樣的眼光，致使孩子容易產生自卑的心理，進而產生「自我應驗預言」（self-fulfilling prophecy）而影響其日後在校的表現與發展。

因此，為了扭轉學生對於這群來自不同國家的新移民既有的刻板印象，培養他們能以更開闊的心胸去接納、認識不同的文化，彼此之間能夠和平相處、相互尊重，教師在多元文化教育的推動上，扮演了相當重要的角色。筆者參酌相關研究，在此以多元文化教育的觀點，提出落實多元文化教育目標的教學策略（朱嬿蓉，2007；李彥瑾，2008；林雁筑，2007）：

## 一、融入多元理念，營造合作情境

為促使學生認識不同國家間的文化，並對新移民子女的家庭文化背景有更進一步的了解，教師必須透過不同的教學方式，在課堂中融入各種文化的觀點，讓學生在過程中了解彼此的價值觀。此外，教師應營造一個合作學習的環境，利用小組活動的方式，讓學生彼此互相切磋，藉此增進新移民子女與其他同儕的互動，以期能建立良好的人際關係，增進學習適應之能力。

## 二、適宜課程安排，增強學習動機

多元文化教育不僅可提升學童的世界觀，亦有助於認識自己的原生文化，且在實施的歷程中能增進新移民的親子互動，觸發新移民子女學習其母親原生語言與原生文化的動機。但教師在設計教學活動時，應考量到新移民子女的特質與學習狀況，設計符合其學習需求及適合其個別程度差異的多元文化課程，降低門檻、多給機會、鼓勵發言，減少過多且不必要的學習失敗經驗，避免影響其日後學習的動機與信心。

## 三、提供適性輔導，發展正向概念

　　多元文化教育強調尊重差異，學校方面可透過老師主動的關懷、課後輔導，或請志工媽媽利用晨間時光做個別化的教學、故事閱讀、遊戲等活動，並落實學校的認輔制度，以弭平學習落差，增進生活適應的能力。其次，新移民或其子女容易遭遇到歧視或被標籤化的歷程，甚至因本身特殊口音腔調而感到自卑、缺乏自信，所以教師應讓學生了解，尊重彼此的差異，並能肯定不同文化的價值，以發展正向的自我概念、文化認同及人際關係。

## 四、教學情境布置，增進文化認識

　　教師可利用班級教室設置「多元文化學習角」，介紹不同國家的民俗風情、故事傳說等內容，供學生閱讀；亦可陳列不同國家的報導、圖片、海報等資料，讓學生在平時就容易接觸到多元的文化。其次，教師也可擬定多元文化學習取向的閱讀書單及影片欣賞等，藉此豐富學生的文化視野。在社會領域教學上，可請新移民子女擔任小老師，介紹其母親母國的風土民情，不僅讓班上同學了解異國的文化，也可建立其自信心，增進對其文化特色的認同感；平日也可以邀請新移民到校來分享她們的節慶活動、傳統禮俗、生活規範等，藉此了解文化的差異性，改變過去的刻板印象。

　　總之，在當前的教育場域中，多數推動新移民及其子女教育的工作者本身的多元文化素養仍待加強，整體多元文化的環境、師資、課程與教材等都有很大的發展空間（黃綺君，2006）。故教師應提升自身的多元文化素養，善用靈活的教學策略，並鼓勵新移民家庭改善學習環境，這樣才能有效提升新移民子女學習態度與學習成就，進一步促使多元文化社會公平與正義實現的可能。

# 伍 教學示例

| 單元名稱 | 多元活動新臺灣 | | |
|---|---|---|---|
| 設計者 | 徐郁樺 | | |
| 教學時間 | 4 節，160 分鐘 | 適用年級 | 高年級 |
| 能力指標 | 1-3-1 了解不同生活環境差異之處，並能尊重及欣賞其間的不同特色。<br>1-3-2 了解各地風俗民情的形成背景、傳統的節令、禮俗的意義及其在生活中的重要性。<br>1-3-3 了解人們對地方與環境的認識與感受不同的原因。<br>9-3-2 舉出因不同文化接觸和交流而造成衝突、合作與文化創新的例子。 | | |
| 教學目標 | 1. 能指出不同國家的食物。<br>2. 能說出東南亞國家的文化與特色。<br>3. 能說出新移民在臺灣的現況。<br>4. 能指出社會對新移民的刻板印象與偏見。<br>5. 能指出現今存在臺灣的東南亞文化。<br>6. 能說出自己的多元文化經驗。<br>7. 能說出新移民對社會的貢獻與付出。<br>8. 能說出對待新移民應有的態度與方式。 | | |
| 設計理念<br>與<br>教材分析 | 臺灣長久以來受到不同文化的薰陶，才有今日的面貌。過去十餘年來，因婚嫁來臺的新移民人數逐漸增加，其婚生子女也慢慢在此生根、茁壯。在校園中可發現到這群「新臺灣之子」的人數不斷的增加，然而因為社會大眾對新移民似是而非的錯誤印象與認知，以及新聞媒體的負面報導，造成新移民子女在校園中難免因外表、語言或既有的刻板印象，而被標籤為「異類」、「特別」的一群。<br>在教學現場中，這群孩子難免也發生一些同儕相處不良的問題或曾被歧視的現象。因此，如何讓學生懂得與不同文化背景的人相處，互相包容、尊重，便顯得格外的重要。為求能營造出一個友善多元的學習環境，筆者嘗試設計本教案，期盼藉由結合多媒體，運用不同的教學方式：小組報告、角色扮演、實例分享、分組討論、發表意見、回饋與省思等，讓更多的學童去除對新移民的刻板印象，並能在生活中與新移民及新臺灣之子和平相處。 | | |
| 相關議題 | 人權教育、性別平等教育 | | |

第 *14* 章 多元文化教育融入社會領域教學

327

| 教學活動流程 | | |
|---|---|---|
| 教學活動 | 教學資源 | 教學評量 |
| 【活動一：食尚玩家】<br>一、美食大搜查<br>◎老師將事先準備好的東南亞美食圖片一一呈現，請學生猜一猜食物的名稱及來自何處？<br>（新加坡肉骨茶、越南河粉、印尼千層糕、泰國涼拌青木瓜絲、馬來娘惹糕）<br>◎教師詢問：| 電腦、<br>PPT、字卡 | 能主動舉手發言 |
| 1. 你有沒有吃過這些食物？如果有，曾經在哪邊吃過？味道如何？<br>2. 你最喜歡哪一道食物？為什麼？<br>3. 你還知道有什麼來自這些地區的食物或水果嗎？<br>4. 為什麼這些食物會在臺灣慢慢出現？<br>5. 周圍有來自這些國家的人嗎？你對他們的印象如何？ | | 能發表個人看法並聆聽他人分享 |
| 二、認識東南亞<br>1. 現在的臺灣有許多新文化的加入，尤其是東南亞的文化，你知道有哪些東南亞國家嗎？<br>（印尼、菲律賓、越南、泰國、寮國、緬甸、柬埔寨、馬來西亞、新加坡）<br>2. 我們來看看這些國家的兒童，一天的生活是怎麼過的。 | 東南亞地圖<br><br>東南亞兒童生活簡介PPT | 專心聆聽教師補充內容 |
| 3. 小組討論：分組介紹東南亞的國家（任選六個），如地理位置、飲食、人口、風俗文化……各組將負責介紹的國家資料製作成一張半開的壁報紙。下節上課每組發表 5 分鐘的介紹。<br>～本活動結束～ | 半開壁報紙、簽字筆 | 能參與討論並與他人合作 |
| 【活動二：來去東南亞】<br>一、各組輪流上臺發表，介紹東南亞的國家讓全班認識，並說明其文化特色。<br>二、教師針對學生遺漏未詳盡的部分，予以補充。 | 東南亞地圖、半開壁報紙 | 團體合作彼此分享 |
| 三、教師總結：文化沒有高低優劣之分，不同國家各有不同的文化特色，我們要抱持著包容與尊重的心，去欣賞與認識不同的文化。<br>～本活動結束～ | | 專心聆聽教師補充內容 |

| | | |
|---|---|---|
| 【活動三：將心比心】 | | |
| 一、角色扮演<br>老師提供故事情節，請同學扮演從越南嫁來臺灣的新移民，演出結束後，再請同學分享自己的感覺。 | 服裝、道具 | 從學生發表判斷是否理解新移民的處境 |
| ◎故事情節：<br>小紅（化名）嫁來臺灣 1 年，只會講幾句國語，與先生 2 人住在彰化芳苑靠海的小漁村裡。先生每天到近海捕魚，晚上會帶小紅與朋友去卡拉 OK 店唱歌、聊天、吃飯。小紅說，她大部分聽不懂先生與朋友的對話，當他們大笑時，她覺得他們是在嘲笑她。 | | 認真觀賞 |
| 不久後，小紅懷孕了，先生就不再帶小紅一起去。但小紅擔心先生與卡拉 OK 的老闆娘有曖昧，只要先生晚回家，小紅心裡就充滿疑慮；加上懷孕胃口不振，想吃越南菜，卻沒有辦法自己煮，因此小紅更想家了，希望能回越南一趟，但先生擔心小紅回越南就不再回來，雙方為此爭執不休…… | | |
| 二、問題討論<br>1.小紅為何聽不懂先生與朋友的對話？<br>2.當你聽不懂別人的談話（如：英語或日語等），你有什麼感覺？ | 問題單 | 能發表個人看法並聆聽他人分享 |
| 3.懷孕的人，身體會有什麼變化？（包含生理跟心理方面）<br>4.你有過離家或一個人在外過夜的經驗嗎？如果有，當時有什麼感覺或想法？<br>5.你最喜歡臺灣什麼美食？你覺得外國人一定會喜歡嗎？為什麼？<br>6.為什麼先生會擔心小紅出國就不回來？ | | |
| 7.小紅會遇到的困難是什麼？（語言不通、除先生外沒有其他親友支持、經濟問題、生理變化、文化差異、飲食習慣的差異） | | 能理解新移民的處境 |
| 8.如果你是小紅，會用什麼方法改變和先生之間的問題？（告訴先生自己的困難與問題、透過地方機構資源的協助、認識新朋友，尋求支持力量）<br>～本活動結束～ | | 能思考解決的方法 |

| | | |
|---|---|---|
| 【活動四：有你，真好】 | 問題單 | 能說出生活中觀察的現象 |
| 一、原是異鄉客 | | |
| 1.你周圍有那些東南亞文化的新痕跡呢？ | | |
| （賣東南亞食物的商店變多了、身邊有許多講不同語言的人、夜市也出現東南亞料理的攤子、同學的媽媽來自東南亞……） | | |
| 2.你覺得他們來臺灣會遇到什麼困難？ | | |
| （語言不通、缺少朋友、飲食不合、生活習慣不同、沒有家人陪伴、寂寞孤單……） | | |
| 3.為什麼他們還願意離鄉背井到臺灣來？ | | |
| （跨國婚姻、工作賺錢、希望改善家裡生活……） | | |
| 4.他們來臺灣做哪些工作？ | | |
| （家庭幫傭、醫院看護、清潔人員、建築工人、工廠作業員……） | | |
| 5.為什麼我們需要這群新朋友來到臺灣？ | | |
| （人力需求、經濟型態的轉變……） | | |
| 二、美麗新家園 | 問題單 | 主動發言 |
| 1.你接觸過哪些來自東南亞國家的人？ | | |
| （隔壁鄰居、同學媽媽、家裡幫傭、工廠員工、醫院看護……） | | |
| 2.他們替臺灣做出什麼貢獻？ | | 能聆聽並尊重別人的看法 |
| （從事建設、處理家務、照顧病患、工業發展） | | |
| 3.換成是你，在別的國家會希望得到什麼幫助？ | | |
| （尊重、關心、公平對待、語言上的協助、生活問題照顧……） | | |
| 4.我們應當如何幫助他們？ | | 能思考解決的方法 |
| （主動關心與提供協助、尊重與公平對待、鼓勵他們參加識字班、參加新移民讀書會、提供政府機構的資源……） | | |
| 5.對於媽媽來自這些國家的同學，我們該用什麼態度看待？ | | |
| （不分彼此，公平對待、不懂的功課可以互相討論、真心誠意和他做朋友、有福分享……） | | |
| 三、教師總結 | | |
| 臺灣因為有許多新成員不斷的加入，才讓我們的生活變得更進步、更多元。我們要懂得欣賞並尊重不同的文化，敞開心胸去認識他們。 | | |
| ～本活動結束～ | | |

| 參考資料 | 1. 多元文化教育手冊（2007）。2009 年 9 月 9 日，取自 http://www.peace.org.tw/edu/project/ |
| | 2. 周祝滿（2005）。從臺灣媳婦看新移民女性。2009 年 9 月 9 日，取自 http://disable.yam.org.tw/blog/node/155 |
| | 3. 國民教育社群網 http://teach.eje.edu.tw/ |
| | 4. 翰林版五上社會第四單元「人口和聚落變遷」。 |

 結語

　　推動多元文化教育的目的，乃希望透過多元文化的學習，讓學生接觸並體認到不同文化的內涵，不但懂得珍惜自身的文化，也能夠欣賞並肯定不同文化的價值，坦然面對彼此間的差異，迎向多元的世界。而其中最重要的關鍵實賴教師的專業知能和對多元文化議題的敏感度（湯梅英，2007），因此，教師在推動多元文化教育時，應能隨時掌握住教學活動的意義與目的，適時融入身邊相關的議題，並將它轉化在課程設計與教學活動當中，如此多元文化教育方能真正落實於生活的體驗與實踐當中。

## 參考文獻

### 中文部分

朱嬿蓉（2007）。新移民，新契機——臺北市國民中學教師多元文化教育信念與實踐之研究。銘傳大學教育研究所碩士論文，未出版，臺北市。

李宗祐（2006）。學者拿數據反駁學習遲緩說，新臺灣之子並未低人一等。中時電子報。2009 年 8 月 24 日，取自 http://tw.myblog.yahoo.com/jw!NSQS3JSRGRqcZFvUBFel/article?mid=801

李彥瑾（2008）。因應「新臺灣之子」實施多元文化教育。彰化縣九年一貫課程電子報，237。2009 年 8 月 24 日，取自 http://enews.trsc.chc.edu.tw/97Webs/97paper14.htm

林清江（1997）。教育改革與多元文化教育。載於國立臺灣師範大學（主編），多元文化教育的理論與實際國際學術研討會論文集（頁 19-25）。

林雁筑（2007）。國小多元文化融入式課程實施之可能性初探——以臺灣新移民女性族群文化為例。國立嘉義大學國民教育研究所碩士論文，未出版，嘉義縣。

洪泉湖（2005）。臺灣的多元文化。臺北：五南圖書出版公司。

教育部（2003）。國民中小學九年一貫課程綱要社會學習領域。2009 年 8 月 24 日，取自 http://teach.eje.edu.tw/9CC/context/97-03-4.html

教育部統計處（2005）。外籍配偶就讀國小子女學習及生活意向調查報告。臺北：教育部。

張秀雄（2004）。多元文化教育 vs. 公民教育。公民訓育學報，*15*，37-60。

張家蓉（2000）。原住民地區國中教師對多元文化教育之態度——從族群面向研究。國立臺灣師範大學公民訓育研究所碩士論文，未出版，臺北市。

黃政傑（1990）。課程。載於黃光雄（主編）：教育概論（頁 341-363）。臺北：師大書苑。

黃政傑、張嘉育（1998）。多元文化教育的問題與展望。教育研究資訊，*6*(4)，69-81。

黃綺君（2006）。新竹市國民小學新移民子女學習態度與學習成就之研究。國立新竹教育大學教育學系碩士班碩士論文，未出版，新竹市。

黃馨慧（2005）。外籍新移民家庭及其子女教育。教師天地，*135*，19-25。

湯梅英（2007）。理解新移民、歡喜來逗陣。臺北：臺灣促進和平基金會。

楊艾俐（2003）。臺灣變貌新移民潮。天下雜誌，*271*，94-112。

溫明麗（研究計畫主持人）（2006）。我國新移民子女學習成就現況之研究。臺北：國立教育資料館。

劉秀燕（2003）。跨文化衝擊下外籍配偶家庭環境及其子女行為表現之研究。國立中正大學犯罪防治研究所碩士論文，未出版，嘉義縣。

潘榮吉（2006）。點一盞燈：從提升新移民子女教育談起。臺北市終身學習網通訊，*33*，2-5。

譚光鼎、劉美慧、游美惠編著（2008）。多元文化教育。臺北：高等教育。

## 英文部分

Banks, J. A. & Banks, C. A. M.（Eds.）（1993）. *Multicultural education: Issues and Perspectives*（2nd ed.）. Boston: Allyn and Bacon.

# 第 15 章

# 社會領域教學評量

李楠崇
臺中市西屯區惠來國民小學教師

李裕民
國立臺中教育大學社會科教育學系講師

## 本章綱要

## 前言

　　教學與評量，猶如一種互為鏡像的關係。在評量的鏡像中可以反映出教學目標是否達成，在教學實況中則反映出評量的目標（謝祥宏等，1999）。評量在教學中扮演怎樣的角色，對教學的影響又是怎樣呢？再者，社會領域的教學目標又與其他領域顯著不同，更須特別著重學生的情意、態度與社會行動力。因此，社會領域教學須採行哪些有用的教學評量方式？更是值得學界研究探討。以下是針對這些問題加以討論。

　　首先討論教學評量，Glaser 曾在 1962 年提出基本的教學模式（teaching model），揭示教學歷程分為教學目標、起點行為、教學活動及教學評量四部分。簡單的說，教學評量即是教學模式其中的一環；或是說教師利用工具（通常是測驗），針對學生預期的學習結果進行評定的歷程，它的目的是在提供回饋（feedback）訊息給教師，以確保整個教學活動都能朝既定的教學目標邁進，達成改進教學與學習的最終目標（余民寧，2002）。

　　從上述基本模式得知：每一個部分都有密切關係，教學評量並不是教學活動的最終站，其主要目的在於評定學生的學習效果，以作為是否實施補救教學的依據；並且提供分析教學得失，進而改進教學策略之功用。

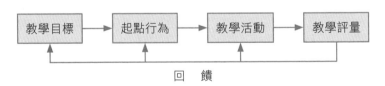

圖15-1　基本的教學模式

## 貳 教學評量的功能

評量的功能主要在幫助學生了解學習成效，以及提供教師改進教學歷程的參考。綜合各學者意見（余民寧，2002；白雲霞，2002；Airasian, 1994；Gronlund, 1993），以學生及教師不同的立場為著眼點，可以作為幫助學生學習及教學評量和診斷這二方面的功能。茲簡述如下：

### 一、幫助學生學習

#### (一) 激勵學生的學習動機

一份詳實的成就測驗計畫能提供有關學習進步的回饋訊息，進而直接影響學生的學習，所以，一份編製優良的評量工具除了導引學習目標、提供學習成果的回饋，更可以激勵學生的學習動機，使其達成教學目標。

#### (二) 幫助學生的記憶和學習遷移

教學評量可以被用來增進學生的學習記憶和學習遷移，尤其是較高層次的學習目標，導引學生專注在這些較複雜或較深奧的學習歷程上。

#### (三) 促進學生自我評量，以助其了解學習成效

每一階段的評量後，回饋的訊息讓學生能了解自己有哪些學習目標未達成、沒能達到熟練程度，或是錯誤的概念需要修正。藉著不斷地進行自我評量，幫助學生了解自己的學習狀況。

## 二、教學評量及診斷的功能

### (一)了解學生的起點行為，適當安置學生

在教學前或是在進行新的單元開始前進行評量，可以評估學生在學習之前具備哪些背景知識，以決定教學該由什麼地方開始，以便安置學生在適當程度的班級裡學習，或是作為決定有效教學的起點。

### (二)診斷學生學習困難，作為補救教學的依據

教學評量後的回饋訊息，能幫助教師了解學生的學習類型及學習困難所在，進而採取適當的補救教學措施。

### (三)作為改進教學及命題技巧的參考

教學評量的結果不僅能提供教師了解自己在教學上缺失，如：教材的選擇、組織或連結欠妥當等；更能依學生的的成績訊息，明瞭此測驗試題的難度與鑑別度等，進而修改或刪除試題，供日後編製新測驗或複本測驗之用。

### (四)確保教學目標的達成

教學評量的最終目的為達成既定的教學目標。根據評量的結果，教師可以知道是否需要修正目標或是改變教學策略，亦或教材、教法是否需要改變等，這些訊息都只是在確保教學目標是否達成。

### (五)評定學生的學習成就及報告學業成績

教師可以利用教學評量將學生的學習表現予以評定等第，並將評定的結果視為學生學習成就的代表，向家長及學生提出學業成績報告單，同時作為學校獎勵或作為升學參考的依據。

教學評量能提供回饋訊息，不僅讓老師做出正確的判斷，更能讓學生了解自己在學習上的優缺點，或是有哪些技能未達熟練程度等自我評量效果，以幫助學生自己作成最佳的學習決策。

**教學評量的原則**

依據「國民中小學九年一貫課程綱要總綱」（教育部，2008）之規定，有關學生之學習評量，應依照國民小學及國民中學學生成績評量準則之相關規定辦理。

## 一、課綱中的評量原則

在「國民中小學九年一貫課程綱要——社會學習領域」（教育部，2008）提到有關能力指標的評量。一般來說，評量的內容與方式，對學生的學習導向與教師的教學方式影響甚鉅；因此，關於能力指標的評量，應該審慎為之，並掌握下列原則：

### (一)長期發展測驗與評量

政府應設立專業性的測驗發展機構，彙整中小學教師、學科專家、心理學家與測驗學家等智慧資源，長期發展各種評量政策、評量程序與評量工具。

### (二)採用多元化的評量方式

關於能力指標的評量，切勿囿於紙筆測驗，即使採用紙筆測驗作為評量方式之一，也切勿囿於客觀式測驗（如是非題、選擇題、配合題、填空題等）。因為，客觀式測驗不易測出組織、歸納、批判、統整、表達與創造等各種能力，而紙筆測驗則不易測出口語溝通、動作技能、程序操作與道德情意等各種層面。為引導教學趨向活潑與多元化，評量方式應該考量學習領域性質，適度採納教師觀察、自我評量、同儕互評、紙筆測驗、標準化測驗、實作評量、動態評量、檔案評量或情境測驗等各種方式。

(三) 採用效標參照測驗（criterion-referenced test）的精神

效標參照測驗的標準是絕對的，是根據課程目標所定的，學生的表現水準決定於該生達成課程目標的程度，與其他學生的表現水準無關；另一方面，常模參照測驗的標準是相對的，是根據某一個群體的表現所定的，學生的表現水準決定於該生與該群體比較的結果。因此，效標參照測驗的目的不在區辨學生的個別差異，而在評估教學或學習的成敗；常模參照測驗的目的則在區辨學生的個別差異，其結果通常用於淘汰或選擇人才。

## 二、國民小學及國民中學學生成績評量準則

教育部於 2001 年訂頒「國民小學及國民中學學生成績評量準則」（2007 修訂），作為現行國民中小學教學評量原則性的規範，茲就其內容摘要如表 15-1。

表 15-1　國民小學及國民中學學生成績評量準則摘要表

| 國中小學生成績評量 | | | | | | |
|---|---|---|---|---|---|---|
| 目的 | 了解學習情形 | 激發學生多元潛能 | 促進學生適性發展 | 肯定個別學習成就 | 改進教師教學 | 輔導學生學習 |
| 範圍 | 學習領域：依能力指標、學生努力程度、進步情形，兼顧認知、技能、情意 | | | | | |
| | 日常生活表現：學生出缺席情形、獎懲、日常行為表現、團體活動表現、公共服務、校內外特殊表現 | | | | | |
| 類型 | 定期 | 平時 | 形成性評量 | 總結性評量 | 診斷性評量 | 安置性評量 |
| 多元化方式 | 筆試、口試、表演、實作、作業、報告、資料蒐集整理、鑑賞、晤談、實踐 | | | | | |
| 人員 | 教師 | | 學生自己 | | 同儕互評 | |
| 記錄 | 質化：以文字描述，提供具體建議 | | | | | |
| | 量化：分數、等第 | | | | | |

筆者認為「國民小學及國民中學學生成績評量準則」之主要特色為：兼重學習過程及結果、兼顧多元層面之教學目標、適性化的評量原則、評量方式及人員多元化、量化與質化記錄並重。

### (一)兼重學習過程及結果

評量應該兼顧形成性評量、總結性評量，必要時得實施診斷性評量及安置性評量。形成性或診斷性評量重視學生學習過程的努力程度、進步情形及學習困難之處，而總結性評量重視各領域學習結果之分析。

### (二)兼顧多元層面之教學目標

評量應該兼顧認知、情意、技能這三方面目標。另外，每一種類的教學目標各有不同的能力層次，例如技能目標可分為：感知、準備、模仿、自動化、複雜反應和創作六個層次，每一層次的目標皆應有機會抽樣評量。

### (三)適性化的評量原則

評量應針對學生個別差異與程度，設計或採用合適的評量方式，如：採用「效標參照測驗」而不是「常模參照測驗」，學生得以自我得知進步情形，並鼓勵其學習熱忱與動機。

### (四)評量方式及人員多元化

評量方式除了常用的紙筆測驗外，還能用：口試、實作、報告、資料蒐集整理、晤談、實踐等方式，混合使用不同方法能測出學生不同層面的能力。評量人員除了教師外，還可以是學生自己、同儕、家長等，這些人員能提供不同的評量觀點，所得的評量結果也變得較為客觀及公平。

### (五)量化與質化記錄並重

國中小成績評量準則提到：學生學習領域成績評量紀錄以量化記錄為之；輔以文字描述時，應依評量內涵與結果予以說明。學生日常生活

表現紀錄，分別依行為事實記錄之，並酌予提供具體建議，不作綜合性評價及等第轉化。

觀察目前多數學校，校方於教學研究會、領域會議或課程發展委員會中，鮮少將「教學評量」列入討論議題中；而且總結性評量採用輪流出題方式，教師常單打獨鬥，未能把握社會領域教學評量之原則，以致實際採用多元評量方式之教師並不多見。各種評量方式各有其利弊得失，選用標準需因人、因地、因科目而制宜，才能發揮評量的最大功效。以鉅觀的角度來看，於計畫性的、且充滿錯綜複雜的評量過程中，更能發掘並培育學生多元智慧，此乃學生之最大福音。

# 肆 社會領域與多元取向之教學評量

## 一、社會領域教學評量之趨勢

綜合各國的社會科課程目標、教材內容觀之，社會科課程的教學目標計有三項主要內容，分別為：社會科學的綜合性知識、學生正向的情感、態度與價值觀以及參與社會和行為實踐的能力等。因此社會科的一項重要任務即是促進學生接觸社會、觀察社會、認識社會、參與社會，甚至影響或改造社會。要有良好的教學效果，社會領域教學就須立足於社會行動與實踐。基此，社會領域的課程、教材以及教學，皆具有開放性的特徵。所以社會領域的課程理論與實踐，皆要求建立開放性及多元性評量體系。此種具特色的社會領域，其教學評量有下列特點（李稚勇、方明生，2001）：

其一，須著眼於學生人格因素的綜合性、全面性的評量。學生個人的發展包括人格（含情感、態度、價值觀）諸因素的綜合性發展，社會領域的學習評量也應以此為基點，評量學生社會領域知識的綜合應用能力；學生合群的情感、態度與價值觀以及社會參與行動實踐的能力；甚

至是篩選、獲取社會信息，鑑別資訊真偽與創造性地處理社會信息的能力等。

其二，須強調學生學習過程與結果相結合的評量。社會領域的學習活動是一動態的發展過程，因此在學習評量上，既要對此領域的學習結果作出評量；也要對學習的過程作出評量。

其三，須兼顧統一性與靈活性相結合的評量標準。社會領域的評量應該具有基本標準和統一的要求，才能對全體學生作出公平、公正的學習評量；但也不能因此限制或妨害個別學生的個性及其能力的發展。因此，社會領域的評量亦需提供給有興趣或學有專長的學生們，在創新精神、實踐能力的培養和發展等方面，提供更多的機會、營造發展空間與若干激勵的機制。

其四，須採行多元性的評量方式。開放性的學習評量，其評量方式當然是多樣式。因此社會領域評量常採多元評量，如紙筆測驗、口語問答、課堂討論、觀察評量、完成小調查報告、撰述小論文等，甚至是檔案評量與學生互評，也是社會領域評量常用的輔助方式。

近年來，在提倡多元文化、重視個別差異的論點下，傳統紙筆之標準化評量模式受到質疑，「專業化、人性化、多元化」之趨勢因而受到重視。於是教學評量有以下的趨勢（王文中、呂金燮、吳毓瑩、張郁雯、張淑慧，2004）：

### (一)靜態評量（static assessment）變為動態評量（dynamic assessment）

老師常以段考、月考、期末考等某一個時間點來評量學生的學習成果。相反的，在動態評量裡，關心學生學習的變化與成長，近年來盛行的檔案評量（portfolio assessment）就是基於動態評量的理念。

### (二)機構化評量（institutional assessment）變為個人化評量（individual assessment）

機構化評量目的在於配合目前學校或教育行政單位的措施，如：給學期分數、排名、選拔成績優良學生等。現今的目的則強調以學生個人

為本位，評量其學習成果，以便為他量身訂作教學和學習計畫。

### (三) 單一評量（single assessment）變為多元評量（multiple assessment）

在多元評量裡，常常兼顧認知、情意和技能層次，評量方式也是多元的，可以採用口試、實作、觀察記錄等，評量者也可以是多元的，除了老師外，可以透過學生自評或同儕互評。

### (四) 虛假評量（spurious assessment）變為真實評量（authentic assessment）

有些評量的題材常用虛假的資料或事件，並不重視題材的生活化或應用化，也只注重表象的外顯行為。現今的評量則強調真實評量，希望讓學生所學與其經驗相結合，因此測驗的題材與情境力求真實，並且強調內在深層結構的改變與成長。

依社會領域的課程目標，思考其變通的評量方式，可以是：以口頭報告、辯論、歷史事件的模擬，來評估學生對知識概念的應用；另外也可藉觀察記錄、行為檢核表、有聲思考記錄和軼事記錄方式等方式以了解學生的學習態度。為有效評估其學習歷程（即求知方法），也可運用檔案評量的作品集、閱讀筆記和專題研究報告展示以顯示學生對社會科中歷史概念和民主歷程的掌握。至於評量途徑則有作業考查、學生自省、同學互評、家長評量等方式（莊明貞，2003）。

## 二、多元智慧評量之方式

美國心理學家霍爾‧迦納（Howard Gardner）在 1983 年提出「多元智慧論」（Multiple Intelligences），將人的智能分為八種：語文、邏輯－數學、視覺－空間、肢體－動覺、音樂－節奏、人際、內省、自然觀察，也稱八種智慧。於是「如何落實多元智慧教學的具體方法，以開發學生潛能」、「如何發覺及評量學生的多元智慧」即引起學術界及教育

界廣泛的討論與研究。Thomas Armatrong（李平譯，1997）認為大多數學生至少擁有兩到三項智慧，避免把一個孩子分在一項智慧裡面，而且要用對策略來評量學生最發達的智慧。除了具體的核對表外，得到學生多元智慧測驗資料的方法有以下幾種：

### (一) 蒐集各種表現的資料

隨時拍下學生優異表現及畫作的照片，或是用錄音機錄下學生講故事、唱歌的特殊能力，最後多元智慧測驗資料是由多種文件組成：照片、素描、學習作品、錄音帶、錄影帶、彩色影印等等。

### (二) 參考學校成績

如果藝術和繪畫的高分可能意味著高度發達的空間智慧，當體育課和工藝課成績比較好時則暗示著肢體－動覺的能力較佳。而社會成熟量表、人際互動紀錄結果比一般同學佳，則顯示其「人際」能力較好。

### (三) 與其他老師交換意見

儘管是級任教師，還是可以從專教一、兩項科目的專家那裡獲得更多的訊息，例如：輔導老師可以是分享學生內省智慧的人。把同事當作評量學生多元智慧訊息的來源，常與他們交換意見，常可以發現某位學生會是不同智慧課程中的明星之一。

### (四) 與家長交換意見

家長是兒童多元智慧的真正專家。他們長時間觀察孩子在多元智慧的寬廣環境下學習與成長。藉著家長日向家長介紹多元智慧的觀念，請家長留下學生在家各種表現的資料，幫助老師更了解孩子學習的方式。

### (五) 與學生面談

學生是最了解自己學習方式的人，在他們了解多元智慧的觀念後，老師坐下來跟他們交談，讓學生填寫紀錄表，會發覺他們認為自己最發達的智慧是什麼。

### (六) 設計特殊活動

如果你用八種不同的方法講述「分數」時，可以提供老師觀察學生如何自由選擇或傾向運用自己專長的智慧，如此既可斷定這些智慧的存在，亦可記錄學生的個別差異。

此外，張稚美（2000）在其〈落實多元智慧評量是對心智習性的一大挑戰〉專文中提到用三角檢核法的模式進行學生評量：紙筆考試、教師觀察和多元智慧成長檔案各占三分之一的學年成績，如圖15-2。

多元化教學評量強調工具與方法的多樣性，而多元智慧評量，在工具與方法上與多元化評量相似，而其評量指標卻是探查學生的不同智慧、個別差異，教學目標多元化、個別化。如能融合二者之特色及優點，教師充分蒐集學生的訊息資料，作成最正確的評量結果，亦有助於學生看清自己學習上的優缺點，因而提升教育成果。

多元評量與傳統的紙筆測驗有明顯的差別，其優點有：以學習歷程為導向，且為連續歷程的評量模式；不會低估低成就學生，將每一位學生都帶上來；更能有效地評量學生分析、批判、評鑑與應用的高層次能力等。多元評量在使用上也有一些限制，如：蒐集學生檔案及評量過程相當耗時耗力、製作多元試題過程繁雜、信度還有待評估，以及相較紙筆測驗難以建立客觀或公正的評量規範。

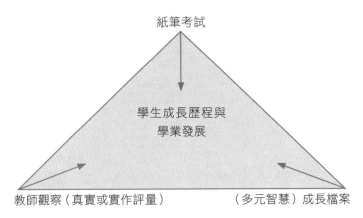

圖15-2 三角檢核法模式之教學評量

# 伍 結語

　　細究世界歷史悠久國家的社會科課程目標，並結合我國目前九年一貫課程的教育現況，歸納出 21 世紀的社會科課程教學目標及其發展趨勢，具有下列諸特質：強調現代社會公民基本素質的培養，培養學生的創造性潛能及批判性思維，以及學生應具備知識、能力、情感態度和價值觀三者相互依存、互相促進的社會實踐能力。所以社會領域教學目標應更具有多元性，亦即社會學習領域教師針對不同學習範圍的目標，就必須因應不同的評量方式。因此，動態評量、個人化評量、多元評量與真實評量正是對評量學生在社會領域上所習得能力之表現的適切方法，其評量類型包括：檔案評量、檢核表、評定量表、軼事紀錄、口試、專題報告等。

　　綜合上述論點，社會領域的學習活動是一動態的發展過程，所以適用動態評量，如實作評量。社會領域課程目標兼重認知、情意及技能，採用開放性及多樣式的評量方式，才能測出高層次之目標，此即為多元化評量之模式。九年一貫社會學習領域課程綱要明訂：課程設計應結合學生居處的生活環境和經驗，儘可能朝生活化、活動化與多元觀點的方向設計；因此，社會領域評量更應著重真實評量。

 附錄

## 社會領域評量實作範例──紙筆測驗之評量設計

### 一、編製紙筆測驗理論概述

　　教學評量若依不同的標準或用途，則能分成不同的種類。首先，依據教學歷程及評量的目的，教學評量即可分成安置性評量、形成性評

量、診斷性評量及總結性評量；其次，依據解釋評量結果的方式，教學評量即能分成常模參照評量和效標參照評量二種；再者，依據評量使用的工具和形式，教學評量可分成紙筆測驗和實作評量二種（余民寧，2002）。

為了確認教學目標達成的程度及學生是否習得不同層次的能力，教師應遵循教學評量編製原則和程序，思考如何才能設計出有效又有用的評量計畫。依據學者（余民寧，2002；白雲霞，2002）對教師教學評量設計的看法，可綜合出以下幾個步驟：

## (一) 決定評量的目的

教師應事先確認此次評量是在教學進行之前、進行中，或是教學後所要實施的評量，其強調的重點、教材內容的選取、教學目標、實施方式及使用的工具和形式……等，會有所不同。

## (二) 發展雙向細目表

雙向細目表是一個二向度（教學目標及教學內容）的列聯表，是編製測驗時的指引，教師應平均分配好試題比率與題數於表格中，為考量九年一貫課程對基本能力（分段能力指標）學習的訴求，其雙向細目表可設計成如表 15-2 之格式。

## (三) 選擇適當的評量類型

教師可以選用客觀式測驗題型（如選擇、是非、填充題）來評量學生的認知能力；若是評量情意和動作技能能力，可以用實作評量（如口試、實作演練等）；假如是評量上述三類綜合能力，則可利用檔案評量法。不同的題型，其評量的功能也不一樣。

## (四) 注意編擬試題之原則

教師應遵守下列編擬試題的原則，來發展評量用的試題或作業：

1. 確定測驗題目與教學目標相符合。
2. 挑選具有代表性的題目，且取材應符合一定的比例。

表 15-2 雙向細目表示例

| 教學目標 / 教學內容 | 能力指標一 | | | | | | 能力指標二 | | | | | | 能力指標三 | | | | | | 題數小計 |
|---|---|---|---|---|---|---|---|---|---|---|---|---|---|---|---|---|---|---|---|
| | 記憶 | 理解 | 應用 | 分析 | 綜合 | 評鑑 | 記憶 | 理解 | 應用 | 分析 | 綜合 | 評鑑 | 記憶 | 理解 | 應用 | 分析 | 綜合 | 評鑑 | |
| | | | | | | | | | | | | | | | | | | | |
| | | | | | | | | | | | | | | | | | | | |
| | | | | | | | | | | | | | | | | | | | |
| | | | | | | | | | | | | | | | | | | | |
| 各學習能力層次題數小計 | | | | | | | | | | | | | | | | | | | |
| 記憶 | | | | | | | | | | | | | | | | | | | |
| 理解 | | | | | | | | | | | | | | | | | | | |
| 應用 | | | | | | | | | | | | | | | | | | | |
| 分析 | | | | | | | | | | | | | | | | | | | |
| 綜合 | | | | | | | | | | | | | | | | | | | |
| 評鑑 | | | | | | | | | | | | | | | | | | | |
| 題數總計 | | | | | | | | | | | | | | | | | | | |

資料來源：轉引自白雲霞（2002）

3. 排除任何會干擾學生作答的障礙。

4. 各個試題彼此獨立，並應避免出現助答的線索。

5. 題意應明確且簡明扼要，陳述題意時宜重新組織，避免直接節錄課文或呈現原教材。

6. 題目應重視重要概念或原理原則的了解或應用，減少瑣碎知識的記憶。

7. 試題的類型要適合所要測量的學習成果。

8. 測驗卷所有的題目，能涵蓋整個雙向細目表的內容。

(五) 編輯測驗試題

1993 年 Ory 和 Ryan 提出以下四個編輯試題時應注意的事項（引自白雲霞，2002）：

**1. 題目的多寡**

(1) 依照測驗的目的調整：形成性評量較總結性評量多。

(2) 依照試題的類型調整：客觀測驗較主觀測驗多。

(3) 依信度的高低調整：為使測驗的信度提高，可增加複本試題數目。

(4) 依學生的年齡調整：年齡小之測驗題數較年齡大者少。

(5) 依作答的時間調整：速度測驗的題數較難度測驗題數多，若測驗的題目難度較低，題數可以增加。

**2. 試題的難度**

若是總結性評量，難度可以設為 .05；若為形成性評量，測驗的目的在了解學生單元或段落的學習情形，則題目應較為簡單，期望大多數學生可以達到精熟的程度。

**3. 試題的排列**

(1) 試題易者在前，難者在後。

(2) 同類型的試題編排在一起。

(3) 同一單元的內容平均分散於試卷中，以免引發學生序列回憶效應。

(4) 依據認知目標或測驗能力排列，如記憶、理解等排在前面。

(5) 編製測驗指導語：其內容應包括：測驗的目的；作答時間；如何作答；評分比例；猜題是否扣分；是否可攜帶輔助用具，如教科書、尺、計算機……等；直接作答於題紙上，或答案紙與題紙分開。

綜合上面論述，設計出有效又完善的評量計畫，是一件很重要的教學活動，這不僅有助於整個教學歷程的正常進行，更能讓教學評量的執行得以順遂及落實，最終期望能發揮幫助學生學習及教學評量和診斷這二方面的功能。

## 二、紙筆測驗編製實例

此實例係由臺中縣國小教師韓順進（2008）編製而成，茲分成編製歷程與計畫、測驗目的、學生成果表現、測驗卷之特色、實施後的檢討與社會試卷說明之。

### （一）編製歷程與計畫

**1. 擬定編製大綱**

包括擬定雙向細目表：提高內容效度與鑑別度，擬定難度：0.85，鑑別度：0.3；以及擬定各單元配分百分比。（如表 15-3）

**2. 擬定測驗內容結構**

(1) 試題類型：是非題、選擇題、連連看、填填看、綜合測驗。

(2) 運用描述性的例子，將圖、表、情境等不同的知識向度融入試題，事實知識（如一 -2、二 -5……等）；概念知識（如一 -3、一 -4、二 -2……等）；程序性知識（如四 -4、四 -5……等）；後設認知知識（如二 -4、二 -10、五 -8、五 -10……等）。

(3) 認知歷程向度比例：20：30：10：20：10：10（記憶：理解：應用、分析：評鑑：綜合）。

(4) 運用命題原理原則：題幹敘述完整、選項具誘答力、選項敘述清楚、字數長短均衡、答案平均分配、版面閱讀舒適……等。

**3. 反省檢討**

運用「後設認知」，採取不同的回饋策略。試前：專家效度，請社會領域專家提供意見，作為測驗卷修改之依據。試後：做鑑別度、難度之試題分析，作為教師命題與教學改進之依據。

表 15-3　單元配分表

|  | 第四單元 | 第五單元 | 第六單元 |
|---|---|---|---|
| 授課時數 | 7 節，32% | 11 節，50% | 4 節，18% |
| 試卷配分 | 36 分，36% | 47 分，47% | 17 分，17% |

(二)測驗目的

希望能測量學生下列能力：

1. 內化、類化能力：評量學生的認知是否達到精熟。

2. 讀圖、表能力：評量學生運用各種知識向度判讀圖、表的能力。

3. 綜合判斷能力：運用題組類型，評量學生分析、評鑑、創造能力。

(三)學生成果表現

**1. 成績分析**

如表 15-4 所示，測驗平均為 85.9 分，顯示大部分學生已達精熟程度且內部的差異性不大（標準差 12.5），達到預期的教學目標，學生的成果表現如預期的試卷難度設定（難度 0.85）。

**2. 成績分布曲線圖**

學生成績呈現常態分布（正偏態），顯示試卷能評測出學生的能力。

表 15-4 成績表

| 組距 | 人數 | 項目 | 數值 |
|---|---|---|---|
| 100 | 1 | 人數 | 32 |
| 90-99 | 16 | 平均 | 85.9 |
| 80-89 | 7 | 中位數 | 90 |
| 70-79 | 6 | 眾數 | 94 |
| 60-69 | 1 | 標準差 | 12.5 |
| 50-59 | 0 | 峰度 | -2.36 |
| 40-49 | 0 | 偏態 | 8.08 |
| 30-39 | 1 | 最小值 | 34 |
| 20-29 | 0 | 最大值 | 100 |
| 10-19 | 0 | | |
| 1-9 | 0 | | |

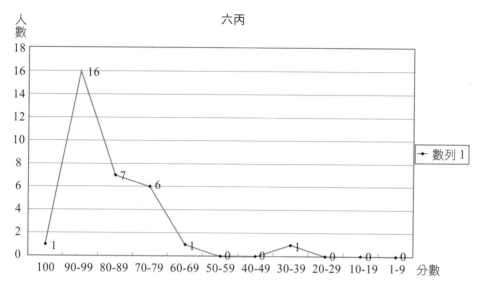

六丙

**圖15-3** 成績分布曲線圖

(四)測驗卷之特色

1. 測驗內容符合教學目標,具內容效度,能測出學生能力,如表15-5所示。

2. 測驗題型以了解、分析為主,符合兒童形式運思期的能力,如圖15-4。

3. 以學生「具體經驗思維解決問題」的模式融入試題,如第四大題測驗。

4. 以「通則化」概念知識融入時事與具體事蹟,如試題二-4……等。

5. 評量項目多元且創新,如選擇題二-10(判讀圖形)、第五大題圖表分析。

6. 試題的單元配分依據授課時數配分(表15-3)。

7. 試題的認知歷程配分依據授課內容適當配分。

8. 符合命題原則:題幹敘述完整、選項具誘答力、選項敘述清楚、字數長短均衡、答案平均分配、布題由易而難、版面編排整齊適當。

社會領域 教材教法

### 表 15-5 雙向細目表

| 單元名稱 | 教學內容 | 記憶 題號 | 配分 | 了解 題號 | 配分 | 應用 題號 | 配分 | 分析 題號 | 配分 | 評鑑 題號 | 配分 | 創作 題號 | 配分 | 小計 | 小計 |
|---|---|---|---|---|---|---|---|---|---|---|---|---|---|---|---|
| 臺灣社會的變遷 | 4-1 家庭生活的變遷 | | | 一-1 二-3 | 4 | | | 二-1 | 2 | | | | | 6 | 36 |
| | 4-2 社會型態的改變 | 一-2 | 2 | 一-3 三-8 三-9 三-10 五-1 | 7 | | | 二-2 二-14 五-2 五-3 五-11 | 10 | | | 五-12 | 2 | 21 | |
| | 4-3 社會的一份子 | | | 一-4 二-4 四-1 四-2 四-3 四-4 四-5 | 9 | | | | | | | | | 9 | |
| 臺灣的傳統文化 | 5-1 臺灣的藝文 | 三-1 三-2 三-3 三-4 | 4 | 一-5 四-6 四-7 四-8 四-9 | 6 | 二-7 | 2 | 二-6 | 2 | | | | | 14 | 47 |
| | 5-2 臺灣的宗教 | 一-8 | 2 | 一-6 二-8 | 4 | 二-9 | 2 | 五-4 | 2 | 五-5 五-6 | 4 | | | 14 | |
| | 5-3 臺灣的傳統節慶 | 一-9 | 2 | 二-10 | 2 | | | 二-11 五-9 | 4 | | | | | 8 | |
| | 5-4 臺灣的生活禮俗 | 三-5 三-6 三-7 | 3 | 一-7 一-10 | 4 | | | 二-12 | 2 | | | 五-10 | 2 | 11 | |
| 文化的傳承與創新 | 6-1 現代生活與傳統文化 | | | 一-11 二-5 | 4 | | | | | 二-13 四-10 四-11 四-12 | 5 | 五-8 | 2 | 11 | 17 |
| | 6-2 承先啟後新主張 | | | 一-12 | 2 | | | | | 二-15 五-7 | 4 | | | 6 | |
| 小計 | | 13 | | 42 | | 4 | | 22 | | 13 | | 6 | | 100 | 100 |

352

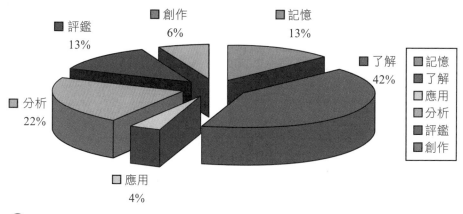

**圖 15-4　認知層次百分圖**

9. 試題編排能以學生為中心，難易度適中，用字遣詞符合學生的學習年齡。並有詳細、完整的指導語，符合學生的閱讀能力。

10. 運用後設認知策略，於試前做「專家效度」、試後做「鑑別度、難度之試題分析」，作為教師命題與教學之改進依據。

## （五）實施後的檢討

### 1. 測驗卷回饋

　1-1 第二、三大題連連看、填充題，應加強鑑別度。

　1-2 第五大題綜合測驗，應於平時讓學生練習，以適應此類型的試題。

### 2. 教學回饋

　2-1 加強圖表的判讀能力。

　2-2 低分組的認知同化能力須再加強。

## 臺中縣○○國民小學九十六學年度第一學期期末評量社會領域六年級試卷

六年　　班　　座號：　　　　姓名：

一、是非題：共 24 分，每題 2 分。

( )1. 現代因養兒防老觀念的淡薄使得家庭組織逐漸以小家庭為主。

( )2. 民國 57 年所推動九年國民義務教育與提升國人素質有密切關係。

( )3. 隨著社會型態的改變，使人們不論在工作、休閒、生活等方面都漸趨複雜化。

( )4. 因照護幼兒及老人是父母與子女的責任，所以政府就不必負任何責任。

( )5. 臺灣文學的創作，在解嚴後變得寬廣多變，因此鄉土文學再度受到排斥。

( )6. 宗教除了宣傳教義與舉行儀式外，也具有維持社會的和諧安定。

( )7. 中秋節賞月活動具有衛生保健與歷史懷舊意義。

( )8. 道教創「五教」同源教義，敬奉彌勒佛。

( )9. 臺灣的田園經常可以看到守護家園的土地公廟。

( )10.閩南人、客家人有「撿骨」習俗，為的是想在幾年後可歸葬原鄉。

( )11.西方水墨畫與書法傳入臺灣，因具高度藝術價值，所以成為美術界的主流。

( )12.臺灣豐富多元的文化內涵，是因受到各種不同族群的影響。

二、選擇題：共 30 分，每題 2 分。

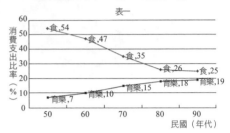

表一

( )1. 對表一的敘述何者正確？（①食的支出逐年減少②食的支出逐年增加③育樂的支出逐年減少④食的支出與育樂成正比）。

( )2. 哪一個不是造成現代家庭生育率減少的原因？（①推行家庭計畫②教育水準提高③養育子女重量不重質④養兒防老觀念淡薄）。

( )3. 下列對「大家庭」與「小家庭」的描述何者錯誤？
①前者自我意識較強
②前者家庭人數多
③後者與族人關係較疏離
④後者與社會互動較佳

( )4. 阿紅因為請產假，老闆就叫她不用再上班，請問老闆違反了哪一種法律？（①民法②刑法③勞動基準法④公平交易法）。

( )5. 哪一項不是臺灣的傳統文化？（①布袋戲②舞臺劇③山水畫④歌仔戲）。

( )6. 哪一項原因是國民政府來臺初期，讓許多文學家不敢暢所欲言？（①解除戒嚴②中美斷交③總統直選④實施戒嚴）。

( )7.「阿四受到這次壓迫，對於日本人非常憎惡 …… 決意不和她們協作 …… 但他並不因此灰心。」這篇文章最有可能和下列哪一位作家有關？（①林海音②賴和③沈光文④朱銘）。

( )8. 下列哪一個是道教和一貫道的相同點？（①都以道德經為經典②都敬奉彌勒佛③都有「五教同源」的教義④都發源於中國大陸）。

( )9. 小明每天面向聖城麥加跪拜，平時並強調「喜捨分享」的精神，請問小明信仰的宗教是？（①伊斯蘭教②基督教③一貫道④佛教）。

平溪天燈　鹽水蜂炮

圖一

( )10. 圖一是某電視臺現場連線報導的畫面，請問當天是什麼節慶？（①清明②元宵③中秋④端午）節。

( )11. 哪一個族群與節慶配對是正確？（①達悟族飛魚祭②平埔族豐年祭③阿美族祖靈祭④泰雅族夜祭）。

( )12. 哪一項對臺灣生活禮俗的描述是錯誤？
①孩子滿週歲時送油飯或蛋糕
②結婚禮車綁甘蔗象徵婚事長長久久
③長輩生日時以「華廈集慶」賀詞祝壽
④以花圈花籃祝福新開的店家

( )13. 哪一項不是女性地位提高的現象？
①女性可以繼承遺產
②擔任國家的副總統
③重要場合女性不可發言
④女性受教育人數增多

( )14. 哪一個因素造成目前親子關係與以往不同的原因？（①家庭成員人數增加②小家庭③父母多與成年子女同住④教育水準低落）。

( )15. 哪些是可以保存傳統文化的作法？A 舉辦客家文化節 B 設立傳統文物館 C 學校成立布袋戲團（① AB ② AC ③ BC ④ ABC）。

三、連連看：將正確的配對連在一起，共 10 分，每題 1 分。

甲．下列藝文創作各與哪一位藝文作家相關？
1. 魚池鄉　　•　•瓦歷斯・諾幹
2. 戴墨鏡的飛鼠•　•席德進
3. 笠山農場　•　•林朝英
4. 竹葉體　　•　•鍾理和

乙．下列活動各屬於哪一種禮俗？
5. 抓週　　　•　•ㄅ.結婚禮俗
6. 掃墓鋪五色紙•　•ㄆ.生命禮俗
7. 禮車上綁甘蔗•　•ㄇ.喪葬禮俗

丙．下列現象描述各屬哪一種社會？
8. 外籍配偶　•　•傳統社會
9. 男外女內　•　•現代社會
10. 高齡化社會•

四、填充題：共 12 分，每題 1 分。

甲．下列各項措施分別是為了解決哪一個問題而制定的？請將代號填入（ ）裡：
A. 勞工照護 B. 老人照護 C. 幼兒照顧

（ ）1. 獨居長老緊急求救系統。

（ ）2. 法令規定最低工資。

（ ）3. 大型公司設置哺乳室。

乙．下列所列的案例各與哪一種法律相關？將正確代號填入（ ）裡：

　　A. 兩性工作平等法　　B. 勞動基準法

（ ）4. 公司須為員工投保勞工保險。

（ ）5. 雇主為受僱者提供教育、訓練不得因性別而有差別待遇。

丙．下列有關臺灣藝文創作者的介紹，將正確代號填入（ ）裡：

　　A. 陳進　　　　B. 丘逢甲

　　C. 黃土水　　　D. 張大千

（ ）6. 曾寫下「宰相有權能割地，孤臣無力可回天」。

（ ）7. 日治時期，以膠彩畫呈現臺灣女子的形象。

（ ）8. 日治時期，雕塑「水牛群像」鮮活呈現臺灣農家生活風貌。

（ ）9. 隨國民政府來臺的傳統書畫家。

丁．下列哪些是兩性平等的表現？對的畫○，錯的畫×：

（ ）10.「嫁出去的女兒是潑出去的水」，婚後不准女兒回娘家。

（ ）11. 男女共同分擔家事。

（ ）12. 傳統婚禮新娘要過火爐踩瓦片。

**五、綜合測驗：24 分，每題 2 分。**

甲．表二是臺灣從民國 40 年到 90 年的農、工、服務業人口產業結構表。

表二：人口產業結構表

| 產業＼年代 | 40 年 | 50 年 | 60 年 | 70 年 | 80 年 | 90 年 |
|---|---|---|---|---|---|---|
| 甲（百分比例） | 32.3 | 27.4 | 13.1 | 7.3 | 3.8 | 1.9 |
| 乙（百分比例） | 21.3 | 26.6 | 38.9 | 45.5 | 41.1 | 31.1 |
| 丙（百分比例） | 46.4 | 46.0 | 48.0 | 47.2 | 55.1 | 67 |

（ ）1. 下列對甲、乙、丙三種產業敘述何者正確？（①甲為農業②乙為服務業③丙為工業④甲為工業）。

（ ）2. 下列哪一種是造成丙產業人口比例增加的原因？（①人口少子化②資訊科技落後③經濟發展緩慢④教育普及）。

（ ）3. 哪一項不是改變臺灣產業結構的原因？①教育普及②農業機械化③實施戒嚴④資訊的發達）。

乙．表三為小明整理的宗教一覽表。

表三：宗教一覽表

| 教別 | 發源地 | 創始人 | 經典 | 信仰對象 |
|---|---|---|---|---|
| 甲 | 印度 | A | | 佛菩薩 |
| 乙 | 中國 | 道家 | B | 老子 |
| 丙 | C | 耶穌 | 聖經 | 耶穌 |
| 丁 | 阿拉伯地區 | 穆罕默德 | 可蘭經 | D |

（ ）4. 下列對甲、乙、丙、丁四種宗教敘述何者錯誤？（①甲為佛教②乙為一貫道③丙為基督教④丁為伊斯蘭教）。

（ ）5. 下列對甲、乙、丙、丁四種宗教教義的敘述何者錯誤？①甲：重視因果輪迴②乙：注重順應自然③丙：以愛為中心精神④丁：信仰耶穌。

（ ）6. 表格中的 A、B、C、D 何者錯誤？（①A 穆罕默德②B 道德經③C 以色列④D 阿拉）。

丙． 圖二：文化行為

（ ）7. 圖二中哪些是正確的文化行
為？（① ABCDE ② ABDF ③
ABEF ④ BCDE）。

8. E 圖中，除了媽媽照顧小孩外，還有
誰可以幫忙照顧？（至少寫出二位）
（　　　　　　　　　）

丁． 人從幼兒到老年，每個階段會進行
哪些相關活動，統整如表四。

表四：人生階段與節慶禮俗關係表

| 階段 | 節慶禮俗 | 節慶賀語 |
|---|---|---|
| 嬰幼兒 | 甲 | 出生<br>弄璋/弄瓦之喜 |
| 成年 | 乙 | 結婚<br>A |
| 老年 | 丙 | 死亡<br>音容宛在 |

（ ）9. 下列對甲、乙、丙、三種節慶禮
俗敘述何者正確？（①甲抓週②
乙重陽節③丙成年禮④以上皆
正確）。

10. A 可以用哪一句表示祝賀之意？請
寫出一句。
（　　　　　　　　　）

戊． 圖三是某地區西元 1960 年到 2000
年三階段人口百分率變化圖。依圖
回答下列問題：

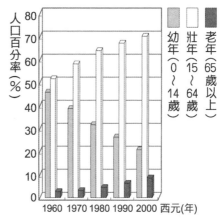

圖三：人口百分率變化

（ ）11. 對圖三敘述何者正確？（①幼年
人口比率逐年增加②壯年人口
比率逐年減少③老年人口比率
逐年增加④三者皆無變化）。

12. 圖三的人口變化情形，會造成哪些
種現象？（至少寫出二種現象）
（　　　　　　　　　）

# 參考文獻

## 中文部分

王文中、呂金燮、吳毓瑩、張郁雯、張淑慧（2004）。**教育測驗與評量——教室學習觀點**。臺北：五南圖書出版公司。

白雲霞（2002）。教學評量。載於黃炳煌（主編），社會學習領域課程設計與教學策略（頁 263-314）。臺北：師大書苑。

余民寧（2002）。**教育測驗與評量：成就測驗與教學評量**（第二版）。臺北：心理。

李平譯（1997）。Thomas Armstrong 著。**經營多元智慧：展開以學生為中心的教學**。臺北：遠流。

李坤崇（1999）。**多元化教學評量**。臺北：心理。

李稚勇、方明生（2001）。**社會科教育展望**。上海：華東師範大學。

張稚美（2000）。落實多元智慧評量是對心智習性的一大挑戰。載於郭俊賢、陳淑惠譯（2000）。**落實多元智慧教學評量**。臺北：遠流。頁 9-12。

莊明貞（2003），國小社會科教學評量的改進途徑——從「真實性評量」實施談起。**教育資料與研究**，*13*。

教育部（2001）。**國民小學及國民中學學生成績評量準則**。臺北：教育部。

教育部（2008）。**國民中小學九年一貫課程綱要——社會學習領域**。臺北：教育部。

教育部（2008）。**國民中小學九年一貫課程綱要總綱**。臺北：教育部。

郭俊賢、陳淑惠譯（2000）。David Lazear 著。**落實多元智慧教學評量**。臺北：遠流。

歐滄和（2002）。**教育測驗與評量**。臺北：心理。

謝祥宏、段曉林（1999）。**國小自然科教師教學與評量相關變項之研究**。第三屆數理教學及師資培育研討會。彰化：國立彰化師範大學。

韓順進（2008）。**九十六學年度第一學期期末評量——社會領域六年級試卷**，未出版。

簡茂發（1999）。多元化評量之理念與方法。**教師天地**，*99*：117。

## 英文部分

Airasian, P. W. (1994). *Classroom assessment* (2nd ed.). New York: McGraw-Hall.

Glaser, R. (1962). Psychology and instructional technology. In R. Glaser (Ed.), *Training, research and education*. Pittsburgh: University of Pittsburgh Press.

Gronlund, N. E. (1993). *How to make achievement tests and assessments* (5th ed.). Boston: Allyn & Bacon.

# 第 16 章

# 社會領域發展趨勢

周百信

研究生

李裕民

國立臺中教育大學社會科教育學系講師

## 本章綱要

## 壹 前言

在知識經濟全球化的浪潮中，結合技術以及兼具創意常是企業經營者邁向成功的重要條件，這股浪潮亦對於教育的發展造成極大的衝擊。誠如前教育部長吳京（2005）指出：「教育改革是世界性的浪潮，大部分國家教育改革的目的，在於提升國家競爭力。」近來，教育改革不斷的深化，新理念、新課程、新方法已深入人心。

臺灣在世界經濟論壇（WEF）國際競爭力的評比中，最大的正面評價就是「創意」（黃榮村，2005）。臺灣的教育逐漸跳脫傳統填鴨式的教育，朝著激發學生興趣，提升創意、創造力的方向邁進。同時，社會領域除了教育觀念的改變、教學方式的創新外，更應結合多元的教材內容及評量，以增加學生學習的深度與廣度。

眾所周知，小學階段的教育繫乎兒童一生人格發展的重要時期。如果錯過這些培養兒童價值取向的關鍵時刻，沒能有效引導其社會學習的核心概念及價值，或沒有培養其宏觀視野和問題解決的能力，將來就會使得這些新世紀的公民在應付自己未來的問題時之難度加大。所以，學生在社會領域的學習良好與否，對其個人的人生發展、甚至對未來整個社會價值觀取向的影響是相當顯著的，因此，社會領域所呈現的知能與社會發展的關係最為密切。總之，「社會領域發展趨勢」乃是一個值得相當研究的課題。

## 貳 我國「社會領域」課程的基本理念

國民教育階段九年一貫課程和舊課程的差異在於跳脫過去以知識為本位的規劃方向，落實「全人教育」、「以人為本」的教育理念，並一改過去螺旋式的教材編法，將國中小九年的課程銜接在一起；而課程內容的重點也跳出知識記憶的窠臼，並超越升學主義的障礙，將學校教育的重點，放在能力的培養及情意的陶冶上，教導學生肯定自我、關懷社會

及珍惜大自然（楊朝祥，2005）。社會學習領域即在讓學生由自己周遭環境開始認識，隨其成長逐漸加廣、加深。由家庭、學校，擴展至社區、鄉鎮、縣市，而後認識整個臺灣。因此社會學習領域課程與學生的成長史相呼應。對一個老師而言，明白這樣的課程組織，對於各學習階段的教學將更能掌握（葉憲峻，2004）。

時至今日，處於一個知識整合的時代，社會學習領域需要朝向與別種學科領域統整的面向發展，這是無法避免的，也是社會學習領域未來發展的必然性質。課程統整必須讓知識應用於日常生活、學校與社會相結合，讓學生將所學知識加以思考、整合、應用，才能解決日常社會生活所遭遇之種種難題；否則徒具形式。七大領域之中，唯有「社會學習領域」跟社會的延續發展息息相關。其基本理念分述如下：

## 一、就課程的性質而言

我國九年一貫課程強調領域學習，其中，社會學習領域的性質在於統整自我、人與人、人與環境間互動關係所衍生的社會科學知識，涵蓋人的生存、生計、生活、生命四大層面（教育部，2000）。第一種環境屬於人生的「生存」（survival）層面，與自然科學、地理學有關。第二種環境屬於人生的「生計」（living）層面，從「縱」的方面來看，它與歷史學有關；從「橫」的方面來看，它與經濟學有關。第三種環境屬於人生的「生活」（life）層面，主要與政治學、法律學及社會學等學科（disciplines）有關。第四種環境屬於人生的「生命」（existence）層面，涉及每一個人存在的意義與價值，與哲學、道德、宗教、藝術等處理精神層面的學科有關。人的生存、生計、生活與生命四大層面彼此互有關聯，而社會學習領域正是整合這幾個層面間互動關係的一種統整性領域（教育部，2008a）。

社會領域的內容架構是歷史、社會科學和人文科學的統整，旨在促進公民能力。在社會領域課程內，其內容則取自人類學、考古學、經濟學、地理學、歷史學、法律學、哲學、政治學、心理學、宗教學和社會學，以及從人文科學、數學和自然科學獲取適合的內容，以提供相互協

第16章 社會領域發展趨勢

調關聯與有系統的研究。可知社會學習領域的課程主要是探討有關人類關係的經驗和知識的統整，提高公民行動的能力，以達成公民教育的目的（沈六，2003）。

漢寧斯等人（Hennings et, al., 1980）認為，社會科教材的內涵涵蓋了全部社會科學每一學門的領域，各學門都有其中心的組織理念和主要的概念單位，如表 16-1 所示，環繞著這些理念和概念系統，延伸許多其他概念（引自李緒武，1997：71-72），發展許多通則，並尋找問題解決之道，這些便成為社會領域課程的主要內涵。

**表 16-1** 社會科學的主要學習內容

| 領域 | 組織概念 | 概念單位 |
|---|---|---|
| 歷史學 | 歷史材料、記錄、記憶、統合人、時、事、地、物之間的關係、經驗的累積與啟示 | 某一特定時期或某一特定的事件、事實、歷史本質 |
| 地理學 | 人類社會與自然環境、自然與人文兩者交互作用 | 環境、生態以及區域和人類福祉 |
| 政治學 | 權力、權威、正當性、社會價值的權威性分配、公共事務的決定、政策制定和執行、妥協與共識 | 個人、組織或團體、政府 |
| 法律學 | 法、律、條例或通則、一特定社會現象及其發展規律、強制力、武力性的規範 | 個體、群體 |
| 教育學 | 認知、情意、技能、行動力 | 個體、群體 |
| 社會學 | 文化、倫理、道德、責任、人類社會結構與活動 | 社會系統 |
| 文化人類學 | 傳統社會、民族、我族中心主義、文化、涵化、弱勢族群和少數團體、不同的文化看待世界的方式 | 群體或社區、文化區系 |
| 心理學 | 心理現象、精神功能和行為、人格發展 | 人類社會系統 |
| 哲學 | 人的本質、人生哲理、追尋生命的本源、宇宙的本體 | 人類社會系統 |
| 宗教學 | 身、心、靈的平衡、人格發展、潛能開發、生命的意義與生死的奧秘 | 人類社會系統 |
| 經濟學 | 生產活動、分配、消費、交換、投資、報酬、稀有性 | 市場 |

資料來源：研究者自己整理

上述每一學科雖各有其獨特的研究範疇、組織體系以及探究方法，但社會學習領域即是要打破過去學科（歷史、地理、公民）的區分，另以九大主題軸貫穿（表16-2）。正如教育部（2008a）九年一貫課程綱要社會學習領域中所揭示的基本理念3，特別強調統整的功能（意義化、內化、類化、簡化），其用意在於：

1. 意義化（signification）：學習者若只針對「部分」去學習時，不易看出其意義。只有把「部分」放在「全體」之中去觀察和思考，才能看出部分與部分之間，以及部分與全體的關係，從而了解意義之所在。
2. 內化（internalization）：學習的內容若具有意義，則容易被學習者記住、消化，並儲存到原有的心智或概念架構（mental or conceptual framework）之中，而成為個人整體知識系統的一部分。
3. 類化（generalization）：知識若經過內化，則個體在日後遇到類似情況時，便易於觸類旁通，廣加應用。
4. 簡化（simplification）：統整可以消除不必要的重複，節省學習的時間與精力。

　　簡言之，社會領域主要內涵包含歷史文化、地理環境、社會制度、道德規範、政治發展、經濟活動、人際互動、公民責任、本土教育、生活應用、愛護環境與實踐等方面的學習（教育部，2008a）。教師們唯有先認識社會領域中每一學科所強調的核心概念，才能有效的組織與掌握九年一貫課程社會學習領域所蘊含的課程菁華，讓學生獲得較具啟發性與完整性的知識。

## 二、就課程目標的演變而言

　　九年一貫課程以「學生」為主體，以「生活經驗」為重心，透過人與自己、人與社會、人與自然等人性化、生活化、適性化、統整化與現代化之學習領域活動，以達成中小學教育目標（歐用生，2000）。為了符應社會轉型與時代需求，教育部於1998年9月30日公布「國民教育階段九年一貫課程總綱綱要」（現改為國民中小學九年一貫課程暫行綱

**表 16-2** 社會領域九大主題軸

| 社會領域 | 內 涵 | 所屬學群領域 |
|---|---|---|
| 1. 人與空間 | 環境、生活方式、人口、聚落、風俗、城鄉、交通、區域特性、海洋主權、國防、國際海洋公約等 | 地理學、社會學、區域研究、法律、政治學 |
| 2. 人與時間 | 歷史變遷、臺灣、中國、亞洲和世界特色、互動關係、因果關係 | 歷史學、地理學、文化 |
| 3. 演化與不變 | 變化與調適、分類和階層、因果或互動、社會的發展 | 歷史學、地理學、社會學、人類學、多元文化 |
| 4. 意義與價值 | 關懷自然與生命、個體、群體或媒體意見、超自然、宗教與信仰、道德信念價值觀與生活方式、生命與死亡的意義 | 社會學、文化、宗教、哲學 |
| 5. 自我、人際與群己 | 自我的發展、變化與成長、權利、合作或競爭、角色互動、民主素養、終身學習、理性溝通、相互尊重與適當妥協 | 社會學、人類學、心理學、政治學 |
| 6. 權力、規則與人權 | 權益、自治、選舉、政府、會議、議會運作原則、生活規範、憲法規範的權利與義務、權力、制衡、權利、法律、社會規範、法律責任、司法系統、民主、政府、國家 | 政治學、法律學、社會文化 |
| 7. 生產、分配與消費 | 經濟活動、資源、交換、價值判斷和選擇、投資、產業與經濟發展、機會、生產活動、公共建設、個人理財 | 經濟學、地理學、社會學、政治學 |
| 8. 科學、技術與社會 | 科學和技術、倫理、道德或法律規範、政策或法令、跨領域的專業人才彼此交流、合作和整合 | 自然科學、法律、地理學、社會學、歷史學、經濟學 |
| 9. 全球關聯 | 不同文化產生的衝突、合作和文化創新、全球課題（如環境保護、生物保育、勞工保護、飢餓、犯罪、疫病、基本人權、經貿與科技研究等）、國際組織（如聯合國、紅十字會、世界貿易組織等）、關係網路（如交通網、資訊網、人際網、經濟網等） | 國際政治、經濟學、自然科學、人文科學、全球化專題研究 |

資料來源：引自教育部（2008a）。國民中小學九年一貫課程綱要社會學習領域

要），並於 90 學年度開始實施。2003 年則修正為「國民中小學九年一貫課程綱要」。

2006 年 10 月起開始進行國民中小學九年一貫課程綱要之微調，期讓課程綱要內涵與時代脈絡結合之期待，如：融入媒體素養、海洋教育、人口販運、永續環保……等等議題，得以更具體可行，且完成中小學課程之橫向統整與縱貫聯繫（教育部，2008b）。

近來為使課程落實推動，教育部於 2008 年 5 月修正「國民中小學九年一貫課程綱要」（簡稱 97 課綱），並自中華民國 100 學年度 8 月 1 日生效且實施。這一次修正案重申社會學習領域之學習乃是國民教育階段不可或缺的學習領域。其中課程目標特別強調情意目標，理由至少包括下列三點：(1)日常生活中總脫離不了價值的判斷與選擇，而價值正是認知與情意交互作用的結果；(2)社會問題不是單靠認知與理性就能夠解決的，愛與關懷是另一個不可或缺的向度，而愛與關懷正是情意目標的核心；(3)情意對個人產生的影響遠比認知的影響更為深遠，例如學生離開學校之後，可能遺忘許多學過的知識，但養成的學習態度卻仍影響著他的終身學習意願（教育部，2008a）。是以，社會領域的統整是相當重視學生情意的發展。

總之，為了了解九年一貫課程社會領域的理念與精神，唯有比較「國民小學課程標準」、「國民中小學九年一貫課程暫行綱要」與「國民中小學九年一貫課程綱要」著手。相較民國 82 年（1993）與民國 90 年（2001）的社會科課程教育目標有極大差異，由偏重民族教育、品德教育、生活教育到重視以學生的基本能力為取向，再推進到民國 97 年（2008 年 5 月）新修總綱更特別強調情意目標（如表 16-3，教育部網站）。基此，從九年一貫社會領域之課程目標的演變，即可清晰看出社會領域課程教育目標發展的過程。的確，目前九年一貫課程培養學生的「學科知識」、「基本能力」，不僅止於此，更在於關心學生心中真正的態度與感受。

由表 16-3 社會領域課程目標的演變，我們可以簡要歸納出我國社會學習領域目標的未來發展趨勢：

表 16-3 民國 82 年、90 年與 97 年社會領域課程目標對照表

| 民國 82 年國民小學課程標準 | 1. 培養勤勞務實、負責守法的品德及愛家、愛鄉、愛國、愛世界的情操。<br>2. 增進了解自我、認識環境及適應社會變遷的基本知能。<br>3. 養成良好生活習慣，鍛鍊強健體魄，善用休閒時間，促進身心健康。<br>4. 養成互助合作精神，增進群己和諧關係，發揮服務社會熱忱。<br>5. 培養審美與創作能力，陶冶生活情趣。<br>6. 啟迪主動學習、思考、創造及解決問題的能力。<br>7. 養成價值判斷的能力，發展樂觀進取的精神。 |
|---|---|
| 民國 90 年國民中小學九年一貫課程暫行綱要 | 1. 增進自我了解，發展個人潛能。<br>2. 培養欣賞、表現、審美及創作能力。<br>3. **提升生涯規劃與終身學習能力。**<br>4. 培養表達、溝通和分享的知能。<br>5. 發展尊重他人、關懷社會、增進團隊合作。<br>6. 促進文化學習與國際了解。<br>7. **增進規劃、組織與實踐的知能。**<br>8. **運用科技與資訊的能力。**<br>9. 激發主動探索和研究的精神。<br>10. 培養獨立思考與解決問題的能力。 |
| 民國 97 年國民中小學九年一貫課程社會領域課程目標（100 學年度實施） | 1. **了解本土與他區的環境與人文特徵、差異性及面對的問題。**<br>2. **了解人與社會、文化和生態環境之多元交互關係，以及環境保育和資源開發的重要性。**<br>3. 充實社會科學之基本知識。<br>4. 培養對本土與國家的認同、關懷及世界觀。<br>5. 培養民主素質、法治觀念以及負責的態度。<br>6. 培養了解自我與自我實現之能力。<br>7. 發展批判思考、價值判斷及解決問題的能力。<br>8. **培養社會參與、做理性決定以及實踐的能力。**<br>9. 培養表達、溝通以及合作的能力。<br>10. **培養探究之興趣以及研究、創造和處理資訊之能力。**<br>〈說明〉以上目標兼具認知、情意、技能三個層面，三者彼此有不可分割之關係，特別強調情意目標。 |

資料來源：教育部歷次所公布的課程標準與九年一貫課程綱要

1. 讓學生對「人本身」、「人群間」與「生態環境」之間的關係與交互作用作深入的了解與內心的體會感受。
2. 使學生學習以較為「通識」的視野看世界、看人生。
3. 對於生活中的印象、成見、經驗、習慣、常識、迷信、傳言和價值觀等等，有重新思考與批判的能力，進而形成寶貴的求知經驗及可靠的知識。
4. 增進學生觀察、分析及解釋人類生活的能力，以解決日常生活問題。
5. 培養學生在民主社會中的參與、溝通、決策與實踐的能力，以提升公民素質。
6. 培養學生資訊處理之能力以順應數位化資訊時代。
7. 尊重多元文化，並展現自己對國際文化的理解與學習。

此外相當重要的是，教育部於 97 課綱之新興議題融入教學中，新增「海洋教育」一項，由於臺灣四面環海，每一位國民之生活均與海洋息息相關。因此，「海洋教育」可以說是未來生活中不可或缺的一項生活知能。例如：能力指標「2-3-2 探討臺灣文化的淵源，並欣賞其內涵」應該包括「海洋文化」、不同時期的臺灣先民（如原住民或其他族群）海洋拓展的歷程，以及其和臺灣文化之間的關係。另也可以鼓勵學生參與水域生態旅遊活動，體會地方人文風情，並從中學習環境保護與休閒活動平衡共存的解決方式。

## 三、就課程統整的實施而言

九年一貫課程實施以來，我們不得不承認，就社會學習領域而言，至少在「課程統整」、「學習領域的劃分（合分科問題）」、「教科書之取向」、「能力指標之訂定」與「基本能力檢定」等問題確實遭遇許多困難與挑戰。誠如歐用生（2007）提出臺灣在實施九年一貫課程以後，教師在課程實踐上與當初強調的課程統整已有相當大的落差，甚至其結果是相當失敗的。所以，如果要推廣真正的課程統整，那麼以「課程統整」觀念來思考，而非以「學科中心」來思考，就相當重要了。欲使九年一

貫課程發揮最大的功用，無疑需要教師的配合，若教師無法放下偏執的學科本位，則成功之時遙遙無期。協同教學不僅僅是老師一同上課，更應包含了將知識分別呈現出來的面貌整合起來（楊朝祥，2005）。

「課程統整」的「理論」立意雖良好，但能否與教師教學現場的過程中的「實踐」結合？按理，社會學習領域的課程改革最大的理論基礎即課程統整，而由課程統整又進而提倡協同教學，在學校實施時，會面臨的是：(1)這種「多學科模式」，缺少組織中心；(2)考試和學力測驗是影響最大的結構因素；(3)九年一貫課程實施以後，增設了英語、資訊、鄉土語言等新課程，社會領域授課時間相對減少，但內容份量增多，教師普遍認為必須趕課；(4)要合科教學還是分科教學？(5)多個科目拼湊在同一本教科書下，如何選擇教科書的問題；(6)為了要求統整而鼓勵的協同教學法，在現今提倡的小班教學的趨勢中，是否有落實的可能？(7)未能配合學生的認知發展階段而授與不同層級的知識結構，將很可能縮減學生抽象思考能力的發展空間；(8)對學生而言，哪些跨學科的單元或是課程是不可或缺的經驗？（歐用生，2007；吳育臻，2006；姜添輝，2000；盧美貴，2008）等種種的挑戰均有待克服。

然而 Beane（1997）曾提出知識統整是希望能把破碎支離的學科知識整合，原因是實際生活上所需應用的知識都是整合且依附於情境脈絡的。但學科知識對問題的思考與定義則通常受限於學科的範圍，導致我們所學的知識很難與實際生活情境中的問題結合，因此才強調知識的統整（引自歐用生，2007：10）。在 Beane 的定義中，事實上課程統整並不只是課程設計的技術，更強調藉由此種設計方式幫助學習者達到「經驗的統整」、「學科知識的統整」，以及與人協同合作的「社會統整」。

Brazeem 與 Jody 亦認為，課程統整是基於一個整體的學習觀點，學習者有必要看到一個完整的大圖像，而非僅獲得一些分割瑣碎的學習內容。課程統整並非每一個中心主題都納入大部分的學科，或者將九年一貫課程的七大領域全數網羅。事實上，統整的意義主要在於讓學生發現一個現象或問題，其實可以用多種角度去理解。一個好的相關課程，即使只包含兩個學科，也是一個成功的課程統整，完全無損其豐富性（引自周淑卿，2000）。

職是之故，課程統整的功能：(1)使學習者的學習意義化；(2)使學習容易內化；(3)使學習和類似的情境得以結合；(4)使學習簡化；(5)可避免重複施教，提高學習成效；(6)可由學科知識的學習，轉化為生活知能的培養；(7)統整是精神，得視性質實施協同教學；(8)依教師專長分工授課，不強迫合科或分科教學；(9)培養帶著走的基本能力（彭富源，2009；黃炳煌，1999）。況且當今人類現實社會問題層出不窮，已非靠傳統單一學科的知識就能解決，我們必須針對這一趨勢，整合學科知識，才能在真實社會中運用自如。

 **「社會領域」課程的實踐導向**

社會學習的主要目的已普遍獲得共識，即在涵養學生的公民知能。具體言之，包含在教室內對話論辯和教室外的社會參與行動，兩者皆注重反省批判、民主、多元觀點、理性論辯和實踐行動等精神（陳麗華、彭增龍、張正亮，2008）。課程設計與教學實施應強調民主社會中多元寬容、理性溝通、尊重差異的重要性（教育部，2008a）。基此，有關社會領域課程的規劃、教學及評量的實踐方向，臚列如下，裨供同道之參考：

## 一、社會領域課程的規劃

多年來臺灣課程的設計及教科書的編寫，大致是社會取向、成人取向、政策取向，幾乎少關心到學習者的心理發展、能力、興趣等等。現在的課程規劃應朝向兼顧學習者的心理發展（黃光雄，2005）。課程設計應考量學生日常生活的經驗實踐，並符合各階段學生之心智與技能的發展。

同時，檢視現今的教育，不僅缺乏對國際觀議題的注目，對於公民素養的培養也顯得薄弱，導致學生自我中心觀念頗重，缺乏對他人之尊重與關懷。因而，為了因應社會之變遷，如同本書第10章陳麗華老師提出「公民行動取向」課程設計，需引發學生關懷周遭、關切世界，使學生更願意付出關懷幫助他人，並展現積極的行動力。另針對課程的規

劃，有以下幾個層面可以來檢視：

1. 授課單元包括社會領域課程的九大主題軸，以九個主題軸去統整社會領域的教學內容。注重銜接，避免不必要之重複。

2. 每一主題軸的細目包含事實（或事件）、概念、通則與（基本）理論等社會科學的知識結構。教師可以分別從歷史、文化、政治、經濟、社會等角度去探討這些事件的因果關係及對吾人當前生活的影響。例如：「霧社事件」、「二二八事件」、「美麗島事件」、「九一一事件」、「九二一大地震」及「大甲媽祖遶境」等從多元面向探討之。

3. 針對當前社會發展的新興議題之省思，其中特別強調批判思考與創造性的活動。例如：主題軸外尚加入若干的新興議題，人文關懷、性別平等教育、環境教育、資訊教育、家政教育、人權教育、生涯發展教育及海洋教育等（海洋教育為未來教育的發展重點與努力方向，目標在於培養學生對生命、自然環境的尊重）。

4. 藉由能力指標的訂定作為課程的調整與評鑑的依據。例如：各單元講授時，配合各主題軸之能力指標，使其更具效用性、可行性。

5. 舉例說明時多以主題、單元、活動及實地考察為主，以佐證社會學習領域係一統整課程。統整的內容應涵蓋知識、情意、技能與行動力。

　　整體而言，課程規劃設計主要以教學目標為基礎，乃包含知識、情意、技能與行動的綜合表現。亦即透過課程規劃設計以因應社會變遷及提升學生問題解決的能力，同時培養學生具有關懷世界與參與社會的行動力。

## 二、社會領域課程的教學

　　處於現今社會變遷快速的時代裡，只懂得擷取卻不懂得活用知識，將難以獲得解決實際問題的能力。因而學生不只是要習得大量的知識，還必須教導他們如何，以及何時、何地使用所擁有的知識。如同本書

第 4 章陳新轉老師主張「致能教學」（enabling instruction）除了讓學生先學習必要的知識與方法外，尚須再將知識與方法導向實際的問題思考與解決，以便將知識轉化成能力。另外，本書亦提出社會領域幾個常用的教學法，例如：「圖像組織教學法」、「問題解決教學法」、「歷史教學法」、「創新教學法」「資訊融入教學」、「重大議題融入教學」、「角色扮演」及「多元文化教育」等，期能夠指引教學者找出有效的教學方向。由於社會領域本身就是一門同時重視理論與實踐的學問，使學生能學以致用，因此本書理論與實務兼備，內容豐富，值得學習其中經驗與菁華，除可讓讀者對社會領域創新教學有概括認識外，也附有許多實務教學案例可供參考和使用。

而社會領域常用的教學步驟、教學活動及教學技巧，茲列舉其中較重要者：

## （一）教學步驟

針對教學步驟，Wilheim Rein 認為教學要遵守五個步驟：準備、呈現、聯合、綜合、應用（轉引自黃光雄，2005）：

1. 準備（preparation）：教師喚起學生注意先前習得的經驗。
2. 呈現（presentation）：概述新的材料，導引注意方向。
3. 聯合（association）：新材料與已學的知識進行比較，學習遷移和類化。
4. 綜合（generalization）：從新的材料中導出規則與原理。
5. 應用（application）：學得的規則與原理應用於具體事例。

## （二）教學活動（轉引自陳國彥，2002：134）

社會領域有許多目標要達成，因此必須設計許多不同的教學活動。

1. 報告與發表：「報告」是陳述事實；「發表」是個人見解與心得分享。
2. 問答與討論：師生對於主題或議題的思考互動、綜合及檢討。
3. 歸類和分類：「歸類」是將事物歸入在既定的標準之下；「分類」是自訂標準並為此標準定名。以協助學生建構概念體系。

4. 演練和表演：「演練」是由教師先做示範，再讓學生反覆練習；「表演」是角色扮演融入真實情境，體驗現實生活。

5. 統整和歸納：「統整」是對學習內容的整理；「歸納」是解釋事實→概念分析→通則建立→預測。

6. 觀察和觀賞：「觀察」的對象是圖片、地圖、實物；「觀賞」的對象則是影片、景物。

7. 說明和講述：「說明」是針對名詞作解釋；「講述」是針對事實作陳述。

8. 遊戲與腦力激盪。

(三) 教學技巧（轉引自陳國彥，2002：97、137）

無論任何教學方法和活動，均需熟練的教學技巧配合，才能帶動。

1. 澄清：重述問題，使學生了解問題的重點。

2. 延伸：將學生的意見加以補充或做進一步互動討論。

3. 證實：給予理由以支持學生的立場。

4. 比較：需比較彼此的觀念或立場。

5. 綜合：將討論的結果加以總結。

6. 實地考察：尤其有關鄉土文物的介紹。因為建構論者對學習的看法是：學生要建構個人的知識，最好與此實體接觸。

7. 群性的培養：因為根據社會建構論者的說法：人類的知識是個人與社會交互作用的結果。

8. 批判思考：因為批判思考不但符合社會領域的發展趨勢，同時也是激進建構論者的主張。

值得一提的是，教師對於創新的認同可能會使教師本身對創新教學產生重視，因而願意在教學準備上多花時間蒐集相關資料、準備創新教材、設計多元評量方式等。雖然，教學過程本身會受到教學現場（例如：硬體設備、課程內容、學生特質等）、教學經驗等因素的影響；但是創新教學乃是鼓勵教師能因時制宜，變化其教學的方式，引發學生學習的樂趣。

## 三、社會領域課程的評量

　　教學評量應該和教學目標及教材內涵環環相扣，亦即評量目的應扣緊教學內涵；評量必須以教學為依據。評量的目的在於了解學生學習狀況，並給予必要的協助指導。學生若能從評量當中獲得問題的澄清，則將能達成學生對課程的真正理解，並使得學生樂於配合評量活動。

　　對於社會領域的學習而言，善用多元評量，就是保障學生學習社會領域的良方，也是激發學生喜歡社會領域活動的最佳方式。因為社會領域許多學習結果是無法靠紙筆測驗評量，例如：社會態度、社會價值、興趣、鑑賞、適應技能、工作習慣等，便是無法依賴筆試來決定學生學習結果。

　　正如九年一貫課程總綱中亦提及評鑑方法應採多元評量，兼顧形成性和總結性。教育部於 2008 年新修課綱更特別強調情意目標，實施情意評量時，應特別注意下列幾個原則：

1. 多採用自然情境的觀察。自然情境的觀察包括觀察學生的同儕關係、自治活動、社會參與和公共服務等。
2. 多採用長程的評量，避免以少數幾次印象作判斷。學生平常的作品與行為表現、學生的自我評量與學生同儕之間的交互評量等資料，都可以互相參照、綜合運用。
3. 多採用質的評量方式，包括檔案評量、實作評量、情境測驗、學習日記、深度晤談等。

　　再者，根據 Gardner 多元智慧理論，智慧既然是多元的，教師所採取的評量方式當然可以考量學生不同的學習能力與學習狀況，開發多元、多次、多樣化的評量方式。因此，評量除了傳統的紙筆測驗（paper-and-pencil test）之外，也應包含所謂的多元評量，例如：實作評量、動態評量、遊戲評量等。例如請學生根據上課學習的主題進行創造、統整、應用活動，實際完成一些特定任務或工作表現所作的評量。這些任務或工作，包括蒐集資料、實際操作、口頭報告、寫作、學習單……等。此外，利用概念構圖評量，亦可提供另一種替代性評量之管道。

　　總之，社會領域的評量應重視自然化、長期化、多元化與質化的

評量方式，才不會帶給老師不當的教學壓力，也才不至於扭曲學生的情意發展（教育部，2008a）。惟有透過多元評量肯定每位學生皆有其獨特專長，從學習中肯定自我；從評量中創造成就感，才能使社會領域教學順利達成目標。

## 肆 「社會領域」課程的發展趨勢

社會學習領域對統整的基本立場如下：(1) 追求統整；(2) 鼓勵合科。合科可能有助於統整，但合科不等於統整，仍須經由教學的轉化來達成（教育部，2008a）。依此統整的立場來看，未來課程發展趨勢已不是單純學科的「分」與「合」，而是一種教或學的創新與態度，再配合自己統整性的教學活動的設計，將學科知識統整轉化為實用知識，以解決真實世界的問題。

雖然社會學習領域教材內容增多。但就社會領域課程目標來看，學生學習的重點，不在於認知或者知識的全部，而在於情意及情感中具有「啟發性」的那一部分。例如：討論地方的自然與人文特性時，重點不僅於自然環境與人文活動的特徵，而是應了解自然環境與人文活動的相互依存關係，並進一步培養學生愛護大自然、關懷他人、尊重多元的能力。教育部（2008a）新修課綱亦強調：本學習領域不必面面俱到，但要提醒學生注意彼此的關聯性。

同時，教師需要善用多元支援，並以團隊合作的精神，協助學生進行有意義的學習，來增進教師教學風格與學生學習風格的效能，營造溫馨活潑的學習環境。有鑑於此，針對社會領域的發展勾勒出下列趨勢：

### 趨勢一：整合課程

社會領域課程相較於過去的社會學科，其所顯示出最重要的差異乃是整合課程的功能，整合課程既是現在也是未來。

九年一貫課程其中的一個重要精神，就是要打破以往學科教學的偏

重，而以課程統整、合作學習、協同教學的方式使教育與生活相結合，培育國民所需的基本知能，進而導引教育的正常發展（陳伯璋，2000）。從九年一貫課程的重要內涵中，可以領會九年一貫課程的基本理念符合時代潮流和趨勢，且具備改革的良善美意與理想（陳伯璋、吳明清，2002；引自吳清山、賴協志，2007）。

根據知識整合的觀點，課程統整設計應該注重各種學科間相互參照、印證、融通、詮釋的互動關系，期能掌握超越學科界線的概念或通則，以開拓知識學習或研究問題的視野，提高對學科知識的意義理解層次，創造更周全的知識實用價值（陳新轉，2009）。

學習的意義是不拘泥於任何一種形式，不侷限於學科知識或是技能等層面的能力，其涵蓋多樣化的學習途徑與方式，及一切可能發生的學習機會，尤須注重情意方面的陶冶與訓練。因此，培養公民的良知良能，及實踐良好的公民道德與價值，乃是社會學習領域亟須努力的目標。總之，整合課程是一種教育理念，是一種精神，是一種態度，更是一種創新，該種理念深信知識與生活相結合、學校與社會相呼應，讓學生了解現實的社會脈動、體驗社區的生活，進而養成關懷社會、貢獻社會的態度。

## 趨勢二：以學生的經驗連結為取向

在課程理論流派中，強調學習者中心的課程理論代表人物當推杜威（J. Dewey）。杜威的教育哲學思想一直影響著現今的課程統整觀，他認為傳統教育忽略了學生的思維方式、興趣與需要，再加上學科的人為區分造成教育與生活分離的錯誤。因此，杜威提出「教育即生活」、「教育即經驗之改造」、「一切真正的教育來自於經驗」等理念，強調學習必須以學生為中心，內容必須是切合學生的生活經驗（白亦方、楊雅惠，2003）。亦即課程統整的特性在於——將知識應用於生活經驗；將知識應用於實踐。

隨著世界各地教育改革的推展，「以學習者為中心」的觀念在教學上逐漸受到重視（陳麗華、林淑華，2008）。課程設計要以學生的生活、經

驗為中心，由重要議題和經驗合成，以統整來增進真實性與適切性（陳新轉，2002，9 月 23 日）。所以，基於讓學生擁有自主的學習意願，引起學生的注意力並啟發學習動機，在教育觀念及課程設計將逐漸趨向以學生實際的生活用例為取向，以提升其活用知識的能力。例如可以從日常生活、居住地方的時事議題，或大眾傳播媒體的報導取材，將生活現實的議題，透過討論、欣賞、發表、創作、角色扮演……等多元的教學活動，提供學生多樣的學習活動。

## 趨勢三：本土關懷、社會行動取向

在九年一貫課程七大領域中之社會及綜合活動領域是鄉土教育發展的主要舞臺。多位學者認為鄉土教育的目標在於以情意目標的達成為首要目標，在幫助學生能經由整理過的鄉土生活素材，透過教學活動來正視鄉土文化的價值，進而由接觸及了解，能關愛鄉土，培養對鄉土的情感及責任，建立服務鄉土的高尚情操（周淑卿、管志明，2009）。

陳麗華（1996）即提出本土化教育目標為：增進學童了解和掌握臺灣地區這塊土地的特色，和生活在這塊土地裡的各族群的生活現實，包括各族群的需要、利益，以及臺灣本身族群的生態、歷史、文化和社會發展等，以凝聚學童對這塊土地的文化與情感認同，進而積極參與社會生活，發揮公民效能。從培育理想公民資質的觀點出發，臺灣社會所認為的理想公民資質的內涵應包括：公民知識、公民德行及公民參與能力（張秀雄、李琪明，2000：81-84；引自張秀雄，2002）。

至於，社會行動取向課程係以民主深化與公民社會（civic society）作為核心概念，藉由結合在地資源與本土媒體教材的教育歷程，引導學生覺知公民責任，並能具體發展公民行動（civic action）；因此課程的預懸理想在於公民教育的本土化實踐（陳麗華、彭增龍、張正亮，2008：200）。因而，使學生培養本土情懷、珍惜熱愛國家，便是情意教育與本土教育之情意目標的呈現。

## 趨勢四：創新、創造力

新知識是如何創造出來的？例如：在美國高度多元化教育下，最容易及時的更新資料並保持知識的有效性、實用性、多元性和前瞻性，此乃值得我們好好省思與學習。

首先鑒於國內教育工作者熟稔的 B. S. Bloom（1956）率多位學者共同制定有關教育目標分類系統的認知目標：分為記憶、理解、應用、分析、綜合、評鑑等六階層。至 2001 年修訂的認知目標：記憶、了解、應用、分析、評鑑、創造（創作）（黃光雄、楊龍立，2004）。新修定的認知目標新增「創造（創作）」，此一改變，顯現「創新」、「創造」的重要性。

其次，全世界人類社會都不斷地在談「創新」的觀念。在此趨勢下，「創新」成了教師面對變局的必備條件，然而創新究竟要怎麼做？在《天才的五種創意方程式》一書中即教導職場專業人士如何發展成功所必備的創新策略。五種構思創新的策略，分別是：(1) 靈視者——洞見影像的能力；(2) 觀察者——明察秋毫的能力；(3) 煉金師——綜合大成的能力；(4) 愚者——失敗中汲取經驗、化為前進的能力；(5) 智者——化繁為簡的能力（蔡梵谷譯，2003）。教師若能運用這五種能力於教學中，了解如何思考，關心周遭事物，打破舊思維、舊習慣，就有創新的可能與機會。雖然創新具有一定的風險，並可能引起不穩定，可是如果選擇在原地踏步，同樣也會受到競爭者的威脅。

施人英（2006）在〈大前研一博士的演講——「未來創新的致勝關鍵」精華分享〉，亦提到唯有跳脫過去的思維方式，推出創新的成品，才能提高購買意願。同樣地，為追求卓越的教學品質的趨勢下，創新的教學策略能激發學生學習的意願動機，讓學生學習得更具彈性與生命力，而且創新的教學策略即是課程統整的具體表現。

當然，教師應積極扮演創新的角色，本身追求進步，同時培養學生創新意願、態度與能力（潘清富，2009）。換言之，教師的創新能力，有助於培養學生的創新精神及發展學生創新的思維能力。

至於如何多元創新教學？例如：本書第 11 章薛雅惠老師所提出的

第 *16* 章 社會領域發展趨勢

魚缸教學法。可藉著魚缸教學法的施行，讓學生去了解多元文化的衝擊，在對於不同立場的理由與觀點也能進行意見的交流與討論。同時，也能培養學生能力指標「9-3-2 探討不同文化的接觸和交流可能產生的衝突、合作和文化創新」的能力。

另根據多元智力觀點將有助於教師轉變傳統分科教學成為多元模式學習。Howard Gardner 和 Hatch（1989）提出八種多元智慧（multiple intelligences），強調每個人都有不同強度：邏輯／數學、語文、音樂、自然、空間、肢體／動覺、人際及內省等八種智慧的組合。因此，每個人都有其獨特的自我，沒有人會相同，所以老師該使用許多不同的方式來教導概念，而每一方式運用到不同能力（Campbell & Dickinson, 1996；Hatch, 1997；Krechevsky, Hoer, & Gardner, 1995；轉引自張文哲譯，2007：147-149）。表 16-4 顯示 Gardner 的八種智能——邏輯／數學、語文、音樂、自然、空間、肢體／動覺、人際及內省等，您可以繪製八個欄位的表格，並試著為表格每一區塊中不同智能的學生，設計各式各樣的活動（單文經譯，2003：49）。

**表 16-4　體驗學習的多元方法**

| 體驗學習的多元方法 | | | | | | | |
| --- | --- | --- | --- | --- | --- | --- | --- |
| 邏輯／數學 | 口語／語文 | 音樂／韻律 | 自然觀察 | 視覺／空間 | 肢體／動覺 | 人際／社會 | 內省／反思 |
| 推論 | 報告 | 歌唱 | 觀察 | 寫記事板 | 舞蹈 | 討論 | 日記 |
| 蒐集 | 撰寫散文 | 聆聽 | 發現 | 繪畫 | 雕刻 | 回應 | 感受 |
| 記錄 | 編故事 | 演奏 | 揭露 | 動畫 | 表演 | 對話 | 反省 |
| 分析 | 朗誦 | 作曲 | 觀察 | 觀察 | 準備 | 訪談 | 日誌 |
| 表列 | 編目錄 | 錄音 | 挖掘 | 描繪 | 建構 | 調查 | 沈思 |
| 比較／對比 | 講述／覆述 | 即興表演 | 種植 | 圖解 | 演戲 | 質詢 | 研究 |
| 分類 | 聆聽 | 錄製 | 比較 | 表解 | 角色扮演 | 重述 | 複習 |
| 分級 | 取名 | 音樂挑選 | 陳列 | 描述 | 戲劇化 | 澄清 | 自我評估 |
| 評估 | 對話 | 音樂評論 | 分類 | 表演 | 啞劇 | 證實 | 回憶 |

資料來源：出自單文經譯（2003：50）

由是可知，社會領域的課程相當重視文化多元交互關係，以培養學生創新思考與解決問題的能力。而創新就是解決問題；創造力就是解決問題的能力。

## 趨勢五：情意、情感的提升

教育部於 2008 年 5 月新修總綱，其中社會學習領域特別強調情意目標。持平而論，認知與情意相輔相成，不可分割，認知是情意學習的起始，情意是認知學習的動力，而技能與行為的實踐則是學習的自然結果。但是，相對於認知與技能目標而言，情意目標較不易被評量，不恰當的評量，有時候反而會妨礙教學目標的達成，特別是情意目標方面，可能造成強迫學生說謊或強迫學生做出虛偽的表現；例如，過去有些學校在公民科以客觀式測驗考學生「我們應該尊敬師長」或「我們應該孝順父母」，智力正常的學生當然都會答「對」，可是情意教學的目標不僅止於此，更在於學生心中真正的態度與感受（教育部，2008a）。

一般而言，情意領域的教育目標涉及自我實現、態度、動機、興趣、情緒、道德等領域（李宜玫、王逸慧、林世華，2004）。情意方面是課程中較難掌控與評量之部分。如何落實社會領域的情意教學？情意的教學不限於社會領域，也不限於某種方法，原則上一切多元、開放、自主，不定於一尊，也不僅止於一種體裁，而是善用多元的教學策略，彼此相互包容、尊重與關懷，或許會有更多可歌可泣的事蹟產生。

## 趨勢六：資訊融入教學

隨著數位化、網路化發展日趨成熟，資訊融入教學該怎麼樣去配合？依據教育部（2008c）提出的教學方法如下：

1. 教師應導引學生了解資訊與網路科技的整體功能，與其在生活及學習過程中所扮演的角色。
2. 教學應考慮學生的先備知識、學校現有的資源與其家庭能提供的支援。

3.教學宜多使用日常生活的實例，運用多元方法與策略引發學生學習興趣，以激發學生創意表現。

4.每一項學習內涵均應提供學生足夠的練習機會。

5.教師在教學過程中，應儘量使用自由軟體，引導學生辨識自由軟體、共享軟體與商業軟體的異同。例如學生初次學習上網必須先有能力指標「5-2-1 能遵守網路使用規範」及「5-3-1 能了解網路的虛擬特性」的認知，懂得保護自己的基本原則再學習上網的操作。

　　至於有關數位教材的教學設計，一般採用 ADDIE 模式（分析→設計→發展→建置→評鑑），針對此模式，陳鏗任（2005）提出課程設計階段完成後，便可動手製作教材。

1.規劃範本：維持教材的一致性。

2.確定資料品質：文字的清晰度、可讀性如何、圖片品質。

3.教材製作：依據第二階段所發展的腳本與課程架構圖製作個別單元。

4.組合元件：將所製作的教材與原先腳本組合。

5.偵錯：針對所發生的錯誤與問題加以修改。

　　隨著網路普及、數位時代的來臨，數位教學科技是難以抵抗的趨勢。若能善用新興媒材，將可提升教師教學效能與增進學生學習成效，例如：e 化教室、電子白板、電子書、IRS 即時互動系統、部落格……等，皆是時勢所趨。總括來說，教學導入新興媒材系統可立即獲得之效益，包括迅速傳遞教學資訊、增進師生教學互動、提升教學品質以及課後輔導機制等。

## 趨勢七：重大議題融入教學

　　置身於全球化、多元化、民主化的世代，教師必須能因應時事、配合新興議題教學，例如人文關懷、性別平等教育、環境教育、資訊教育、家政教育、人權教育、生涯發展教育、海洋教育（教育部，2008a）、動物保育、能源危機、智慧財產權保護、犯罪、貧窮、偏見，甚至文

明衝突、戰爭與和平⋯⋯等種種課題，自然成為小學社會領域課程的討論議題。另又如：2009 年 6 月 17 日教育部啟動「臺灣有品運動」，共投入 9.7 億元經費。教育部長鄭瑞城強調，其實有品運動是同時推廣「品德、品質、品味」。針對四項主軸計畫，包含「品德教育」、「藝術扎根」、「終身閱讀」及「環境永續」，沒有時間性、沒有既定框架，持續推動，最終融入每個人的生活，成為臺灣社會內化的核心價值（姜穎，2009）。教材內容即可由這些時事議題的了解引發學習。畢竟公民意識是社會領域課程必須培養的美德，而教師可以採用的方法之一，即是通過每日新聞和議題來形成常規的、持續的教學課程。

關於社會領域課程中將議題融入教學常見三種的方法分別是：（謝竹豔譯，2006：179-183）

1. 在社會領域課程中討論時事議題：教師可規劃每天早晨花幾分鐘討論重要新聞議題、故事，並鼓勵學生剪報帶到學校，貼在教室的布告欄。以建立學生對時事的意識及習慣。
2. 用時事作為社會領域課程的補充或強化正常的社會領域課程，教學前給學生討論新聞交流時間，並將時下的新聞事件與歷史上曾發生過的類似事件做比較，從而說明人類行為的週期性。其優點是可激發學生對社會領域課程的興趣。
3. 將議題作為社會領域課程的單元基礎：教師可將社會時事或問題安排於學習單元中，如選舉、消費糾紛、國際組織及環境保護等議題。曾經研究發現利用時事新聞作為單元教學的起點，確實能激起學生對社會領域課程的學習動機。

更值吾人重視者為，社會領域課程的教學目標之一，即是培養公民參與社會的能力。是以，關心時事和社會問題的教學課程是必然趨勢。

## 趨勢八：善用多元支援

依照多元智慧理論教學的學徒制（apprenticeship）模式，提供了個別化的情境，使學生可以從真實人物身上了解教室以外的真實世界。不僅有利於學習困難的學生，讓他們在各類專家的帶領下獲得精熟學習，

而且也連結了學校與社區、兒童與成人,以及教育理論與真實世界的實踐。不過,必須注意社區專家的教育專業能力,以及配合度是否能夠符合教育目標的問題(葉嘉青譯,2002:123;洪瑞璇,2005:196-197),乃至於與社群實際接觸的配套措施,方能兼顧理論與實務的學習,獲得豐富的學習體驗。

由於一般教師於課程規劃或教學活動設計時,因個人專業之故,往往會有學科理論之結構性問題存在,而缺乏實務經驗之探討。因此,教師可以依課程需要,尋求其他相關教學支援,結合地方政府及社區資源,進行課堂教學、實地參訪、耆老解說、調查訪問等支援單元或主題探討。在經過教師與支援教學者交流課程設計理念時,將可激盪更多教學創意之可能。也就是說,善用多元支援尋求創意教學創新策略。

例如:能力指標「2-2-2 認識居住地方的古蹟或考古發掘,並欣賞地方民俗之美」,配合課程聘請當地耆老,到校指導學生或讓學生親身體驗、參訪民俗文物館。而學生們從實物參觀,印象更為深刻;從當地耆老分享實務經驗,取得更為有效、真實、豐富且有深度的資料。

另一舉例:能力指標「1-2-3 覺察人們對地方與環境的認識與感受具有差異性,並能表達對家鄉的關懷」、「1-3-1 了解生活環境的地方差異,並能尊重及欣賞各地的不同特色」、「6-2-4 說明不同的個人、群體(如性別、族群、階層等)文化與其他生命為何應受到尊重與保護,以及如何避免偏見與歧視」,如同本書第 14 章李麗日老師所提出的教師在推動多元文化教育時,可邀請新移民子女擔任小老師,介紹其父親或母親祖國的風土民情,不僅讓班上同學了解異國的文化,也可增進學生對其文化特色的認同感;平日也可以邀請新移民到校來分享他們的節慶活動、傳統禮俗、生活規範等,藉此了解文化的差異性,改變過去的刻板印象,彼此相互尊重。

展望未來多元化的社會,在學生學習的場域裡,教師首要尊重學生為主體,滿足其學習需求;尊重學生提出的問題,作為課程發展的依據;關心學生的生活經驗為中心,將之融入教學情境中;並結合文化、社區及學校周邊資源之參與,以活化深化學生的學習視野。

## 伍 結語

社會領域課程使學生明瞭人類過去的傳統文化、澄清當前的社會價值，並有未來開拓性之視野。因此，社會領域的學習本是人類社會生活上一種基本的需求，也是國家盛衰的表徵。

在新世紀 10 年的伊始，回眸社會領域教學的歷史滄桑，思索著未來的發展。社會領域教學的發展趨勢，除追求社會科學知識的完整性外，更應將焦點集中在培養學生的學習能力和社會行動的能力上，尤其更視情感、態度與價值觀的品德教育為其核心任務。因此多樣性、綜合性、開放性、批判性與實踐性，儼然地已成為社會領域教學的發展趨勢。換言之，社會領域教學既不能脫離社會領域本身的學科規範，亦不能從人類社會的現實情況中獨立出來，而是讓社會領域教學與實際生活經驗接軌。

總之，社會領域課程的決定常具有社會性的因果關係，並且會反映社會價值。而社會領域教學應可視為一種建構新社會秩序的機制，其主要功能在於型塑社會適應力與集體認同感，並保留人類特有的凝聚力與社群集體認同文化，這也是全球化所缺乏的。針對此點，教育者當局或教育工作者在提出社會領域課程理念、制定社會領域課程、審核教科書時，亦或在實際教學場域中 …… 等等，不僅皆應立足於社會，也應隨時運用智慧與集體智慧來重新審思臺灣社會與文化。

社會領域課程常是最具爭議、最具深遠影響，並且是最變動的領域。是以，在過去、現在和未來，這場關於社會領域之理論與實務的設計構想與省思，肯定是我們必須持續關注的焦點議題！

第 *16* 章 社會領域發展趨勢

參考文獻

## 中文部分

白亦方、楊雅惠（2003）。跨越學門的鴻溝——社會領域結合音樂題材之統整教學。花蓮師院學報，*16*，213-233

沈六（2003）。21 世紀社會學習領域發展趨勢。**中等教育**，*54*（4），4-17。

吳京（2005）。熱情專業有勁——讓教育動起來的火車頭。載於**教育改革與教育政策（教育家的話）**（頁 32-58）。國立教育資料館編印。

吳育臻（2006）。社會學習領域教學的理論與實踐——地理科。載於陳麗桂、林麗月、陳國川、鄧毓浩（主編），**中小學社會學習領域之教學與實務**（頁 37-49）。臺北：師大。

吳清山、賴協志（2007）。臺灣初等教育改革的省思：1994-2007。**教育資料集刊**，*33*，1-25。

李緒武（1997）。**社會科教材教法**。臺北：五南圖書出版公司。

李宜玫 、王逸慧 、林世華（2004）。社會學習領域分段能力指標之解讀——由 BIoom 教育目標分類系統。**國立臺北師而學院學報**，*17*（2），1-34。

周淑卿（2000）。九年一貫課程之課程統整設計與問題探討。載於臺南師院校務發展文教基金會（主編），**九年一貫課程從理論、政策到執行**（頁 81-98）。高雄：復文。

周淑卿、管志明（2009）。**鄉土教育**。2009 年 9 月 23 日，取自國立教育資料館 http://3d.nioerar.edu.tw/2d/country/

洪瑞璇（2005）。多元智慧的教學設計。載於李咏吟（主編），**多元教學設計：課程改革的實踐**（頁 187-215）。臺北：高等教育。

施人英（2006）。**大前研一博士的演講**——「未來創新的致勝關鍵」精華分享。2009 年 9 月 23 日，取自 http://memo.cgu.edu.tw/Secretariat/news/53/ research/research_2.htm

姜穎（2009 年，6 月 23 日）。教長鄭瑞城：品德＋品質＋品味＝有品。**聯合晚報**，A8 版。

姜添輝（2000）。從教育社會學角度評析。統整型課程概念與實施。載於臺南師

院校務發展文教基金會（主編），**九年一貫課程從理論、政策到執行**（頁 21-39）。高雄：復文。

黃榮村（2005）。堅持教改理念的教育家。載於**教育改革與教育政策（教育家的話）**（頁 118-146）。國立教育資料館編印。

黃炳煌（1999）。談課程統整——以九年一貫社會科為例。載於中華民國教材研究發展學會（主編），**邁向課程新紀元**。教研學會出版。

黃光雄、楊龍立（2004）。**課程發展與設計：理念與實作**。臺北：師大書苑。

黃光雄（2005）。課程研究——回顧到展望。**教育資料與研究雙月刊**，*67*，151-168。

教育部（2000）。**國民中小學九年一貫課程暫行綱要**。臺北：教育部。

教育部（2008a）。**國民中小學九年一貫課程綱要社會學習領域**。臺北：教育部。

教育部（2008b）。**國民中小學九年一貫課程綱要總綱**。臺北：教育部。

教育部（2008c）。**國民中小學九年一貫課程綱要重大議題**（資訊教育）。臺北：教育部。

陳麗華、彭增龍、張正亮（2008）。社會行動取向的社會領域課程與教學。載於**創意教學的理論與實踐：以社會學習領域為例**。臺北：鼎茂圖書。

陳麗華、林淑華（2008）。社會學習領域第二、三、四學習階段教科書中社會行動取向教材之比較分析。**課程與教學季刊**，*11*（3），93-128。

陳麗華（1996）。開創根深花香的本土文化。**康橋教研學會雜誌**，*21*，48-54。

陳新轉（2002 年，9 月 23 日）。課程統整與協同教學是兩碼事。**聯合報**，15。

陳新轉。課程統整的理論與實務。2009 年 9 月 23 日取自：http://vschool.scu.edu.tw/edu/newsp/p18/p1821.htm

陳國彥（2002）。**社會領域課程與教學**。臺北：學富文化。

陳伯璋（2000）。課程統整與協同教學。**現代教育論壇**，*6*，506-514。

陳鏗任（2005）。教學科技應用的重要模式與發展：兼論數位教材製作之原則。載於李咏吟（主編）。**多元教學設計：課程改革的實踐**（頁 239-253）。臺北：高等教育。

張文哲譯（2007）。Robert, E. S. 著。**教育心理學理論與實際**。臺北：學富文化。

張秀雄（2002）。九年一貫課程「社會學習領域」中的公民道德教育。**公民訓育學報**，*11*，39-52。

彭富源（2009）。臺灣初等教育改革重點與省思。**教育資料集刊，*41*，1-24**。

單文經譯（2003）。Fogarty, R. 著。**課程統整的十種方法**。臺北：學富文化。

葉憲峻（2004）。社會學習領域之組織架構與教學策略。**國教輔導雙月刊，*43***（4），22-28。

葉嘉青譯（2002）。Chen, J. Q., Krechevsky, M., Viens, J., & Isberg, E. 著。**因材施教：多元智慧之光譜計畫的經驗**。臺北：心理。

楊朝祥（2005）。新世紀教育的引航者。載於**教育改革與教育政策（教育家的話）**（頁60-91）。國立教育資料館編印。

歐用生（2000）。國民中小學九年一貫課程的內涵與特色。載於邁向**課程新紀元（二）——學校本位課程發展工作坊資料集**（頁8-17）。中華民國教材研究發展學會編印。

歐用生（2007）。課程理論與實踐的「辯證」：一條漫長的課程改革之路。載於周淑卿、陳麗華（主編），**課程改革的挑戰與省思**（頁1-25）。高雄：麗文文化。

潘清富（2009）。**淺談現代教師角色**。2009年9月7日，取自 http://163.16.109.249/intro/prin/paper/paper11.htm

蔡梵谷譯（2003）。Wellman, A. M. 著。**天才的五種創意方程式**。臺北：臉譜出版：城邦文化發行。

盧美貴等譯（2008）。Jacobs, H. H. 編。**課程地圖——展現實踐成果與省思**。臺北：心理。

謝竹豔譯（2006）。Parker, W. C. 著。**美國中小學社會與公民教育**。江蘇教育出版。

## 英文部分

Beane, J. A.（1997）. *Curriculum integration-Designing the core of democratic education.* N.Y.: Teachers College Press.

Bloom, Bejamin S. et al.（1956）. *Taxonomy of educational objectives. handbook I:cognitive domain.* New York: David Mckay.

Gardner, H., & Hatch, T.（1989）. Multiple intelligences go to school. *Educational Researcher, 18*（8）, 6.

Parker, W. C.（2004）. *Social studies in elementary education.* New Jersey : Prentice Hall.

國家圖書館出版品預行編目資料

社會領域教材教法／薛雅惠等主編. ――初
版. ――臺北市：五南, 2010.07
　　面；　公分
　ISBN 978-957-11-6005-4（平裝）

1.社會科教學　2.教材教學　3.九年一貫課程

523.35　　　　　　　　　　99009314

1IUP

# 社會領域教材教法

總 策 劃 — 楊思偉

主　　編 — 薛雅惠　賴苑玲

作　　者 — 薛雅惠等人（432.2）

發 行 人 — 楊榮川

總 編 輯 — 王翠華

主　　編 — 陳念祖

責任編輯 — 李敏華　雅典編輯排版工作室

封面設計 — 童安安

出 版 者 — 五南圖書出版股份有限公司

地　　址：106台北市大安區和平東路二段339號4樓

電　　話：(02)2705-5066　　傳　　真：(02)2706-6100

網　　址：http://www.wunan.com.tw

電子郵件：wunan@wunan.com.tw

劃撥帳號：01068953

戶　　名：五南圖書出版股份有限公司

法律顧問　林勝安律師事務所　林勝安律師

出版日期　2010年7月初版一刷
　　　　　2017年3月初版二刷

定　　價　新臺幣490元